淮安统计年鉴

HUAIAN STATISTICAL YEARBOOK

2014

淮 安 市 统 计 局
国家统计局淮安调查队 编

中国统计出版社
China Statistics Press

图书在版编目（CIP）数据

淮安统计年鉴. 2014 / 淮安市统计局, 国家统计局淮安调查队编. -- 北京：中国统计出版社, 2014.10
ISBN 978-7-5037-7255-9

Ⅰ. ①淮… Ⅱ. ①淮… ②国… Ⅲ. ①统计资料 - 淮安市 - 2014 - 年鉴 Ⅳ. ①C832.534-54

中国版本图书馆CIP数据核字（2014）第 192921 号

淮安统计年鉴-2014

作　　者	淮安市统计局　国家统计局淮安调查队
责任编辑	陈越月
装帧设计	袁　岚
出版发行	中国统计出版社
地　　址	北京市丰台区西三环南路甲 6 号　邮编　100073
电　　话	邮购（010）63376909　书店（010）68783171
网　　址	http://csp.stats.gov.cn
印　　刷	江西宜春资料印务有限公司
经　　销	新华书店
开　　本	880mm × 1230mm　1/16
字　　数	1030 千字
印　　张	23.25
版　　别	2014年10月第1版
版　　次	2014年10月第1次印刷
定　　价	300.00 元

如有印装差错，由本社发行部调换。

《淮安统计年鉴—2014》编委会和编辑人员

编 者 说 明

一、《淮安统计年鉴—2014》是一部全面反映2013年淮安市经济和社会发展情况的资料性年刊。

二、本年鉴分为15个部分：1. 综合；2. 国民经济核算；3. 人口与就业；4. 农村经济；5. 工业、能源；6、建筑业；7. 固定资产投资、房地产开发；8. 运输、邮电和电力；9. 批发零售贸易、住宿餐饮业和对外经济；10. 服务业；11. 财政、金融；12. 物价；13. 社会事业；14. 居民生活；15. 附录。

三、本年鉴资料大部分来自年度统计报表，一部分来自抽样调查。

四、本年鉴部分数据的合计数或相对数由于单位取舍不同而产生的计算误差未做机械调整。

五、本年鉴表中，“—”或空白栏表示该栏没有数字或未掌握该项资料；“#”表示其中项；“*”表示本表下有注解。

六、遵照国家统计年鉴出版有关规定，自本年起，《淮安统计年鉴》不再采用数据所属年份命名，刊名中的年份调整为年鉴出版年份，正文主要内容为出版年份的上一年数据。

目　　录

一、综　　合

二、国民经济核算

三、人口与就业

四、农村经济

五、工业、能源

六、建 筑 业

七、固定资产投资、房地产开发

八、运输、邮电和电力

九、批发零售贸易、住宿餐饮业和对外经济

十、服 务 业

十一、财政、金融

十二、物 价

十三、社 会 事 业

十四、居民生活

十五、附　　录

1

综　合

本篇编辑：孙永军　罗　劼　张　怡　姚云聪

行 政 区 划 与 人 口

	乡镇（个）	乡	镇	街道办事处（个）
全市	**115**	**24**	**91**	**11**
市区	55	17	38	11
清河区	—	—	—	7
淮安区	26	5	21	—
淮阴区	21	7	14	—
清浦区	5	2	3	4
开发区	3	3	—	—
工业园区	—	—	—	—
涟水县	19	2	17	—
洪泽县	11	—	11	—
盱眙县	19	5	14	—
金湖县	11	—	11	—

	居民委员会（个）	村民委员会（个）	年末户籍人口（万人）	年末常住人口（万人）
全市	**318**	**1377**	**552.96**	**482.69**
市区	174	619	287.05	267.56
清河区	38	6	24.27	33.20
淮安区	44	302	120.11	97.86
淮阴区	36	223	91.91	77.45
清浦区	52	27	30.82	33.03
开发区	4	52	17.70	23.90
工业园区	—	9	2.24	2.12
涟水县	53	320	112.10	84.18
洪泽县	32	94	38.80	33.42
盱眙县	29	226	79.27	64.70
金湖县	30	118	35.74	32.83

社会经济主要指标

	单　　位	2013年	比上年±%
一、人口			
年末户籍总户数	万户	161.13	0.8
年末户籍人口	万人	552.96	1.1
#农业人口	万人	355.07	-1.1
非农业人口	万人	197.90	5.4
#男性人口	万人	284.80	1.2
女性人口	万人	268.17	1.1
年平均户籍人口	万人	549.89	0.9
年末常住人口	万人	482.69	0.5
城镇人口	万人	265.77	3.4
农村人口	万人	216.92	-2.9
年平均常住人口	万人	481.50	0.2
常住人口出生率	‰	12.4	上升0.2个千分点
常住人口死亡率	‰	7.4	持平
常住人口自然增长率	‰	5.0	上升0.2个千分点
二、从业人员			
年末从业人员	万人	281.30	0.3
第一产业	万人	82.60	-1.4
第二产业	万人	85.20	0.4
第三产业	万人	113.50	1.6
三、土地面积、城市化水平			
土地面积	平方公里	10072	—
城市化率	%	55.06	上升1.56个百分点
四、经济总量			
地区生产总值	亿元	2155.86	12.0
第一产业	亿元	272.58	3.3
第二产业	亿元	983.15	13.2
#工业	亿元	819.60	13.4
第三产业	亿元	900.13	13.3
#交通运输、仓储和邮政业	亿元	79.72	8.0
批发和零售业	亿元	164.48	14.6
住宿和餐饮业	亿元	55.01	13.4
金融业	亿元	65.10	14.4
房地产业	亿元	146.00	16.4
人均地区生产总值（按户籍人口计算）	元	39205	11.1
人均地区生产总值（按常住人口计算）	元	44774	11.8
五、民营经济			
民营企业、个体经营户数	万个	22.68	3.8
其中：私营企业	万个	4.61	7.7
个体经营户	万个	17.41	2.8
民营经济注册资本	亿元	2661.53	13.5
其中：私营企业	亿元	1501.53	7.1
个体经营户	亿元	178.00	-2.5
私营、个体经济从业人员数	万人	94.57	4.8
其中：私营企业	万人	62.30	4.4
个体经营户	万人	32.26	5.8

社 会 经 济 主 要 指 标（续一）

	单　位	2013年	比上年±%
民营经济税收收入	亿元	223.66	17.4
其中：增值税	亿元	38.16	8.9
营业税	亿元	70.38	18.6
企业所得税	亿元	24.56	5.3
六、农村经济			
农业机械总动力	万千瓦	518.40	12.6
粮食总产量	万吨	461.02	1.1
棉花总产量	吨	147	-71.4
油料总产量	万吨	9.62	-3.4
蔬菜总产量	万吨	376.51	8.3
家禽出栏	万只	7876.96	2.7
猪牛羊肉产量	万吨	21.07	-1.2
水产品总产量	万吨	25.93	3.0
七、规模以上工业			
企业单位数	个	2226	14.7
资产总计	亿元	2064.67	28.3
流动资产合计	亿元	930.63	20.7
应收帐款	亿元	235.91	19.4
负债总计	亿元	1029.77	21.6
工业总产值	亿元	4638.11	17.3
工业增加值	亿元	1133.89	13.5
主营业务收入	亿元	4689.95	18.7
#主营业务成本	亿元	4112.12	18.4
主营业务税金及附加	亿元	92.00	14.3
利税总额	亿元	426.84	23.4
#利润总额	亿元	228.99	27.7
亏损企业亏损额	亿元	8.69	-24.2
产成品	亿元	78.46	19.9
八、主要工业产品产量			
原盐	万吨	528.34	106.5
白酒（折65度，商品量）	千升	22235	-8.4
卷烟	亿支	335.00	1.3
纱	万吨	41.55	605.6
人造板	万立方米	130.28	14.5
原油加工量	万吨	77.55	-10.4
氢氧化钠（烧碱）（折100%）	万吨	26.79	4.9

社 会 经 济 主 要 指 标（续二）

	单　位	2013年	比上年±%
碳酸钠（纯碱）	万吨	108.17	4.1
农用化肥（折纯）	万吨	17.15	-6.7
橡胶轮胎外胎	万条	920.25	0.9
水泥	万吨	671.42	10.8
生铁	万吨	289.77	0.3
钢材	万吨	401.42	22.6
棒材	万吨	254.13	1.0
无缝钢管	万吨	72.26	65.0
发电量	亿千瓦时	146.63	0.6
九、交通运输			
公路总里程	公里	12933	1.0
#高速公路	公里	403	6.1
公路货运周转量	亿吨公里	145.68	6.0
水路货运周转量	亿吨公里	160.73	5.6
公路客运周转量	亿人公里	46.00	13.1
水路客运周转量	万人公里	40.56	14.7
港口货物吞吐量	万吨	6598	15.8
民用汽车拥有量	万辆	29.65	20.7
#私人汽车	万辆	24.70	22.1
十、电力、综合能耗			
全社会用电量	亿千瓦时	148.39	10.1
农林牧渔水利业	亿千瓦时	2.23	17.7
工业	亿千瓦时	102.30	7.1
建筑业	亿千瓦时	2.27	7.2
交通运输、邮电通信	亿千瓦时	1.15	19.5
信息传输、计算机服务与软件业	亿千瓦时	1.28	13.0
商业、住宿和餐饮业	亿千瓦时	5.50	14.8
金融、房地产、商务及居民服务业	亿千瓦时	2.46	22.7
公共事业及管理组织	亿千瓦时	5.52	19.3
城乡居民生活用电	亿千瓦时	25.68	18.1
单位 GDP 能耗	吨标煤/万元	0.6304	-3.8
十一、邮电通信			
邮电业务收入	亿元	28.85	4.4
邮政业务	亿元	3.91	10.1
电信业务	亿元	24.94	3.6
固定电话用户	万户	85.11	-9.2

社会经济主要指标（续三）

	单　位	2013年	比上年±%
移动电话年末用户	万户	294.83	0.0
互联网宽带接入用户	万户	49.84	8.8
十二、固定资产投资			
规模以上固定资产投资完成额	亿元	1453.05	22.1
项目投资	亿元	1140.83	24.2
房地产开发投资	亿元	312.22	11.3
房屋建筑施工面积	万平方米	3008.81	17.4
商品房屋销售面积	万平方米	842.43	17.4
商品房屋销售额	亿元	386.83	28.9
十三、国内贸易			
社会消费品零售总额	亿元	721.22	13.9
#批发零售贸易业零售额	亿元	648.36	14.2
住宿和餐饮业零售额	亿元	72.86	11.0
十四、对外经济			
进出口总额	亿美元	36.01	-15.1
出口额	亿美元	27.82	-17.4
进口额	亿美元	8.20	-6.2
注册外资实际到帐额	亿美元	13.02	-38.6
外经合作完成营业额	亿美元	0.87	15.6
十五、旅游			
接待国内旅游人数	万人次	1833	13.8
国内旅游收入	亿元	200.12	15.9
接待海外旅游人数	人次	10565	-69.6
#外国人	人次	5833	-70.0
星级饭店数	个	44	7.3
国际旅游外汇收入	万美元	888	-71.4
十六、财政			
全部财政收入	亿元	494.60	12.8
中央财政收入	亿元	145.78	6.2
地方财政收入	亿元	348.83	15.9
#公共财政预算收入	亿元	271.42	16.2
财政支出	亿元	459.15	11.9
#公共财政预算支出	亿元	385.05	13.3
十七、金融			
金融机构各项存款余额（本外币）	亿元	1737.07	14.2
#储蓄存款	亿元	934.30	15.5
金融机构各项贷款余额（本外币）	亿元	1397.49	17.4

社 会 经 济 主 要 指 标（续四）

	单　　位	2013年	比上年±%
#短期贷款	亿元	656.67	19.0
中长期贷款	亿元	699.44	18.5
金融机构各项存款余额（人民币）	亿元	1721.30	14.5
#储蓄存款	亿元	931.81	15.5
金融机构各项贷款余额（人民币）	亿元	1375.15	17.2
#短期贷款	亿元	634.85	18.6
中长期贷款	亿元	698.92	18.6
保费收入	亿元	42.35	17.7
#财产险	亿元	15.54	25.0
寿险	亿元	26.80	13.9
证券业营业收入	亿元	0.77	48.4
证券业营业支出	亿元	0.43	60.8
十八、物价			
市区居民消费价格总指数	上年=100	102.2	上涨2.2
#食品类	上年=100	103.9	上涨3.9
医疗保健类	上年=100	99.9	下降0.1
交通通信类	上年=100	99.3	下降0.7
娱乐教育文化类	上年=100	102.1	上涨2.1
市区商品零售价格总指数	上年=100	101.6	上涨1.6
十九、居民生活			
城镇居民人均可支配收入	元	25456	10.7
城镇居民人均消费性支出	元	16920	13.8
#食品消费支出	元	6108	9.1
城镇居民人均住房建筑面积	平方米	37.1	4.1
农民人均纯收入	元	11045	12.3
农民人均消费支出	元	7373	13.6
#食品消费支出	元	2670	10.8
农村住户人均住房面积	平方米	46.4	7.3
二十、科技和教育			
授权专利	件	4573	45.6
高等学校	所	6	-14.3
高等学校在校学生	万人	6.69	-7.5
中等专业学校	所	14	-12.5
中等专业学校在校学生	万人	7.24	10.2
职业中学	所	2	-60.0
职业中学在校学生	万人	0.34	-86.6
普通中学	所	175	1.2
普通中学在校学生	万人	22.71	-6.2
技工学校	所	6	0.0

社会经济主要指标（续五）

	单　　位	2013年	比上年±%
技工学校在校学生	万人	1.40	9.4
小学	所	284	1.8
小学在校学生	万人	32.54	4.3
二十一、文化与卫生			
剧场、影剧院数	个	16	—
公共图书馆	个	8	—
公共图书馆图书总藏量	千册、件	2081	-30.6
卫生机构数	个	2153	-1.0
#医院、卫生院	个	179	-1.6
卫生技术人员	人	27799	18.5
#执业医师、执业助理医师	人	11186	16.5
卫生机构床位数	张	23467	15.8
#医院、卫生院床位数	张	21681	15.8
二十二、社会福利			
城镇职工基本养老保险参保人数	万人	83.46	18.1
城镇基本医疗保险参保人数	万人	158.06	106.3
城镇失业保险参保人数	万人	61.09	9.1
社会福利收养性单位数	个	196	31.5
社会福利收养性单位床位数	张	19078	26.5
二十三、市政公用事业			
供水综合生产能力（包括自备水源）	万吨/日	104.0	-21.2
供水总量	万吨	29005	1.2
用水人口	万人	210	1.2
公共汽（电）车运营车辆数	辆	1287	12.3
公共汽（电）车客运总量	万人次	19898	15.8
出租汽车数	辆	2431	12.0
液化石油气供气总量	万吨	6.02	-1.2
液化石油气用气人口	万人	122.29	-11.6
城市道路面积	万平方米	4045	5.4
排水管道长度	公里	3040	2.9
建成区绿化覆盖面积	公顷	9998	6.1
二十四、环境保护			
工业烟（粉）尘去除量	万吨	171.95	-38.6
一般工业固体废物综合利用率	%	97.7	2.3
污水集中处理率	%	71.5	-0.7
万元 GDP 取水量	立方米/万元	40.81	-5.3
万元规模以上工业增加值取水量	立方米/万元	14.40	-5.0
工业用水重复利用率	%	83	1.2

注：万元 GDP 取水量和万元规模以上工业增加值取水量的核算范围为淮安市区建成区。

国民经济主要比例关系

单位:%

	2013年
一、在年末常住人口中:	
城镇人口	55.1
乡村人口	44.9
二、在年末户籍人口中:	
男性人口	51.5
女性人口	48.5
三、在资本形成总额中:	
固定资本形成总额	89.5
存货增加	10.5
四、在最终消费支出中:	
居民消费	62.3
政府消费	37.7
五、在居民消费总额中:	
城镇居民消费	71.4
农村居民消费	28.6
六、在地区生产总值中:	
第一产业增加值	12.6
第二产业增加值	45.6
#工业增加值	38.0
第三产业增加值	41.8
七、在地区生产总值中:	
资本形成总额	52.4
最终消费支出	51.4
八、在第三产业增加值中:	
交通运输、仓储和邮政业	8.9
批发和零售业	18.3
住宿和餐饮业	6.1
金融业	7.2
房地产业	16.2
其他服务业	43.3

国民经济主要比例关系(续)

单位:%

	2013年
九、在农林牧渔业总产值（当年价格）中:	
农业	63.3
林牧渔业	35.0
农林牧渔服务业	1.7
十、在规模以上工业增加值中:	
轻工业	43.1
重工业	56.9
十一、在全年用电量中:	
工业用电量	68.9
城乡居民生活用电量	17.3
十二、在规模以上固定资产投资完成额中:	
第一产业投资	1.2
第二产业投资	56.1
第三产业投资	42.6
十三、在规模以上固定资产投资完成额中:	
项目投资	78.5
房地产开发投资	21.5
十四、在社会消费品零售总额中:	
城镇	88.8
#城区	53.4
乡村	11.2
十五、在财政总收入中:	
中央财政收入	29.5
地方财政收入	70.5
十六、全部财政收入占地区生产总值的比重	22.9
十七、居民消费恩格尔系数	
城镇恩格尔系数	36.1
农村恩格尔系数	36.2

社会经济主要指标年人均水平

（按户籍人口计算）

	单　　位	2013年
一、最终消费支出（当年价格）	元/人	20162
二、社会消费品零售总额	元/人	13116
三、城乡居民生活用电量	千瓦时/人	467
四、全部财政预算内收入	元/人	8995
五、城乡居民储蓄存款年末余额	元/人	16991
六、城镇居民年人均可支配收入	元/人	25456
农民年人均纯收入	元/人	11045
七、高等学校在校学生数	人/万人	122
中等专业学校在校学生数	人/万人	132
八、公共图书馆总藏量	册/万人	3784
九、卫生机构床位数	张/万人	43
卫生技术人员数	人/万人	51
十、主要农业产品产量		
粮食	公斤/人	838
油料	公斤/人	17
瓜果	公斤/人	49
猪牛羊肉	公斤/人	38
禽蛋	公斤/人	24
水产品	公斤/人	47
十一、主要工业产品产量		
生铁	公斤/人	527
钢材	公斤/人	730
原油加工量	公斤/人	141
发电量	千瓦时/人	2667
浓硝酸（折100%）	公斤/人	39
合成氨	公斤/人	63
水泥	公斤/人	1221
化学纤维	公斤/人	4
布	米/人	103

主要人均经济指标与全国对比

单位：元

	全　　国	淮 安 市	淮安为全国的%
人均地区生产总值	41908	44774	106.8
人均第一产业增加值	4196	5661	134.9
人均第二产业增加值	18395	20418	111.0
人均工业增加值	15522	17022	109.7
人均建筑业增加值	2873	3397	118.2
人均第三产业增加值	19317	18694	96.8
人均财政收入	9514	10272	108.0
人均消费品零售额	17520	14979	85.5
人均储蓄存款余额（本外币）	33287	19404	58.3
城镇居民人均可支配收入	26955	25456	94.4
农民人均纯收入	8896	11045	124.2

注：本表按常住人口计算。

主要经济指标与全省对比

	单　　位	全　　省	淮　安　市	淮安占全省的%
土地面积	平方公里	102600	10072	9.8
年末常住人口	万人	7939	482.69	6.1
地区生产总值	亿元	59161.75	2155.86	3.6
第一产业增加值	亿元	3646.08	272.58	7.5
第二产业增加值	亿元	29094.03	983.15	3.4
工业增加值	亿元	25612.24	819.60	3.2
建筑业增加值	亿元	3481.79	163.55	4.7
第三产业增加值	亿元	26421.64	900.13	3.4
公共财政预算收入	亿元	6568.46	271.42	4.1
规模以上固定资产投资完成额	亿元	35982.52	1453.05	4.0
社会消费品零售总额	亿元	20796.50	721.22	3.5
进出口总额	亿美元	5508.44	36.01	0.7
#出口总额	亿美元	3288.57	27.82	0.8
注册外资实际到帐额	亿美元	332.59	13.02	3.9
金融机构存款年末余额（人民币）	亿元	85604.08	1721.30	2.0
#居民储蓄存款余额（人民币）	亿元	33823.90	931.81	2.8
金融机构贷款年末余额（人民币）	亿元	61836.53	1375.15	2.2
人均地区生产总值 *	元	74607	44774	60.0
人均公共财政预算收入 *	元	8283	5637	68.1
人均储蓄存款年末余额 *	元	42655	19352	45.4
城镇居民人均可支配收入	元	32538	25456	78.2
农民人均纯收入	元	13598	11045	81.2

注：带“ * ”指标均按常住人口计算。

主要经济指标与苏北对比

	单　位	苏　北	淮安市	淮安占苏北的%
土地面积	平方公里	54442	10072	18.5
年末常住人口	万人	2988.51	482.69	16.2
地区生产总值	亿元	13558.88	2155.86	15.9
第一产业增加值	亿元	1688.31	272.58	16.1
第二产业增加值	亿元	6360.48	983.15	15.5
工业增加值	亿元	5339.95	819.60	15.3
建筑业增加值	亿元	1020.53	163.55	16.0
第三产业增加值	亿元	5510.09	900.13	16.3
公共财政预算收入	亿元	1479.45	271.42	18.3
规模以上固定资产投资完成额	亿元	9401.74	1453.05	15.5
社会消费品零售总额	亿元	4478.51	721.22	16.1
进出口总额	亿美元	264.42	36.01	13.6
#出口总额	亿美元	180.21	27.82	15.4
实际外商直接投资	亿美元	55.80	13.02	23.3
金融机构存款年末余额（人民币）	亿元	11949.05	1721.30	14.4
#居民储蓄存款余额（人民币）	亿元	6369.40	931.81	14.6
金融机构贷款年末余额（人民币）	亿元	8564.73	1375.15	16.1
人均地区生产总值＊	元	45444	44774	98.5
人均公共财政预算收入＊	元	4958	5637	113.7
人均储蓄存款年末余额＊	元	21348	19352	90.7
城镇居民人均可支配收入	元	22933	23107	100.8
农民人均纯收入	元	11769	11045	93.8

注：1. 带“＊”指标均按常住人口计算。

2. 本表中城镇居民人均可支配收入为县区加权口径。

淮　安　的　一　天

	单　位	2013年	2012年
一、人口变动（户籍人口）			
出生人口	人	247	237
死亡人口	人	66	100
自然增长人口	人	181	137
二、经济活动			
地区生产总值	万元	59065	52484
#工业增加值	万元	22455	20142
规模以上固定资产投资完成额	万元	39810	34098
房屋建筑施工面积	平方米	82433	70023
商品房屋销售面积	平方米	23080	18501
货运量	万吨	29	22
客运量	万人	23	26
港口吞吐量	万吨	18	16
全社会用电量	万千瓦时	4065	3682
#工业用电量	万千瓦时	2803	2609
邮电业务收入	万元	790	671
社会消费品零售总额	万元	19759	17302
进出口总额	万美元	987	1159
#出口额	万美元	762	920
接待国内旅游人数	人次	50225	44009
国内旅游收入	万元	5483	4717
接待海外旅游人数	人次	29	95
财政收入	万元	13551	11977
#公共财政预算收入	万元	7436	6383
财政支出	万元	12579	11207

淮　安　的　一　天（续）

	单　位	2013年	2012年
三、产品产量			
粮食产量	吨	12631	12462
油料产量	吨	264	272
猪牛羊肉产量	吨	577	583
禽蛋产量	吨	355	361
水产品产量	吨	710	688
配混合饲料	吨	5786	16264
白酒（折65度，商品量）	千升	61	66
卷烟	万支	9178	9040
纱	吨	1138	161
原油加工量	吨	2125	2364
农用化肥（折纯）	吨	470	502
轮胎外胎	条	25212	24915
生铁	吨	7939	7894
成品钢材	吨	10998	8947
发电量	万千瓦时	4017	3982
四、居民消费			
居民家庭用水	万吨	28	26
居民家庭液化气用量	吨	145	152
城乡居民生活用电量	万千瓦时	704	594
餐饮业零售额	万元	1812	1615

气　候　情　况

	2013年	2012年
一、温度		
年平均气温（摄氏度）	15	14.8
年极端最高气温（摄氏度）	37.9	36.4
出现日期（月、日）	8月11日	7月29日
年极端最低气温（摄氏度）	-8.3	-8.5
出现日期（月、日）	1月4日	1月23日
二、降水		
年降水总量（毫米）	731.1	916.3
年降水日数（≥0.1毫米）（天）	80	93
一日最大降水量（毫米）	66.2	79.9
出现日期（月、日）	9月10日	7月5日
最长连续降水日数（天）	8	5
降水量（毫米）	68.8	229.2
最长连续无降水日数（天）	22	40
三、日照		
年日照时数（小时）	2131.1	2021.5
年日照百分数（%）	46	46
四、风力、风速		
年平均风速（米/秒）	2.3	2.4
全年大风日数（天）	2	0
五、气压		
年平均气压（毫巴）	1014.9	1014.8

全面建设小康社会进程情况

指　标　名　称	单位	目标值	淮安市	淮安区	淮阴区	涟水县
一、经济发展						
1. 人均地区生产总值	元	≥24000	44774	33421	41351	30997
2. 二、三产业增加值占 GDP 比重	%	≥92	87.4	83.7	81.4	81.6
3. 城市化水平	%	市级 55　县级 45	55.1	46.1	46.0	46.0
4. 城镇登记失业率	%	<5	2.2	2.2	2.4	2.2
二、生活水平						
5. 居民收入						
（1）城镇居民人均可支配收入 *	元	≥16000	23107	20500	22268	19892
（2）农村居民人均纯收入	元	≥8000	11045	11240	10345	10333
6. 居民住房						
（1）城镇人均住房建筑面积	m2	30	37.1	36.0	36.7	41.1
（2）农村人均钢筋、砖木结构住房面积	m2	40	46.4	43.4	46.0	44.0
7. 居民出行						
（1）农村行政村通灰黑公路(或航道)比重	%	100	100.0	100.0	100.0	100.0
（2）城镇人均拥有道路面积	m2	12	18.7	24.0	15.6	14.6
8. 居民信息化普及程度						
（1）百户家庭电话拥有量	部	200	300.4	319.2	296.0	280.6
（2）百户家庭电脑拥有量	台	40	72.2	68.0	75.6	56.5
9. 居民文教娱乐服务支出占家庭消费支出比重	%	18	19.0	19.4	20.0	22.3
10. 恩格尔系数 *	%	<40	35.3	36.2	33.4	34.3
三、社会发展						
11. R&D 经费支出占 GDP 比重	%	市级≥1.5 县级≥1	1.50	1.06	1.04	1.03
12. 高中阶段教育毛入学率(县级为初中毕业生升学率)	%	≥90	98.0	96.3	98.4	96.2
13. 卫生服务体系健全率	%	≥90	100.0	100.0	100.0	100.0
14. 社会保障						
（1）城镇劳动保障三大保险各自覆盖面	%	≥95	95.5	95.3	95.4	95.4
#城镇基本养老保险	%	≥95	95.4	95.2	95.4	95.4
城镇失业保险	%	≥95	95.5	95.5	95.5	95.4
城镇基本医疗保险	%	≥95	95.5	95.3	95.3	95.3
（2）新型农村合作医疗覆盖面	%	≥85	100.0	100.0	100.0	100.0
15. 人民群众对社会治安的满意率	%	90	97.2	98.5	96.0	94.5
16. 城乡村（居）民依法自治						
（1）城镇社区居委会依法自治达标率	%	90	95.5	95.2	95.8	93.8
（2）农村村委会依法自治达标率	%	95	95.7	95.0	96.1	95.1
四、生态环境						
17. 绿化水平						
（1）城市绿化覆盖率	%	40	40.8	40.2	40.3	40.0
（2）森林覆盖率	%	20	24.0	20.0	30.5	27.5
18. 环境质量综合指数	分	80	89.8	91.8	88.9	91.3

注:①根据省核定反馈 2013 年,淮安以市为单位达到江苏省定 2003 版全面小康社会体系标准,淮安区、淮阴区和涟水县也同时达标。算上 2012 年已达标的洪泽县、盱眙县和金湖县。2013 年,淮安各县(区)均达到省定 2003 版全面小康社会体系标准。

②带“ * ”的指标,淮安市级为县区加权口径。

2

国民经济核算

本篇编辑：孙永军　罗　劼　张　怡　姚云聪

社　会　总　产　出

（当年价格）　单位：亿元

	2013年	2013年为2012年的%
社会总产出	**6176.76**	**111.6**
第一产业	499.83	109.6
农业	316.54	109.4
林业	10.17	110.8
畜牧业	112.85	107.3
渔业	51.59	115.1
农、林、牧、渔服务业	8.69	112.8
第二产业	4237.18	110.7
工业	3684.48	111.2
采矿业	77.85	111.2
制造业	3532.04	111.2
电力、燃气及水的生产和供应业	74.59	111.2
建筑业	552.70	107.6
房屋建筑业	186.11	107.6
土木工程建筑业	94.00	107.6
建筑安装业	93.66	107.6
建筑装饰和其他建筑业	178.93	107.6
第三产业	1439.75	115.0
批发和零售业	215.35	116.2
批发业	125.06	117.0
零售业	90.29	115.0
交通运输、仓储和邮政业	169.00	108.6
铁路运输业	6.27	108.1
道路运输业	76.10	107.8
水上运输业	30.00	110.5
航空运输业	0.31	—
管道运输业	1.62	108.0
装卸搬运和运输代理业	16.18	108.2
仓储业	29.94	108.2

社　会　总　产　出（续）

（当年价格）　　单位：亿元

	2013年	2013年为2012年的%
邮政业	8.58	108.2
住宿和餐饮业	109.48	117.4
住宿业	12.68	110.1
餐饮业	96.80	118.4
信息传输、软件和信息技术服务业	42.44	113.1
电信、广播电视和卫星传输服务	9.78	107.8
互联网和相关服务	22.37	115.5
软件和信息技术服务业	10.29	113.1
金融业	100.79	116.3
货币金融服务	87.05	115.6
资本市场服务	1.35	120.5
保险业	11.36	120.7
其他金融业	1.03	121.2
房地产业	164.00	118.8
房地产开发经营业	94.01	126.4
物业管理业	13.27	119.1
房地产中介服务业	6.34	119.0
自有房地产经营活动	46.40	105.8
其他房地产业	3.98	118.9
租赁和商务服务业	211.03	121.5
租赁业	16.38	121.5
商务服务业	194.65	121.5
科学研究和技术服务业	30.44	109.6
水利、环境和公共设施管理业	19.15	109.6
居民服务、修理和其他服务业	46.18	121.5
教育	95.14	109.6
卫生和社会工作	68.87	109.6
文化、体育和娱乐业	19.15	121.6
公共管理、社会保障和社会组织	148.73	111.8

地 区 生 产 总 值

（当年价格）

单位：亿元

	2013年	2013年比2012年的增加额
地区生产总值	**2155.86**	**234.95**
第一产业	272.58	24.60
农业	191.19	17.80
林业	6.26	0.60
畜牧业	42.25	1.97
渔业	28.03	3.69
农、林、牧、渔服务业	4.85	0.55
第二产业	983.15	93.95
工业	819.60	82.40
采矿业	27.37	2.75
制造业	769.41	77.36
电力、燃气及水的生产和供应业	22.82	2.29
建筑业	163.55	11.55
房屋建筑业	55.07	3.89
土木工程建筑业	27.82	1.96
建筑安装业	27.72	1.96
建筑装饰和其他建筑业	52.95	3.74
第三产业	900.13	116.40
批发和零售业	164.48	23.00
批发业	102.09	14.86
零售业	62.39	8.14
交通运输、仓储和邮政业	79.72	6.01
铁路运输业	0.53	0.04
道路运输业	45.57	3.30
水上运输业	17.86	1.35
航空运输业	0.15	0.15
管道运输业	0.04	0.00
装卸搬运和运输代理业	8.40	0.63
仓储业	3.20	0.24

地　区　生　产　总　值（续）

（当年价格）　　　　单位：亿元

	2013年	2013年比2012年的增加额
邮政业	3.97	0.30
住宿和餐饮业	55.01	8.05
住宿业	7.84	0.72
餐饮业	47.17	7.33
信息传输、软件和信息技术服务业	24.98	2.88
电信、广播电视和卫星传输服务	6.02	0.44
互联网和相关服务	13.77	1.85
软件和信息技术服务业	5.19	0.60
金融业	65.10	9.00
货币金融服务	59.28	8.00
资本市场服务	0.89	0.15
保险业	4.23	0.73
其他金融业	0.70	0.12
房地产业	146.00	22.82
房地产开发经营业	88.40	18.47
物业管理业	6.30	1.01
房地产中介服务业	3.01	0.48
自有房地产经营活动	46.40	2.56
其他房地产业	1.89	0.30
租赁和商务服务业	85.38	15.12
租赁业	6.94	1.23
商务服务业	78.44	13.89
科学研究和技术服务业	15.92	1.39
水利、环境和公共设施管理业	13.33	1.17
居民服务、修理和其他服务业	24.42	4.32
教育	74.53	6.53
卫生和社会工作	38.57	3.38
文化、体育和娱乐业	11.95	2.12
公共管理、社会保障和社会组织	100.74	10.61

地区生产总值要素构成

（当年价格）

单位：亿元

	增加值	劳动者报酬	生产税净额	补贴	固定资产折旧	营业盈余
地区生产总值	**2155.86**	**1001.57**	**338.42**	**7.02**	**273.43**	**542.45**
第一产业	272.58	255.91	-4.29	4.29	10.55	10.41
农业	191.19	179.50	-4.29	4.29	7.40	8.58
林业	6.26	5.88	0.00	0.00	0.24	0.14
畜牧业	42.25	39.67	0.00	0.00	1.64	0.95
渔业	28.03	26.32	0.00	0.00	1.08	0.63
农、林、牧、渔服务业	4.85	4.55	0.00	0.00	0.19	0.11
第二产业	983.15	384.75	244.70	2.73	89.63	264.07
工业	819.60	288.87	231.52	2.73	80.55	218.66
采矿业	27.37	7.74	5.71	0.00	4.15	9.77
制造业	769.41	273.85	220.98	2.73	71.31	203.27
电力、燃气及水的生产和供应业	22.82	7.28	4.83	0.00	5.09	5.62
建筑业	163.55	95.88	13.18	0.00	9.08	45.41
房屋建筑业	55.07	32.28	4.44	0.00	3.06	15.29
土木工程建筑业	27.82	16.31	2.24	0.00	1.54	7.73
建筑安装业	27.72	16.25	2.23	0.00	1.54	7.70
建筑装饰和其他建筑业	52.95	31.04	4.27	0.00	2.94	14.70
第三产业	900.13	360.91	98.01	0.00	173.25	267.96
批发和零售业	164.48	32.92	40.89	0.00	16.35	74.32
批发业	102.09	11.63	27.03	0.00	8.46	54.97
零售业	62.39	21.29	13.86	0.00	7.89	19.35
交通运输、仓储和邮政业	79.72	32.63	7.27	0.00	15.13	24.69
铁路运输业	0.53	0.12	0.06	0.00	0.30	0.05
道路运输业	45.57	19.13	3.58	0.00	8.23	14.63
水上运输业	17.86	6.83	1.99	0.00	2.96	6.08
航空运输业	0.15	0.03	0.01	0.00	0.10	0.01
管道运输业	0.04	0.03	0.00	0.00	0.01	0.00
装卸搬运和运输代理业	8.40	5.22	0.47	0.00	0.98	1.73
仓储业	3.20	0.36	0.38	0.00	0.71	1.75

地 区 生 产 总 值 要 素 构 成（续）

（当年价格）

单位：亿元

	增加值	劳动者报酬	生产税净额	补贴	固定资产折旧	营业盈余
邮政业	3.97	0.91	0.78	0.00	1.84	0.44
住宿和餐饮业	55.01	34.23	3.14	0.00	10.09	7.55
住宿业	7.84	2.73	0.77	0.00	2.24	2.10
餐饮业	47.17	31.50	2.37	0.00	7.85	5.45
信息传输、软件和信息技术服务业	24.98	6.35	1.73	0.00	9.59	7.31
电信、广播电视和卫星传输服务	6.02	1.44	0.29	0.00	2.53	1.76
互联网和相关服务	13.77	3.08	0.67	0.00	5.91	4.11
软件和信息技术服务业	5.19	1.83	0.77	0.00	1.15	1.44
金融业	65.10	18.93	7.52	0.00	5.67	32.98
货币金融服务	59.28	17.04	6.31	0.00	4.92	31.01
资本市场服务	0.89	0.20	0.07	0.00	0.02	0.60
保险业	4.23	1.37	0.98	0.00	0.69	1.19
其他金融业	0.70	0.32	0.16	0.00	0.04	0.18
房地产业	146.00	18.02	22.24	0.00	48.40	57.34
房地产开发经营业	88.40	12.75	20.70	0.00	1.45	53.50
物业管理业	6.30	2.96	0.87	0.00	0.31	2.16
房地产中介服务业	3.01	1.42	0.41	0.00	0.15	1.03
自有房地产经营活动	46.40	0.00	0.00	0.00	46.40	0.00
其他房地产业	1.89	0.89	0.26	0.00	0.09	0.65
租赁和商务服务业	85.38	10.07	11.38	0.00	16.35	47.58
租赁业	6.94	2.72	0.79	0.00	2.40	1.03
商务服务业	78.44	7.35	10.59	0.00	13.95	46.55
科学研究和技术服务业	15.92	11.37	0.63	0.00	1.21	2.71
水利、环境和公共设施管理业	13.33	9.66	0.10	0.00	3.02	0.55
居民服务、修理和其他服务业	24.42	11.12	1.78	0.00	4.59	6.93
教育	74.53	72.90	0.02	0.00	1.45	0.16
卫生和社会工作	38.57	37.10	0.04	0.00	0.78	0.65
文化、体育和娱乐业	11.95	3.66	0.72	0.00	3.86	3.71
公共管理、社会保障和社会组织	100.74	61.95	0.55	0.00	36.76	1.48

人均地区生产总值（一）

（当年价格）

单位：元

	2013年	2013年比2012年的增加额
人均地区生产总值（按户籍人口计算）	**39205**	**3961**
第一产业	4957	407
农业	3477	296
林业	114	10
畜牧业	768	29
渔业	510	63
农、林、牧、渔服务业	88	9
第二产业	17879	1564
工业	14905	1379
采矿业	498	46
制造业	13992	1295
电力、燃气及水的生产和供应业	415	38
建筑业	2974	185
房屋建筑业	1001	62
土木工程建筑业	506	32
建筑安装业	504	31
建筑装饰和其他建筑业	963	60
第三产业	16369	1990
批发和零售业	2991	395
批发业	1857	256
零售业	1135	139
交通运输、仓储和邮政业	1450	97
铁路运输业	10	1
道路运输业	829	53
水上运输业	325	22
航空运输业	3	3
管道运输业	1	0
装卸搬运和运输代理业	153	10
仓储业	58	4

人均地区生产总值（一）（续）

（当年价格）　　单位：元

	2013年	2013年比2012年的增加额
邮政业	72	5
住宿和餐饮业	1000	139
住宿业	143	12
餐饮业	858	127
信息传输、软件和信息技术服务业	454	49
电信、广播电视和卫星传输服务	109	7
互联网和相关服务	250	32
软件和信息技术服务业	94	10
金融业	1184	155
货币金融服务	1078	137
资本市场服务	16	3
保险业	77	13
其他金融业	13	2
房地产业	2655	395
房地产开发经营业	1608	325
物业管理业	115	17
房地产中介服务业	55	8
自有房地产经营活动	844	39
其他房地产业	34	5
租赁和商务服务业	1553	264
租赁业	126	21
商务服务业	1426	242
科学研究和技术服务业	289	23
水利、环境和公共设施管理业	242	19
居民服务、修理和其他服务业	444	75
教育	1355	108
卫生和社会工作	701	56
文化、体育和娱乐业	217	37
公共管理、社会保障和社会组织	1832	178

人 均 地 区 生 产 总 值（二）

（当年价格）

单位：元

	2013年	2013年比2012年的增加额
人均地区生产总值（按常住人口计算）	**44774**	**4782**
第一产业	5661	498
农业	3971	361
林业	130	12
畜牧业	877	39
渔业	582	75
农、林、牧、渔服务业	101	11
第二产业	20418	1906
工业	17022	1674
采矿业	568	56
制造业	15979	1571
电力、燃气及水的生产和供应业	474	47
建筑业	3397	232
房屋建筑业	1144	78
土木工程建筑业	578	39
建筑安装业	576	39
建筑装饰和其他建筑业	1100	75
第三产业	18694	2377
批发和零售业	3416	470
批发业	2120	304
零售业	1296	166
交通运输、仓储和邮政业	1656	121
铁路运输业	11	1
道路运输业	946	66
水上运输业	371	27
航空运输业	3	3
管道运输业	1	0
装卸搬运和运输代理业	175	13
仓储业	66	5

人均地区生产总值（二）(续)

（当年价格）　　单位：元

	2013年	2013年比2012年的增加额
邮政业	82	6
住宿和餐饮业	1142	165
住宿业	163	15
餐饮业	980	150
信息传输、软件和信息技术服务业	519	59
电信、广播电视和卫星传输服务	125	9
互联网和相关服务	286	38
软件和信息技术服务业	108	12
金融业	1352	184
货币金融服务	1231	164
资本市场服务	19	3
保险业	88	15
其他金融业	15	2
房地产业	3032	468
房地产开发经营业	1836	380
物业管理业	131	21
房地产中介服务业	63	10
自有房地产经营活动	964	51
其他房地产业	39	6
租赁和商务服务业	1773	310
租赁业	144	25
商务服务业	1629	285
科学研究和技术服务业	331	28
水利、环境和公共设施管理业	277	24
居民服务、修理和其他服务业	507	89
教育	1548	132
卫生和社会工作	801	68
文化、体育和娱乐业	248	44
公共管理、社会保障和社会组织	2092	216

分行业增加值占地区生产总值的比重

（当年价格）

单位:%

	2013年	2013年比2012年±（百分点）
地区生产总值	**100.0**	—
第一产业	12.6	-0.3
农业	8.9	-0.2
林业	0.3	0.0
畜牧业	2.0	-0.1
渔业	1.3	0.0
农、林、牧、渔服务业	0.2	0.0
第二产业	45.6	-0.7
工业	38.0	-0.4
采矿业	1.3	0.0
制造业	35.7	-0.3
电力、燃气及水的生产和供应业	1.1	0.0
建筑业	7.6	-0.3
房屋建筑业	2.6	-0.1
土木工程建筑业	1.3	-0.1
建筑安装业	1.3	-0.1
建筑装饰和其他建筑业	2.5	-0.1
第三产业	41.8	1.0
批发和零售业	7.6	0.3
批发业	4.7	0.2
零售业	2.9	0.1
交通运输、仓储和邮政业	3.7	-0.1
铁路运输业	0.0	0.0
道路运输业	2.1	-0.1
水上运输业	0.8	0.0
航空运输业	0.0	—
管道运输业	0.0	0.0
装卸搬运和运输代理业	0.4	0.0
仓储业	0.1	0.0

分行业增加值占地区生产总值的比重（续）

（当年价格）

单位：%

	2013年	2013年比2012年±（百分点）
邮政业	0.2	0.0
住宿和餐饮业	2.6	0.1
住宿业	0.4	0.0
餐饮业	2.2	0.1
信息传输、软件和信息技术服务业	1.2	0.0
电信、广播电视和卫星传输服务	0.3	0.0
互联网和相关服务	0.6	0.0
软件和信息技术服务业	0.2	0.0
金融业	3.0	0.1
货币金融服务	2.7	0.1
资本市场服务	0.0	0.0
保险业	0.2	0.0
其他金融业	0.0	0.0
房地产业	6.8	0.4
房地产开发经营业	4.1	0.5
物业管理业	0.3	0.0
房地产中介服务业	0.1	0.0
自有房地产经营活动	2.2	-0.1
其他房地产业	0.1	0.0
租赁和商务服务业	4.0	0.3
租赁业	0.3	0.0
商务服务业	3.6	0.3
科学研究和技术服务业	0.7	0.0
水利、环境和公共设施管理业	0.6	0.0
居民服务、修理和其他服务业	1.1	0.1
教育	3.5	-0.1
卫生和社会工作	1.8	0.0
文化、体育和娱乐业	0.6	0.0
公共管理、社会保障和社会组织	4.7	0.0

行 业 增 加 值 率

单位:%

	2013 年	2013 年比 2012 年 ±（百分点）
地区生产总值	**34.9**	**0.2**
第一产业	54.5	0.2
农业	60.4	0.5
林业	61.6	-0.1
畜牧业	37.4	-0.8
渔业	54.3	0.0
农、林、牧、渔服务业	55.8	-0.1
第二产业	23.2	0.0
工业	22.2	0.0
采矿业	35.2	0.0
制造业	21.8	0.0
电力、燃气及水的生产和供应业	30.6	0.0
建筑业	29.6	0.0
房屋建筑业	29.6	0.0
土木工程建筑业	29.6	0.0
建筑安装业	29.6	0.0
建筑装饰和其他建筑业	29.6	0.0
第三产业	62.5	-0.1
批发和零售业	76.4	0.1
批发业	81.6	0.0
零售业	69.1	0.0
交通运输、仓储和邮政业	47.2	-0.2
铁路运输业	8.5	0.0
道路运输业	59.9	0.0
水上运输业	59.5	-1.3
航空运输业	48.4	-
管道运输业	2.7	0.0
装卸搬运和运输代理业	51.9	0.0
仓储业	10.7	0.0

行　业　增　加　值　率(续)

单位:%

	2013年	2013年比2012年±(百分点)
邮政业	46.3	0.0
住宿和餐饮业	50.2	-0.1
住宿业	61.8	0.0
餐饮业	48.7	0.0
信息传输、软件和信息技术服务业	58.9	0.0
电信、广播电视和卫星传输服务	61.6	0.0
互联网和相关服务	61.6	0.0
软件和信息技术服务业	50.4	0.0
金融业	64.6	-0.1
货币金融服务	68.1	0.0
资本市场服务	66.2	0.1
保险业	37.2	0.0
其他金融业	68.0	-0.2
房地产业	89.0	-0.2
房地产开发经营业	94.0	0.0
物业管理业	47.5	0.0
房地产中介服务业	47.5	0.0
自有房地产经营活动	100.0	0.0
其他房地产业	47.5	0.0
租赁和商务服务业	40.5	0.0
租赁业	42.4	0.0
商务服务业	40.3	0.0
科学研究和技术服务业	52.3	0.0
水利、环境和公共设施管理业	69.6	0.0
居民服务、修理和其他服务业	52.9	0.0
教育	78.3	0.0
卫生和社会工作	56.0	0.0
文化、体育和娱乐业	62.4	0.0
公共管理、社会保障和社会组织	67.7	0.0

分县（区）社

（当年

	全市	市区	#清河区	#淮安区
社会总产出	**6176.76**	**3526.33**	**276.40**	**762.47**
第一产业	499.83	218.26	0.00	90.01
农业	316.54	142.56	0.00	63.17
林业	10.17	2.01	0.00	0.93
畜牧业	112.85	56.55	0.00	16.19
渔业	51.59	14.47	0.00	9.16
农、林、牧、渔服务业	8.69	2.68	0.00	0.56
第二产业	4237.18	2447.35	90.23	472.20
工业	3684.48	2148.35	72.28	342.15
采矿业	77.85	43.02	0.00	0.00
制造业	3532.04	2056.54	72.28	340.57
电力、燃气及水的生产和供应业	74.59	48.79	0.00	1.58
建筑业	552.70	299.00	17.95	130.05
房屋建筑业	186.11	25.29	11.10	112.83
土木工程建筑业	94.00	43.06	2.25	10.31
建筑安装业	93.66	63.69	1.20	4.56
建筑装饰和其他建筑业	178.93	166.96	3.41	2.35
第三产业	1439.75	860.72	186.17	200.26
批发和零售业	215.35	138.48	32.42	25.85
批发业	125.06	85.83	24.85	16.03
零售业	90.29	52.65	7.57	9.82
交通运输、仓储和邮政业	169.00	80.78	10.67	53.06
铁路运输业	6.27	6.27	0.00	0.00
道路运输业	76.10	30.77	7.40	15.02
水上运输业	30.00	0.46	0.57	24.74
航空运输业	0.31	0.00	0.00	0.00
管道运输业	1.62	1.56	0.00	0.00
装卸搬运和运输代理业	16.18	10.78	2.62	6.95
仓储业	29.94	24.49	0.00	5.63

会　　总　　产　　出

价格）　　　　　　　　　　　　　　　　　　　　　　　单位：亿元

#淮　阴　区	#清　浦　区	#开　发　区	涟　水　县	洪　泽　县	盱　眙　县	金　湖　县
1005.73	**389.66**	**1156.95**	**799.49**	**525.35**	**835.80**	**489.79**
109.46	15.64	3.01	91.19	57.40	85.62	47.36
63.87	12.19	2.55	67.70	26.41	52.34	27.53
1.14	0.15	0.12	2.09	3.41	1.22	1.44
39.06	2.16	0.27	17.15	16.58	16.67	5.90
3.69	0.66	0.07	2.48	9.49	14.06	11.09
1.70	0.48	0.00	1.77	1.51	1.33	1.40
688.30	251.29	1019.49	537.22	348.22	565.92	338.47
594.60	213.23	941.44	469.17	302.47	472.11	292.38
17.30	0.22	0.00	0.00	11.56	23.27	0.00
523.60	211.35	938.17	467.34	285.23	430.65	292.28
53.70	1.66	3.27	1.83	5.68	18.19	0.10
93.70	38.06	78.05	68.05	45.75	93.81	46.09
65.73	20.53	59.22	63.70	21.14	43.73	32.25
21.60	9.16	9.26	3.64	12.12	23.48	11.70
1.10	3.52	2.51	0.63	8.26	19.97	1.11
5.27	4.85	7.06	0.08	4.23	6.63	1.03
207.97	122.73	134.45	171.08	119.73	184.26	103.96
28.96	31.65	34.55	22.38	17.76	20.40	16.33
22.43	11.60	19.61	15.35	9.87	5.99	8.02
6.53	20.05	14.94	7.03	7.89	14.41	8.31
13.01	16.12	1.52	15.47	21.02	35.40	16.33
0.00	0.00	0.00	0.00	0.00	0.00	0.00
8.32	5.65	0.95	8.98	6.02	21.27	9.06
0.61	5.51	0.00	5.02	13.78	5.03	5.71
0.00	0.00	0.00	0.31	0.00	0.00	0.00
0.00	0.00	0.00	0.00	0.00	0.06	0.00
1.61	2.69	0.36	0.95	1.09	2.96	0.40
2.41	0.18	0.11	0.15	0.00	4.21	1.09

分 县 （区） 社

（当年

	全 市	市 区	#清 河 区	#淮 安 区
邮政业	8.58	6.45	0.10	0.72
住宿和餐饮业	109.48	56.18	23.80	19.13
住宿业	12.68	6.79	5.30	0.72
餐饮业	96.80	49.39	18.50	18.41
信息传输、软件和信息技术服务业	42.44	27.95	11.92	0.55
电信、广播电视和卫星传输服务	9.78	4.68	4.48	0.00
互联网和相关服务	22.37	19.81	6.20	0.00
软件和信息技术服务业	10.29	3.46	1.23	0.55
金融业	100.79	55.95	0.00	8.16
货币金融服务	87.05	50.61	0.00	8.09
资本市场服务	1.35	1.18	0.00	0.00
保险业	11.36	4.05	0.00	0.00
其他金融业	1.03	0.11	0.00	0.07
房地产业	164.00	113.00	38.71	18.98
房地产开发经营业	94.01	72.78	30.30	6.96
物业管理业	13.27	8.78	1.18	1.33
房地产中介服务业	6.34	5.46	0.88	1.16
自有房地产经营活动	46.40	22.53	5.10	0.67
其他房地产业	3.98	3.45	1.25	8.86
租赁和商务服务业	211.03	172.25	29.94	6.21
租赁业	16.38	9.55	0.32	0.00
商务服务业	194.65	162.70	29.62	6.21
科学研究和技术服务业	30.44	19.24	3.17	2.17
水利、环境和公共设施管理业	19.15	7.93	1.19	4.29
居民服务、修理和其他服务业	46.18	18.92	6.83	15.32
教育	95.14	51.30	10.79	16.35
卫生和社会工作	68.87	33.41	5.37	12.51
文化、体育和娱乐业	19.15	11.97	3.50	4.03
公共管理、社会保障和社会组织	148.73	73.36	7.86	13.65

价格）　　　　　　　　　　　　　　　　　　　　　　　　单位：亿元

#淮阴区	#清浦区	#开发区	涟水县	洪泽县	盱眙县	金湖县
0.06	2.09	0.10	0.06	0.13	1.87	0.07
11.46	13.60	2.89	18.13	9.82	14.99	10.36
3.30	2.94	1.24	1.13	2.93	1.00	0.83
8.16	10.66	1.65	17.00	6.89	13.99	9.53
1.21	3.06	0.24	6.00	1.34	5.06	2.09
0.51	0.39	0.00	0.65	0.41	2.97	1.07
0.70	0.60	0.06	0.00	0.78	1.78	0.00
0.00	2.07	0.18	5.35	0.15	0.31	1.02
7.40	0.00	0.00	14.21	9.06	12.66	8.91
3.57	0.00	0.00	12.30	6.29	10.01	7.84
0.00	0.00	0.00	0.05	0.00	0.12	0.00
3.83	0.00	0.00	1.75	2.52	2.12	0.92
0.00	0.00	0.00	0.11	0.25	0.41	0.15
33.28	22.81	70.22	12.85	13.73	15.29	9.13
27.93	12.81	64.88	5.77	7.92	5.41	2.13
0.59	2.42	1.02	0.95	0.43	1.41	1.70
0.00	0.79	0.88	0.26	0.24	0.38	0.00
4.76	4.32	3.22	5.87	5.02	7.68	5.30
0.00	2.47	0.22	0.00	0.12	0.41	0.00
23.07	6.15	2.90	10.71	4.78	18.73	4.56
0.72	0.80	0.89	0.59	0.37	5.65	0.22
22.35	5.35	2.01	10.12	4.41	13.08	4.34
3.71	3.12	0.70	2.33	3.78	2.24	2.85
1.82	2.91	0.58	2.03	3.97	2.38	2.84
12.43	5.06	0.66	12.22	5.02	6.91	3.11
21.37	7.21	6.67	14.19	8.93	14.41	6.31
18.27	3.66	1.43	9.09	6.50	15.12	4.75
1.85	1.04	0.34	1.17	1.39	3.14	1.48
30.13	6.34	11.75	30.30	12.63	17.53	14.91

分县（区）地区

（当年

	全市	市区	#清河区	#淮安区
地区生产总值	**2155.86**	**1290.92**	**122.98**	**326.32**
第一产业	272.58	124.39	0.00	53.34
农业	191.19	91.73	0.00	39.92
林业	6.26	1.29	0.00	0.50
畜牧业	42.25	22.12	0.00	7.30
渔业	28.03	7.66	0.00	5.20
农、林、牧、渔服务业	4.85	1.59	0.00	0.41
第二产业	983.15	623.45	23.58	136.25
工业	819.60	525.03	16.50	89.55
采矿业	27.37	14.27	0.00	0.00
制造业	769.41	496.00	16.50	89.07
电力、燃气及水的生产和供应业	22.82	14.76	0.00	0.48
建筑业	163.55	98.42	7.08	46.70
房屋建筑业	55.07	12.40	3.16	40.63
土木工程建筑业	27.82	15.86	1.18	3.74
建筑安装业	27.72	20.67	1.33	1.40
建筑装饰和其他建筑业	52.95	49.50	1.41	0.93
第三产业	900.13	543.08	99.40	136.73
批发和零售业	164.48	107.97	24.85	19.44
批发业	102.09	72.05	16.64	12.68
零售业	62.39	35.92	8.21	6.76
交通运输、仓储和邮政业	79.72	39.79	4.77	24.83
铁路运输业	0.53	0.53	0.00	0.00
道路运输业	45.57	25.66	3.23	7.21
水上运输业	17.86	2.88	0.33	12.11
航空运输业	0.15	0.00	0.00	0.00
管道运输业	0.04	0.00	0.00	0.00
装卸搬运和运输代理业	8.40	5.59	1.16	3.51
仓储业	3.20	2.32	0.00	1.36

生　产　总　值

价格）　　　　　　　　　　　　　　　　　　　　　　　单位：亿元

#淮阴区	#清浦区	#开发区	涟水县	洪泽县	盱眙县	金湖县
319.56	**143.19**	**205.47**	**260.31**	**178.06**	**260.15**	**166.42**
59.51	8.71	1.54	48.00	28.03	46.13	26.03
42.06	7.14	1.38	37.33	15.71	30.43	15.99
0.71	0.08	0.04	1.27	1.98	0.70	1.02
13.72	0.93	0.09	7.54	4.67	5.87	2.05
2.12	0.32	0.03	0.85	4.84	8.47	6.21
0.90	0.24	0.00	1.01	0.83	0.66	0.76
143.14	47.95	171.75	105.92	75.88	110.49	67.41
121.30	37.30	159.60	84.25	63.70	87.80	58.82
7.16	0.06	0.00	0.00	7.46	5.64	0.00
99.27	36.80	158.51	83.59	55.06	76.00	58.76
14.87	0.44	1.09	0.66	1.18	6.16	0.06
21.84	10.65	12.15	21.67	12.18	22.69	8.59
14.85	5.71	9.20	20.28	5.26	11.12	6.01
4.80	2.59	1.45	1.16	3.41	5.21	2.18
0.23	1.01	0.40	0.20	2.42	4.22	0.21
1.96	1.34	1.10	0.03	1.09	2.14	0.19
116.91	86.53	32.18	106.39	74.15	103.53	72.98
18.75	27.80	7.83	16.39	12.88	13.98	13.26
15.20	15.80	5.74	11.95	6.00	4.50	7.59
3.55	12.00	2.09	4.44	6.88	9.48	5.67
5.90	8.25	0.52	7.79	9.61	13.90	8.63
0.00	0.00	0.00	0.00	0.00	0.00	0.00
4.23	3.02	0.31	4.56	2.20	8.12	5.03
0.37	2.93	0.00	2.49	6.69	2.72	3.08
0.00	0.00	0.00	0.15	0.00	0.00	0.00
0.00	0.00	0.00	0.00	0.00	0.04	0.00
0.88	1.36	0.13	0.47	0.58	1.57	0.19
0.38	0.10	0.04	0.07	0.00	0.54	0.27

分县（区）地区

（当年

	全市	市区	#清河区	#淮安区
邮政业	3.97	2.81	0.05	0.64
住宿和餐饮业	55.01	28.71	8.03	8.55
住宿业	7.84	4.79	1.72	0.38
餐饮业	47.17	23.92	6.31	8.17
信息传输、软件和信息技术服务业	24.98	16.00	4.38	0.29
电信、广播电视和卫星传输服务	6.02	2.21	2.25	0.00
互联网和相关服务	13.77	12.19	1.55	0.00
软件和信息技术服务业	5.19	1.60	0.58	0.29
金融业	65.10	38.94	0.00	5.94
货币金融服务	59.28	36.69	0.00	5.76
资本市场服务	0.89	0.77	0.00	0.00
保险业	4.23	1.36	0.00	0.00
其他金融业	0.70	0.12	0.00	0.18
房地产业	146.00	100.05	27.69	19.06
房地产开发经营业	88.40	70.31	18.33	8.19
物业管理业	6.30	3.60	1.82	0.95
房地产中介服务业	3.01	2.19	2.97	0.39
自有房地产经营活动	46.40	22.66	4.42	9.53
其他房地产业	1.89	1.29	0.15	0.00
租赁和商务服务业	85.38	65.23	10.26	4.46
租赁业	6.94	3.58	0.21	0.00
商务服务业	78.44	61.65	10.05	4.46
科学研究和技术服务业	15.92	9.49	1.05	1.53
水利、环境和公共设施管理业	13.33	5.71	0.73	4.25
居民服务、修理和其他服务业	24.42	9.74	3.22	8.68
教育	74.53	45.58	5.16	16.10
卫生和社会工作	38.57	18.74	2.53	8.16
文化、体育和娱乐业	11.95	6.67	2.06	2.87
公共管理、社会保障和社会组织	100.74	50.46	4.67	12.57

生　产　总　值（续）

价格）　　　　　　　　　　　　　　　　　　　　　　　　单位：亿元

#淮阴区	#清浦区	#开发区	涟水县	洪泽县	盱眙县	金湖县
0.04	0.84	0.04	0.05	0.14	0.91	0.06
5.20	6.94	1.33	8.79	5.72	7.13	4.66
1.34	1.56	0.47	0.66	1.40	0.58	0.41
3.86	5.38	0.86	8.13	4.32	6.55	4.25
0.67	1.73	0.12	3.05	1.34	2.82	1.77
0.41	0.22	0.00	0.50	0.46	1.80	1.05
0.26	0.35	0.03	0.00	0.72	0.86	0.00
0.00	1.16	0.09	2.55	0.16	0.16	0.72
2.86	0.00	0.00	11.97	4.10	5.94	4.15
2.14	0.00	0.00	10.88	3.23	4.79	3.69
0.00	0.00	0.00	0.04	0.00	0.08	0.00
0.72	0.00	0.00	0.98	0.72	0.79	0.38
0.00	0.00	0.00	0.07	0.15	0.28	0.08
25.89	18.72	9.97	11.65	13.26	13.35	7.69
20.82	11.94	5.69	4.79	7.55	4.05	1.70
0.26	1.85	0.51	0.80	0.33	0.88	0.69
0.05	0.36	0.44	0.19	0.28	0.35	0.00
4.76	4.30	3.22	5.87	4.89	7.68	5.30
0.00	0.27	0.11	0.00	0.21	0.39	0.00
4.09	3.20	1.07	4.86	1.88	9.20	4.21
0.33	0.42	0.29	0.24	0.10	2.82	0.20
3.76	2.78	0.78	4.62	1.78	6.38	4.01
1.83	1.67	0.32	1.17	1.90	1.14	2.22
1.19	2.08	0.25	1.18	2.27	1.68	2.49
7.15	2.92	0.26	5.54	2.09	3.58	3.47
14.06	5.86	3.21	10.37	5.03	8.80	4.75
8.73	2.06	0.48	5.35	3.12	8.62	2.74
1.29	0.50	0.55	0.76	1.02	1.82	1.68
19.30	4.80	6.27	17.52	9.93	11.57	11.26

分县（区）人均地

（当年

	全市	市区	#清河区	#淮安区
人均地区生产总值（按户籍人口计算）	**39205**	**45305**	**122612**	**27325**
第一产业	4957	4365	0	4467
农业	3477	3219	0	3343
林业	114	45	0	41
畜牧业	768	776	0	612
渔业	510	269	0	436
农、林、牧、渔服务业	88	56	0	35
第二产业	17879	21880	23509	11409
工业	14905	18426	16451	7499
采矿业	498	501	0	0
制造业	13992	17407	16451	7459
电力、燃气及水的生产和供应业	415	518	0	40
建筑业	2974	3454	7059	3911
房屋建筑业	1001	435	3151	3402
土木工程建筑业	506	557	1176	313
建筑安装业	504	725	1326	117
建筑装饰和其他建筑业	963	1737	1406	78
第三产业	16369	19059	99103	11450
批发和零售业	2991	3789	24776	1628
批发业	1857	2529	16590	1062
零售业	1135	1261	8185	566
交通运输、仓储和邮政业	1450	1396	4756	2079
铁路运输业	10	19	0	0
道路运输业	829	901	3220	604
水上运输业	325	101	329	1014
航空运输业	3	0	0	0
管道运输业	1	0	0	0
装卸搬运和运输代理业	153	196	1157	294
仓储业	58	81	0	114

区 生 产 总 值（一）

价格） 单位：元

#淮阴区	#清浦区	#开发区	涟水县	洪泽县	盱眙县	金湖县
34944	**61640**	**119182**	**23296**	**46010**	**33022**	**46577**
6507	3749	893	4296	7243	5856	7285
4599	3074	800	3341	4059	3863	4475
78	34	23	114	512	88	285
1500	400	52	675	1207	745	574
232	138	17	76	1251	1075	1738
98	103	0	90	214	84	213
15652	20641	99623	9479	19607	14025	18866
13264	16057	92575	7540	16460	11145	16462
783	26	0	0	1928	716	0
10855	15842	91943	7481	14227	9647	16446
1626	189	632	59	305	782	17
2388	4585	7048	1939	3147	2880	2404
1624	2458	5336	1815	1359	1412	1682
525	1115	841	104	881	661	610
25	435	232	18	625	536	59
214	577	638	3	282	272	53
12784	37249	18666	9521	19160	13142	20425
2050	11967	4542	1467	3328	1775	3711
1662	6802	3329	1069	1550	571	2124
388	5166	1212	397	1778	1203	1587
645	3551	302	697	2483	1764	2415
0	0	0	0	0	0	0
463	1300	180	408	568	1031	1408
40	1261	0	223	1729	345	862
0	0	0	13	0	0	0
0	0	0	0	0	5	0
96	585	75	42	150	199	53
42	43	23	6	0	69	76

分县（区）人均地

（当年

	全　市	市　区	#清河区	#淮安区
邮政业	72	99	50	54
住宿和餐饮业	1000	1008	8006	716
住宿业	143	168	1715	32
餐饮业	858	839	6291	684
信息传输、软件和信息技术服务业	454	562	4367	24
电信、广播电视和卫星传输服务	109	78	2243	0
互联网和相关服务	250	428	1545	0
软件和信息技术服务业	94	56	578	24
金融业	1184	1367	0	497
货币金融服务	1078	1288	0	482
资本市场服务	16	27	0	0
保险业	77	48	0	0
其他金融业	13	4	0	15
房地产业	2655	3511	27607	1596
房地产开发经营业	1608	2468	18275	686
物业管理业	115	126	1815	80
房地产中介服务业	55	77	2961	33
自有房地产经营活动	844	795	4407	798
其他房地产业	34	45	150	0
租赁和商务服务业	1553	2289	10229	373
租赁业	126	126	209	0
商务服务业	1426	2164	10020	373
科学研究和技术服务业	289	333	1047	128
水利、环境和公共设施管理业	242	200	728	356
居民服务、修理和其他服务业	444	342	3210	727
教育	1355	1600	5145	1348
卫生和社会工作	701	658	2522	683
文化、体育和娱乐业	217	234	2054	240
公共管理、社会保障和社会组织	1832	1771	4656	1053

区 生 产 总 值 （一）（续）

价格）　　　　　　　　　　　　　　　　　　　　单位：元

#淮　阴　区	#清　浦　区	#开　发　区	涟　水　县	洪　泽　县	盱　眙　县	金　湖　县
4	362	23	4	36	116	17
569	2988	771	787	1478	905	1304
147	672	273	59	362	74	115
422	2316	499	728	1116	831	1189
73	745	70	273	346	358	495
45	95	0	45	119	228	294
28	151	17	0	186	109	0
0	499	52	228	41	20	202
313	0	0	1071	1059	754	1161
234	0	0	974	835	608	1033
0	0	0	4	0	10	0
79	0	0	88	186	100	106
0	0	0	6	39	36	22
2831	8059	5783	1043	3426	1695	2152
2277	5140	3300	429	1951	514	476
28	796	296	72	85	112	193
5	155	255	17	72	44	0
521	1851	1868	525	1264	975	1483
0	116	64	0	54	50	0
447	1378	621	435	486	1168	1178
36	181	168	21	26	358	56
411	1197	452	413	460	810	1122
200	719	186	105	491	145	621
130	895	145	106	587	213	697
782	1257	151	496	540	454	971
1537	2523	1862	928	1300	1117	1329
955	887	278	479	806	1094	767
141	215	319	68	264	231	470
2110	2066	3637	1568	2566	1469	3151

分县（区）人均地

（当年

	全　　市	市　　区	#清　河　区	#淮　安　区
人均地区生产总值（按常住人口计算）	**44774**	**48405**	**122612**	**33421**
第一产业	5661	4664	0	5463
农业	3971	3439	0	4089
林业	130	49	0	51
畜牧业	877	829	0	748
渔业	582	287	0	533
农、林、牧、渔服务业	101	60	0	42
第二产业	20418	23377	23509	13954
工业	17022	19687	16451	9171
采矿业	568	535	0	0
制造业	15979	18598	16451	9122
电力、燃气及水的生产和供应业	474	553	0	49
建筑业	3397	3690	7059	4783
房屋建筑业	1144	465	3151	4161
土木工程建筑业	578	595	1176	383
建筑安装业	576	775	1326	143
建筑装饰和其他建筑业	1100	1856	1406	95
第三产业	18694	20364	99103	14003
批发和零售业	3416	4049	24776	1991
批发业	2120	2702	16590	1299
零售业	1296	1347	8185	692
交通运输、仓储和邮政业	1656	1492	4756	2543
铁路运输业	11	20	0	0
道路运输业	946	962	3220	738
水上运输业	371	108	329	1240
航空运输业	3	0	0	0
管道运输业	1	0	0	0
装卸搬运和运输代理业	175	210	1157	359
仓储业	66	87	0	139

区 生 产 总 值 （二）

价格）　　　　　　　　　　　　　　　　　　　　　　　　　　　单位：元

#淮阴区	#清浦区	#开发区	涟水县	洪泽县	盱眙县	金湖县
41351	**61640**	**91320**	**30997**	**53399**	**40333**	**50461**
7701	3749	684	5716	8406	7152	7893
5443	3074	613	4445	4711	4718	4848
92	34	18	151	594	108	309
1775	400	40	898	1401	910	622
274	138	13	101	1451	1313	1883
116	103	0	120	249	102	230
18522	20641	76333	12613	22756	17130	20440
15696	16057	70933	10032	19103	13612	17835
927	26	0	0	2237	874	0
12845	15842	70449	9954	16512	11783	17817
1924	189	484	79	354	955	18
2826	4585	5400	2580	3653	3518	2605
1922	2458	4089	2415	1577	1724	1822
621	1115	644	138	1023	808	661
30	435	178	24	726	654	64
254	577	489	4	327	332	58
15128	37249	14302	12668	22237	16051	22129
2426	11967	3480	1952	3863	2167	4021
1967	6802	2551	1423	1799	698	2301
459	5166	929	529	2063	1470	1719
763	3551	231	928	2882	2155	2617
0	0	0	0	0	0	0
547	1300	138	543	660	1259	1525
48	1261	0	296	2006	422	934
0	0	0	18	0	0	0
0	0	0	0	0	6	0
114	585	58	56	174	243	58
49	43	18	8	0	84	82

分县（区）人均地

（当年

	全市	市区	#清河区	#淮安区
邮政业	82	105	50	66
住宿和餐饮业	1142	1077	8006	876
住宿业	163	180	1715	39
餐饮业	980	897	6291	837
信息传输、软件和信息技术服务业	519	600	4367	30
电信、广播电视和卫星传输服务	125	83	2243	0
互联网和相关服务	286	457	1545	0
软件和信息技术服务业	108	60	578	30
金融业	1352	1460	0	608
货币金融服务	1231	1376	0	590
资本市场服务	19	29	0	0
保险业	88	51	0	0
其他金融业	15	5	0	18
房地产业	3032	3752	27607	1952
房地产开发经营业	1836	2636	18275	839
物业管理业	131	135	1815	97
房地产中介服务业	63	82	2961	40
自有房地产经营活动	964	850	4407	976
其他房地产业	39	48	150	0
租赁和商务服务业	1773	2446	10229	457
租赁业	144	134	209	0
商务服务业	1629	2312	10020	457
科学研究和技术服务业	331	356	1047	157
水利、环境和公共设施管理业	277	214	728	435
居民服务、修理和其他服务业	507	365	3210	889
教育	1548	1709	5145	1649
卫生和社会工作	801	703	2522	836
文化、体育和娱乐业	248	250	2054	294
公共管理、社会保障和社会组织	2092	1892	4656	1287

区 生 产 总 值 （二）(续)

价格)

单位：元

#淮 阴 区	#清 浦 区	#开 发 区	涟 水 县	洪 泽 县	盱 眙 县	金 湖 县
5	362	18	6	42	141	18
673	2988	591	1047	1715	1105	1413
173	672	209	79	420	90	124
499	2316	382	968	1296	1016	1289
87	745	53	363	402	437	537
53	95	0	60	138	279	318
34	151	13	0	216	133	0
0	499	40	304	48	25	218
370	0	0	1425	1230	921	1258
277	0	0	1296	969	743	1119
0	0	0	5	0	12	0
93	0	0	117	216	122	115
0	0	0	8	45	43	24
3350	8059	4431	1387	3977	2070	2332
2694	5140	2529	570	2264	628	515
34	796	227	95	99	136	209
6	155	196	23	84	54	0
616	1851	1431	699	1466	1191	1607
0	116	49	0	63	60	0
529	1378	476	579	564	1426	1277
43	181	129	29	30	437	61
487	1197	347	550	534	989	1216
237	719	142	139	570	177	673
154	895	111	141	681	260	755
925	1257	116	660	627	555	1052
1819	2523	1427	1235	1508	1364	1440
1130	887	213	637	936	1336	831
167	215	244	90	306	282	509
2497	2066	2787	2086	2978	1794	3414

分县（区）行业增加值占

（按当年价

	全市	市区	#清河区	#淮安区
地区生产总值	**100.0**	**100.0**	**100.0**	**100.0**
第一产业	12.6	5.8	0.0	2.5
农业	8.9	7.1	0.0	12.2
林业	0.3	0.1	0.0	0.0
畜牧业	2.0	1.7	0.0	2.2
渔业	1.3	0.4	0.0	0.2
农、林、牧、渔服务业	0.2	0.1	0.0	0.1
第二产业	45.6	28.9	1.1	6.3
工业	38.0	40.7	13.4	27.4
采矿业	1.3	0.7	0.0	0.0
制造业	35.7	38.4	13.4	27.3
电力、燃气及水的生产和供应业	1.1	0.7	0.0	0.0
建筑业	7.6	7.6	5.8	14.3
房屋建筑业	2.6	0.6	0.1	1.9
土木工程建筑业	1.3	1.2	1.0	1.1
建筑安装业	1.3	1.0	0.1	0.1
建筑装饰和其他建筑业	2.5	3.8	1.1	0.3
第三产业	41.8	25.2	4.6	6.3
批发和零售业	7.6	8.4	20.2	6.0
批发业	4.7	3.3	0.8	0.6
零售业	2.9	2.8	6.7	2.1
交通运输、仓储和邮政业	3.7	1.8	0.2	1.2
铁路运输业	0.0	0.0	0.0	0.0
道路运输业	2.1	1.2	0.1	0.3
水上运输业	0.8	0.2	0.3	3.7
航空运输业	0.0	0.0	0.0	0.0
管道运输业	0.0	0.0	0.0	0.0
装卸搬运和运输代理业	0.4	0.3	0.1	0.2
仓储业	0.1	0.2	0.0	0.4

地区生产总值的比重

格计算）

单位:%

#淮阴区	#清浦区	#开发区	涟水县	洪泽县	盱眙县	金湖县
100.0	**100.0**	**100.0**	**100.0**	**100.0**	**100.0**	**100.0**
2.8	0.4	0.1	2.2	1.3	2.1	1.2
13.2	5.0	0.7	14.3	8.8	11.7	9.6
0.0	0.0	0.0	0.1	0.1	0.0	0.0
4.3	0.6	0.0	2.9	2.6	2.3	1.2
0.1	0.0	0.0	0.0	0.2	0.4	0.3
0.3	0.2	0.0	0.4	0.5	0.3	0.5
6.6	2.2	8.0	4.9	3.5	5.1	3.1
38.0	26.0	77.7	32.4	35.8	33.7	35.3
0.3	0.0	0.0	0.0	0.3	0.3	0.0
31.1	25.7	77.1	32.1	30.9	29.2	35.3
0.7	0.0	0.1	0.0	0.1	0.3	0.0
6.8	7.4	5.9	8.3	6.8	8.7	5.2
0.7	0.3	0.4	0.9	0.2	0.5	0.3
1.5	1.8	0.7	0.4	1.9	2.0	1.3
0.0	0.0	0.0	0.0	0.1	0.2	0.0
0.6	0.9	0.5	0.0	0.6	0.8	0.1
5.4	4.0	1.5	4.9	3.4	4.8	3.4
5.9	19.4	3.8	6.3	7.2	5.4	8.0
0.7	0.7	0.3	0.6	0.3	0.2	0.4
1.1	8.4	1.0	1.7	3.9	3.6	3.4
0.3	0.4	0.0	0.4	0.4	0.6	0.4
0.0	0.0	0.0	0.0	0.0	0.0	0.0
0.2	0.1	0.0	0.2	0.1	0.4	0.2
0.1	2.0	0.0	1.0	3.8	1.0	1.9
0.0	0.0	0.0	0.0	0.0	0.0	0.0
0.0	0.0	0.0	0.0	0.0	0.0	0.0
0.0	0.1	0.0	0.0	0.0	0.1	0.0
0.1	0.1	0.0	0.0	0.0	0.2	0.2

分县（区）行业增加值占

（按当年价

	全市	市区	#清河区	#淮安区
邮政业	0.2	0.1	0.0	0.0
住宿和餐饮业	2.6	2.2	6.5	2.6
住宿业	0.4	0.2	0.1	0.0
餐饮业	2.2	1.9	5.1	2.5
信息传输、软件和信息技术服务业	1.2	0.7	0.2	0.0
电信、广播电视和卫星传输服务	0.3	0.2	1.8	0.0
互联网和相关服务	0.6	0.6	0.1	0.0
软件和信息技术服务业	0.2	0.1	0.5	0.1
金融业	3.0	1.8	0.0	0.3
货币金融服务	2.7	2.8	0.0	1.8
资本市场服务	0.0	0.0	0.0	0.0
保险业	0.2	0.1	0.0	0.0
其他金融业	0.0	0.0	0.0	0.0
房地产业	6.8	7.8	22.5	5.8
房地产开发经营业	4.1	3.3	0.9	0.4
物业管理业	0.3	0.3	1.5	0.3
房地产中介服务业	0.1	0.1	0.1	0.0
自有房地产经营活动	2.2	1.8	3.6	2.9
其他房地产业	0.1	0.1	0.0	0.0
租赁和商务服务业	4.0	5.1	8.3	1.4
租赁业	0.3	0.2	0.0	0.0
商务服务业	3.6	4.8	8.2	1.4
科学研究和技术服务业	0.7	0.4	0.0	0.1
水利、环境和公共设施管理业	0.6	0.4	0.6	1.3
居民服务、修理和其他服务业	1.1	0.5	0.1	0.4
教育	3.5	3.5	4.2	4.9
卫生和社会工作	1.8	0.9	0.1	0.4
文化、体育和娱乐业	0.6	0.5	1.7	0.9
公共管理、社会保障和社会组织	4.7	2.3	0.2	0.6

地 区 生 产 总 值 的 比 重（续）

格计算）

单位:%

#淮 阴 区	#清 浦 区	#开 发 区	涟 水 县	洪 泽 县	盱 眙 县	金 湖 县
0.0	0.0	0.0	0.0	0.0	0.0	0.0
1.6	4.8	0.6	3.4	3.2	2.7	2.8
0.1	0.1	0.0	0.0	0.1	0.0	0.0
1.2	3.8	0.4	3.1	2.4	2.5	2.6
0.0	0.1	0.0	0.1	0.1	0.1	0.1
0.1	0.2	0.0	0.2	0.3	0.7	0.6
0.0	0.0	0.0	0.0	0.0	0.0	0.0
0.0	0.8	0.0	1.0	0.1	0.1	0.4
0.1	0.0	0.0	0.6	0.2	0.3	0.2
0.7	0.0	0.0	4.2	1.8	1.8	2.2
0.0	0.0	0.0	0.0	0.0	0.0	0.0
0.2	0.0	0.0	0.4	0.4	0.3	0.2
0.0	0.0	0.0	0.0	0.0	0.0	0.0
8.1	13.1	4.9	4.5	7.4	5.1	4.6
1.0	0.6	0.3	0.2	0.4	0.2	0.1
0.1	1.3	0.2	0.3	0.2	0.3	0.4
0.0	0.0	0.0	0.0	0.0	0.0	0.0
1.5	3.0	1.6	2.3	2.7	3.0	3.2
0.0	0.0	0.0	0.0	0.0	0.0	0.0
1.3	2.2	0.5	1.9	1.1	3.5	2.5
0.0	0.0	0.0	0.0	0.0	0.1	0.0
1.2	1.9	0.4	1.8	1.0	2.5	2.4
0.1	0.1	0.0	0.1	0.1	0.1	0.1
0.4	1.5	0.1	0.5	1.3	0.6	1.5
0.3	0.1	0.0	0.3	0.1	0.2	0.2
4.4	4.1	1.6	4.0	2.8	3.4	2.9
0.4	0.1	0.0	0.2	0.1	0.4	0.1
0.4	0.3	0.3	0.3	0.6	0.7	1.0
0.9	0.2	0.3	0.8	0.5	0.5	0.5

分县（区）行业

	全 市	市 区	#清 河 区	#淮 安 区
地区生产总值	**34.9**	**36.6**	**44.5**	**42.8**
第一产业	54.5	57.0	—	59.3
第二产业	23.2	25.5	26.1	28.9
工业	22.2	24.4	22.8	26.2
建筑业	29.6	32.9	39.4	35.9
第三产业	62.5	63.1	53.4	68.3
批发和零售业	76.4	78.0	76.7	75.2
交通运输、仓储和邮政业	47.2	49.3	44.7	46.8
住宿和餐饮业	50.2	51.1	33.7	44.7
信息传输、软件和信息技术服务业	58.9	57.2	36.7	52.7
金融业	64.6	69.6	—	72.8
房地产业	89.0	88.5	71.5	—
租赁和商务服务业	40.5	37.9	34.3	71.8
科学研究和技术服务业	52.3	49.3	33.1	70.5
水利、环境和公共设施管理业	69.6	72.0	61.2	99.1
居民服务、修理和其他服务业	52.9	51.5	47.1	56.7
教育	78.3	88.9	47.8	98.5
卫生和社会工作	56.0	56.1	47.1	65.2
文化、体育和娱乐业	62.4	55.7	58.9	71.2
公共管理、社会保障和社会组织	67.7	68.8	59.4	92.1

增　　加　　值　　率

单位:%

#淮阴区	#清浦区	#开发区	涟水县	洪泽县	盱眙县	金湖县
31.8	**36.7**	**17.8**	**32.6**	**33.9**	**31.1**	**34.0**
54.4	55.7	51.2	52.6	48.8	53.9	55.0
20.8	19.1	16.8	19.7	21.8	19.5	19.9
20.4	17.5	17.0	18.0	21.1	18.6	20.1
23.3	28.0	15.6	31.8	26.6	24.2	18.6
56.2	70.5	23.9	62.2	61.9	56.2	70.2
64.7	87.8	22.7	73.2	72.5	68.5	81.2
45.3	51.2	34.2	50.4	45.7	39.3	52.8
45.4	51.0	46.0	48.5	58.2	47.6	45.0
55.4	56.5	50.0	50.8	—	55.7	84.7
38.6	—	—	84.2	45.3	46.9	46.6
77.8	82.1	14.2	90.7	96.6	87.3	84.2
17.7	52.0	36.9	45.4	39.3	49.1	92.3
49.3	53.5	45.7	50.2	50.3	50.9	77.9
65.4	71.5	43.1	58.1	57.2	70.6	87.7
57.5	57.7	39.4	45.3	41.6	51.8	—
65.8	81.3	48.1	73.1	56.3	61.1	75.3
47.8	56.3	33.6	58.9	48.0	57.0	57.7
69.7	48.1	—	65.0	73.4	58.0	—
64.1	75.7	53.4	57.8	78.6	66.0	75.5

分 县 （区） 地 区 生 产

（以上年为100，按

	全市	市区	#清河区	#淮安区
地区生产总值	**112.0**	**111.9**	**112.4**	**112.1**
第一产业	103.3	102.4	—	104.2
农业	102.3	101.7	—	102.4
林业	106.9	114.7	—	105.1
畜牧业	103.1	101.9	—	114.7
渔业	110.4	112.4	—	103.3
农、林、牧、渔服务业	101.3	91.1	—	102.9
第二产业	113.2	112.8	112.2	113.9
工业	113.4	112.6	114.8	115.4
采矿业	113.4	335.4	—	—
制造业	113.4	111.6	114.8	115.3
电力、燃气及水的生产和供应业	113.5	95.0	—	148.5
建筑业	111.9	114.1	103.6	111.2
房屋建筑业	111.9	123.1	103.5	111.2
土木工程建筑业	111.8	116.1	104.3	111.4
建筑安装业	111.8	114.1	102.5	110.8
建筑装饰和其他建筑业	111.9	112.3	104.2	111.2
第三产业	113.3	113.0	112.4	112.9
批发和零售业	114.6	114.8	114.4	115.3
批发业	115.4	115.1	114.6	116.6
零售业	113.4	114.1	113.6	113.0
交通运输、仓储和邮政业	108.0	108.0	108.1	108.0
铁路运输业	108.9	108.9	—	—
道路运输业	107.6	107.7	102.9	107.3
水上运输业	107.9	119.6	110.7	108.0
航空运输业	—	—	—	—
管道运输业	100.0	100.0	—	—
装卸搬运和运输代理业	107.9	103.4	124.4	108.2
仓储业	108.1	108.1	—	107.7

总　值　发　展　速　度

2010年不变价格计算）

单位：%

#淮　阴　区	#清　浦　区	#开　发　区	涟　水　县	洪　泽　县	盱　眙　县	金　湖　县
112.2	**112.3**	**114.0**	**112.0**	**112.2**	**112.4**	**112.3**
104.0	100.9	105.2	100.2	104.7	107.0	106.7
102.8	100.9	105.9	99.6	106.3	104.2	106.4
102.9	100.0	100.0	101.8	107.3	109.4	103.7
107.0	98.8	100.0	102.0	99.3	114.0	101.9
99.4	104.3	100.0	102.9	105.1	112.5	110.3
119.0	105.0	—	102.2	109.2	109.4	104.8
114.1	113.4	114.6	114.9	113.8	113.2	113.8
115.2	115.3	115.6	114.8	115.0	115.5	114.8
117.6	150.0	—	—	116.2	52.5	—
115.1	115.2	115.6	114.9	114.9	122.4	114.8
114.8	121.6	114.6	110.5	114.4	193.3	120.0
107.7	105.3	103.2	115.0	107.6	103.8	105.8
107.7	105.5	103.1	115.0	107.4	103.8	105.7
107.8	104.9	102.6	114.9	108.0	103.7	105.7
110.8	105.9	106.5	113.8	107.5	103.7	105.4
107.2	104.3	103.7	113.8	106.6	103.9	109.6
113.5	112.8	111.1	115.2	113.1	114.0	112.8
112.0	114.5	114.6	114.8	111.5	117.5	113.9
110.1	114.7	114.6	115.3	116.6	120.1	115.0
123.5	114.3	114.5	113.4	107.5	116.3	112.5
108.1	108.1	114.3	107.9	107.9	108.0	107.9
—	—	—	—	—	—	—
104.5	106.9	105.0	103.7	108.8	108.8	108.2
116.7	108.4	—	108.0	106.8	98.4	106.8
—	—	—	—	—	—	—
—	—	—	—	—	100.0	—
120.6	107.7	120.0	111.4	116.3	123.7	106.3
116.1	125.0	133.3	120.0	—	106.3	108.7

分县（区）地区生产

（以上年为100，按

	全市	市区	#清河区	#淮安区
邮政业	108.0	106.4	200.0	115.6
住宿和餐饮业	113.4	113.3	111.6	114.7
住宿业	108.6	107.9	108.9	116.0
餐饮业	114.2	114.3	112.4	114.7
信息传输、软件和信息技术服务业	112.8	103.0	108.1	114.3
电信、广播电视和卫星传输服务	112.8	90.4	108.2	—
互联网和相关服务	112.8	107.3	109.1	—
软件和信息技术服务业	112.7	102.4	105.0	114.3
金融业	114.4	112.8	—	113.6
货币金融服务	114.4	113.0	—	110.7
资本市场服务	114.7	114.7	—	—
保险业	114.6	113.3	—	—
其他金融业	115.1	55.6	—	360.0
房地产业	116.4	117.1	112.9	114.5
房地产开发经营业	116.4	115.4	105.5	131.2
物业管理业	116.5	111.8	168.1	100.0
房地产中介服务业	116.5	106.9	166.7	97.2
自有房地产经营活动	116.4	122.7	105.0	105.0
其他房地产业	116.7	105.2	171.4	—
租赁和商务服务业	119.2	122.0	127.1	113.6
租赁业	119.0	266.8	88.9	—
商务服务业	119.2	121.2	128.3	113.6
科学研究和技术服务业	109.5	108.2	111.3	113.9
水利、环境和公共设施管理业	109.5	101.4	114.6	113.7
居民服务、修理和其他服务业	119.2	103.6	98.7	113.3
教育	109.5	113.8	106.3	114.2
卫生和社会工作	109.5	103.4	111.8	112.8
文化、体育和娱乐业	119.2	118.0	96.7	113.5
公共管理、社会保障和社会组织	110.3	108.8	107.3	113.2

总　值　发　展　速　度（续）

2010年不变价格计算）　　　　　　　　　　　　　　　　　　　　　　　　　　单位:%

#淮　阴　区	#清　浦　区	#开　发　区	涟　水　县	洪　泽　县	盱　眙　县	金　湖　县
100.0	111.6	150.0	133.3	118.2	113.0	200.0
111.3	113.3	112.9	114.0	111.3	114.4	114.4
107.3	109.1	115.6	107.5	108.4	112.8	113.8
112.7	114.6	111.5	114.6	112.2	114.5	114.4
134.1	121.5	200.0	138.1	220.0	176.9	112.6
131.5	123.5	—	140.4	198.1	179.8	113.6
138.3	122.6	0.0	—	234.5	176.9	—
—	120.8	266.7	137.6	217.8	144.5	111.3
110.7	—	—	118.0	116.8	122.3	111.7
109.9	—	—	118.1	114.6	122.6	111.8
—	—	—	—	—	—	—
113.2	—	—	117.1	120.0	111.7	110.3
—	—	—	120.0	162.5	156.3	116.7
117.8	117.4	111.5	113.0	118.2	113.9	110.4
121.7	117.2	120.7	124.9	117.3	122.4	122.2
111.1	152.0	95.0	112.2	213.3	137.5	123.9
125.0	152.4	97.3	128.6	208.3	139.1	—
105.0	105.0	105.3	104.9	104.7	107.8	104.9
—	147.1	100.0	—	200.0	133.3	—
110.9	120.1	128.9	141.7	108.2	97.6	124.5
107.7	122.2	177.8	133.3	116.7	101.3	120.0
111.2	119.8	116.7	142.4	107.8	96.2	124.7
114.6	105.8	108.7	122.4	122.9	95.1	108.4
124.3	105.9	105.6	119.2	122.9	134.7	108.5
116.1	120.6	116.7	139.7	124.2	182.5	124.4
106.9	105.9	107.3	110.7	91.5	90.1	108.4
118.5	106.0	108.6	116.6	126.4	128.2	108.3
125.0	121.9	100.0	124.2	127.9	112.5	124.7
113.5	101.3	106.4	111.5	108.5	114.2	115.5

分县（区）人均地区生

（以上年为100，按

	全　市	市　区	#清 河 区	#淮 安 区
人均地区生产总值发展速度（按户籍人口计算）	**111.1**	**110.8**	**107.6**	**110.9**
第一产业	102.4	101.4	—	103.2
农业	101.4	100.7	—	101.4
林业	106.0	113.6	—	104.1
畜牧业	102.2	100.9	—	113.5
渔业	109.4	111.2	—	102.3
农、林、牧、渔服务业	100.4	90.2	—	101.9
第二产业	112.2	111.6	107.5	112.8
工业	112.4	111.4	110.0	114.2
采矿业	112.4	332.0	—	—
制造业	112.4	110.5	110.0	114.1
电力、燃气及水的生产和供应业	112.5	94.0	—	147.0
建筑业	110.9	113.0	99.2	110.1
房屋建筑业	110.9	121.9	99.1	110.1
土木工程建筑业	110.9	114.9	99.9	110.3
建筑安装业	110.9	113.0	98.2	109.6
建筑装饰和其他建筑业	110.9	111.2	99.8	110.1
第三产业	112.3	111.9	107.7	111.8
批发和零售业	113.6	113.6	109.6	114.1
批发业	114.4	114.0	109.8	115.4
零售业	112.4	112.9	108.8	111.8
交通运输、仓储和邮政业	107.0	106.9	103.5	106.9
铁路运输业	107.9	107.8	—	—
道路运输业	106.7	106.6	98.6	106.2
水上运输业	107.0	118.5	106.1	106.9
航空运输业	—	—	—	—
管道运输业	99.1	99.0	—	—
装卸搬运和运输代理业	107.0	102.3	119.2	107.1
仓储业	107.1	107.0	—	106.6

产 总 值 发 展 速 度（一）

2010 年不变价格计算）　　单位：%

#淮阴区	#清浦区	#开发区	涟水县	洪泽县	盱眙县	金湖县
111.8	**112.1**	**109.3**	**111.1**	**111.5**	**111.2**	**112.3**
103.7	100.8	100.9	99.4	104.1	105.8	106.6
102.5	100.8	101.5	98.9	105.7	103.1	106.3
102.6	99.9	95.9	101.0	106.7	108.2	103.6
106.7	98.6	95.9	101.2	98.7	112.7	101.9
99.1	104.2	95.9	102.1	104.4	111.2	110.2
118.7	104.9	—	101.4	108.6	108.2	104.8
113.8	113.3	109.9	114.0	113.1	111.9	113.7
114.9	115.2	110.8	113.9	114.3	114.2	114.7
117.2	149.8	—	—	115.5	51.9	—
114.8	115.1	110.8	114.0	114.2	121.1	114.7
114.5	121.5	109.9	109.7	113.7	191.1	119.9
107.4	105.1	98.9	114.1	106.9	102.6	105.7
107.3	105.4	98.8	114.1	106.8	102.6	105.6
107.5	104.8	98.3	114.0	107.4	102.5	105.6
110.5	105.7	102.1	113.0	106.8	102.5	105.3
106.8	104.1	99.5	113.0	106.0	102.7	109.5
113.2	112.7	106.6	114.3	112.4	112.7	112.7
111.6	114.3	109.9	113.9	110.8	116.1	113.8
109.7	114.6	109.9	114.4	115.8	118.7	114.9
123.2	114.1	109.8	112.5	106.8	114.9	112.5
107.7	108.0	109.6	107.1	107.3	106.8	107.9
—	—	—	—	—	—	—
104.2	106.8	100.7	102.9	108.1	107.6	108.2
116.3	108.3	—	107.1	106.1	97.3	106.7
—	—	—	—	—	—	—
—	—	—	—	—	98.9	—
120.2	107.6	115.1	110.6	115.6	122.3	106.2
115.8	124.8	127.8	119.1	—	105.0	108.6

分县（区）人均地区生

（以上年为100，按

	全市	市区	#清河区	#淮安区
邮政业	107.1	105.3	191.6	114.5
住宿和餐饮业	112.4	112.1	106.9	113.6
住宿业	107.7	106.8	104.4	114.8
餐饮业	113.2	113.2	107.7	113.5
信息传输、软件和信息技术服务业	111.8	102.0	103.6	113.1
电信、广播电视和卫星传输服务	111.8	89.5	103.7	—
互联网和相关服务	111.8	106.2	104.5	—
软件和信息技术服务业	111.7	101.4	100.6	113.1
金融业	113.4	111.7	—	112.4
货币金融服务	113.4	111.9	—	109.6
资本市场服务	113.7	113.6	—	—
保险业	113.6	112.1	—	—
其他金融业	114.1	55.0	—	356.4
房地产业	115.4	116.0	108.2	113.4
房地产开发经营业	115.4	114.3	101.1	129.9
物业管理业	115.4	110.7	161.1	99.0
房地产中介服务业	115.5	105.9	159.7	96.2
自有房地产经营活动	115.4	121.5	100.6	103.9
其他房地产业	115.7	104.1	164.3	—
租赁和商务服务业	118.1	120.8	121.8	112.5
租赁业	118.0	264.1	85.2	—
商务服务业	118.1	120.0	123.0	112.5
科学研究和技术服务业	108.5	107.1	106.6	112.7
水利、环境和公共设施管理业	108.5	100.4	109.8	112.5
居民服务、修理和其他服务业	118.1	102.6	94.6	112.2
教育	108.6	112.7	101.9	113.0
卫生和社会工作	108.5	102.4	107.2	111.6
文化、体育和娱乐业	118.1	116.8	92.7	112.4
公共管理、社会保障和社会组织	109.4	107.7	102.8	112.0

产 总 值 发 展 速 度 （一）（续）

2010年不变价格计算）　　单位:%

#淮阴区	#清浦区	#开发区	涟水县	洪泽县	盱眙县	金湖县
99.7	111.5	143.8	132.3	117.4	111.8	199.9
111.0	113.2	108.3	113.1	110.6	113.1	114.3
107.0	109.0	110.9	106.7	107.7	111.5	113.7
112.4	114.4	106.9	113.7	111.5	113.2	114.4
133.7	121.3	191.8	137.0	218.6	174.9	112.6
131.1	123.3	—	139.3	196.9	177.7	113.5
137.9	122.4	0.0	—	233.0	174.9	—
—	120.6	255.7	136.5	216.4	142.8	111.2
110.4	—	—	117.1	116.1	121.0	111.7
109.6	—	—	117.1	113.9	121.2	111.7
—	—	—	—	—	—	—
112.9	—	—	116.2	119.3	110.4	110.3
—	—	—	119.1	161.5	154.5	116.6
117.4	117.2	106.9	112.1	117.4	112.6	110.3
121.3	117.1	115.8	123.9	116.6	121.1	122.2
110.8	151.8	91.1	111.3	212.0	135.9	123.8
124.6	152.2	93.3	127.6	207.0	137.6	—
104.7	104.8	100.9	104.1	104.1	106.6	104.8
—	146.9	95.9	—	198.8	131.8	—
110.5	119.9	123.6	140.6	107.5	96.5	124.4
107.4	122.1	170.5	132.3	115.9	100.1	119.9
110.9	119.6	111.9	141.3	107.1	95.1	124.7
114.3	105.6	104.2	121.4	122.2	94.0	108.3
123.9	105.8	101.2	118.3	122.1	133.2	108.4
115.7	120.5	111.9	138.6	123.4	180.5	124.3
106.5	105.7	102.9	109.8	90.9	89.1	108.4
118.2	105.9	104.1	115.7	125.7	126.8	108.2
124.6	121.7	95.9	123.3	127.1	111.2	124.6
113.2	101.2	102.0	110.7	107.8	112.9	115.5

分县（区）人均地区生

（以上年为100，按

	全市	市区	#清河区	#淮安区
人均地区生产总值发展速度（按常住人口计算）	**111.8**	**111.3**	**107.6**	**112.4**
第一产业	103.0	101.8	—	104.5
农业	102.1	101.1	—	102.7
林业	106.7	114.0	—	105.4
畜牧业	102.8	101.3	—	115.0
渔业	110.1	111.7	—	103.6
农、林、牧、渔服务业	101.0	90.5	—	103.2
第二产业	112.9	112.1	107.5	114.2
工业	113.2	111.9	110.0	115.7
采矿业	113.1	333.3	—	—
制造业	113.2	111.0	110.0	115.6
电力、燃气及水的生产和供应业	113.2	94.4	—	148.9
建筑业	111.6	113.4	99.2	111.5
房屋建筑业	111.6	122.4	99.1	111.5
土木工程建筑业	111.6	115.3	99.9	111.8
建筑安装业	111.6	113.4	98.2	111.1
建筑装饰和其他建筑业	111.6	111.6	99.8	111.5
第三产业	113.0	112.3	107.7	113.2
批发和零售业	114.3	114.1	109.6	115.6
批发业	115.1	114.4	109.8	116.9
零售业	113.1	113.4	108.8	113.3
交通运输、仓储和邮政业	107.7	107.3	103.5	108.3
铁路运输业	108.6	108.2	—	—
道路运输业	107.3	107.0	98.6	107.6
水上运输业	107.7	118.9	106.1	108.3
航空运输业	—	—	—	—
管道运输业	99.8	99.4	—	—
装卸搬运和运输代理业	107.7	102.7	119.2	108.5
仓储业	107.8	107.5	—	108.0

产总值发展速度（二）

2010年不变价格计算）

单位：%

#淮阴区	#清浦区	#开发区	涟水县	洪泽县	盱眙县	金湖县
112.8	**112.1**	**110.0**	**112.3**	**111.7**	**112.9**	**112.6**
104.6	100.8	101.5	100.5	104.3	107.5	107.0
103.4	100.8	102.2	99.9	105.9	104.6	106.6
103.5	99.9	96.5	102.1	106.9	109.9	103.9
107.6	98.6	96.5	102.3	98.9	114.4	102.2
99.9	104.2	96.5	103.2	104.6	112.9	110.6
119.7	104.9	—	102.5	108.8	109.9	105.1
114.8	113.3	110.6	115.2	113.4	113.6	114.0
115.8	115.2	111.5	115.2	114.6	116.0	115.1
118.2	149.8	—	—	115.7	52.7	—
115.7	115.1	111.5	115.2	114.4	122.9	115.1
115.5	121.5	110.6	110.9	114.0	194.0	120.3
108.3	105.1	99.6	115.3	107.1	104.2	106.0
108.3	105.4	99.5	115.3	107.0	104.2	105.9
108.4	104.8	99.0	115.3	107.6	104.1	105.9
111.4	105.7	102.7	114.2	107.1	104.1	105.6
107.8	104.1	100.1	114.2	106.2	104.3	109.9
114.1	112.7	107.2	115.6	112.6	114.5	113.0
112.6	114.3	110.6	115.1	111.0	117.9	114.1
110.7	114.6	110.6	115.7	116.1	120.5	115.2
124.2	114.1	110.5	113.7	107.1	116.7	112.8
108.7	108.0	110.3	108.3	107.5	108.4	108.2
—	—	—	—	—	—	—
105.1	106.8	101.3	104.1	108.4	109.3	108.5
117.3	108.3	—	108.3	106.3	98.8	107.1
—	—	—	—	—	—	—
—	—	—	—	—	100.4	—
121.2	107.6	115.8	111.8	115.8	124.2	106.5
116.8	124.8	128.7	120.4	—	106.7	109.0

分县（区）人均地区生

（以上年为100，按

	全　　市	市　　区	#清　河　区	#淮　安　区
邮政业	107.7	105.7	191.6	115.9
住宿和餐饮业	113.1	112.6	106.9	115.1
住宿业	108.4	107.3	104.4	116.3
餐饮业	113.9	113.6	107.7	115.0
信息传输、软件和信息技术服务业	112.5	102.3	103.6	114.6
电信、广播电视和卫星传输服务	112.5	89.9	103.7	—
互联网和相关服务	112.5	106.6	104.5	—
软件和信息技术服务业	112.4	101.8	100.6	114.6
金融业	114.2	112.1	—	113.9
货币金融服务	114.1	112.3	—	111.0
资本市场服务	114.4	114.0	—	—
保险业	114.3	112.6	—	—
其他金融业	114.8	55.2	—	361.0
房地产业	116.1	116.4	108.2	114.9
房地产开发经营业	116.1	114.7	101.1	131.6
物业管理业	116.2	111.1	161.1	100.3
房地产中介服务业	116.2	106.3	159.7	97.5
自有房地产经营活动	116.1	122.0	100.6	105.3
其他房地产业	116.4	104.5	164.3	—
租赁和商务服务业	118.9	121.2	121.8	113.9
租赁业	118.7	265.1	85.2	—
商务服务业	118.9	120.5	123.0	113.9
科学研究和技术服务业	109.2	107.6	106.6	114.2
水利、环境和公共设施管理业	109.2	100.8	109.8	114.0
居民服务、修理和其他服务业	118.9	103.0	94.6	113.6
教育	109.3	113.1	101.9	114.5
卫生和社会工作	109.2	102.7	107.2	113.1
文化、体育和娱乐业	118.9	117.2	92.7	113.9
公共管理、社会保障和社会组织	110.1	108.1	102.8	113.5

产 总 值 发 展 速 度 （二）（续）

2010年不变价格计算）　　　　　　　　　　　　　　　　　　单位：%

#淮阴区	#清浦区	#开发区	涟水县	洪泽县	盱眙县	金湖县
100.5	111.5	144.7	133.8	117.7	113.5	200.5
111.9	113.2	108.9	114.4	110.8	114.8	114.7
107.9	109.0	111.6	107.8	108.0	113.3	114.1
113.3	114.4	107.6	114.9	111.8	115.0	114.7
134.9	121.3	193.0	138.5	219.1	177.6	112.9
132.2	123.3	—	140.8	197.3	180.5	113.8
139.0	122.4	0.0	—	233.6	177.6	—
—	120.6	257.3	138.0	216.9	145.0	111.5
111.3	—	—	118.4	116.3	122.8	112.0
110.5	—	—	118.4	114.1	123.1	112.0
—	—	—	—	—	—	—
113.8	—	—	117.5	119.5	112.1	110.6
—	—	—	120.4	161.8	156.9	116.9
118.4	117.2	107.6	113.3	117.7	114.4	110.6
122.4	117.1	116.5	125.3	116.9	122.9	122.5
111.7	151.8	91.7	112.6	212.5	138.0	124.2
125.7	152.2	93.9	129.0	207.5	139.7	—
105.6	104.8	101.6	105.2	104.3	108.2	105.1
—	146.9	96.5	—	199.2	133.9	—
111.5	119.9	124.4	142.2	107.7	97.9	124.8
108.3	122.1	171.5	133.8	116.2	101.7	120.3
111.8	119.6	112.6	142.9	107.4	96.5	125.0
115.3	105.6	104.9	122.8	122.4	95.5	108.6
125.0	105.8	101.8	119.6	122.4	135.2	108.7
116.7	120.5	112.6	140.1	123.7	183.3	124.7
107.5	105.7	103.5	111.0	91.1	90.4	108.7
119.2	105.9	104.8	116.9	125.9	128.7	108.5
125.7	121.7	96.5	124.6	127.4	113.0	125.0
114.1	101.2	102.6	111.9	108.0	114.7	115.8

3

人口与就业

本篇编辑：徐　婷　张正北　张建国

人　　　　　口

（户籍

	全　市	市　区	清河区	淮安区
一、年末总户数（万户）	161.13	85.22	8.47	33.68
二、年末户籍人口	552.96	287.05	24.27	120.11
男性人口	284.80	148.14	12.19	62.55
女性人口	268.17	138.91	12.08	57.56
三、年平均户籍人口	549.89	284.94	24.03	119.42
四、当年出生人口	9.01	4.78	0.27	1.94
当年死亡人口	2.41	1.05	0.07	0.34
自然增长人口	6.61	3.73	0.20	1.59
五、人口出生率（‰）	16.4	16.77	11.4	16.2
人口死亡率（‰）	4.4	3.69	3.0	2.9
人口自然增长率（‰）	12.0	13.08	8.5	13.3

情　　　况（一）

人口）

单位：万人

淮阴区	清浦区	开发区	工业园区	涟水县	洪泽县	盱眙县	金湖县
27.34	9.94	5.27	0.51	29.25	12.29	21.56	12.82
91.91	30.82	17.70	2.24	112.10	38.80	79.27	35.74
47.76	15.57	8.97	1.10	58.60	19.55	40.60	17.91
44.16	15.24	8.73	1.14	53.50	19.25	38.67	17.84
91.45	30.58	17.24	2.21	111.74	38.70	78.78	35.73
1.73	0.45	0.36	0.02	2.35	0.45	1.13	0.30
0.45	0.09	0.09	0.00	0.51	0.13	0.40	0.31
1.28	0.36	0.27	0.02	1.84	0.31	0.73	-0.01
18.9	14.68	21.1	9.8	21.1	11.5	14.3	8.5
5.0	2.87	5.2	2.2	4.6	3.5	5.1	8.7
14.0	11.8	15.9	7.6	16.5	8.1	9.3	-0.2

人　　口

（常住

	全　市	市　区	清河区	淮安区
一、年末常住人口	482.69	267.56	33.20	97.86
城镇人口	265.77	165.35	33.20	45.11
农村人口	216.92	102.21	0.00	52.75
二、年平均常住人口	481.50	266.69	33.00	97.64
三、当年出生人口	5.95	3.36	0.31	1.38
当年死亡人口	3.56	2.03	0.16	0.86
自然增长人口	2.39	1.33	0.15	0.52
四、人口出生率（‰）	12.4	12.6	9.5	14.1
人口死亡率（‰）	7.4	7.6	5.0	8.8
人口自然增长率（‰）	5.0	5.0	4.6	5.4

情　　　　　　况（二）

人口）　　　　　　　　　　　　　　　　　　　　　　　　　　　　　单位：万人

淮阴区	清浦区	开发区	工业园区	涟水县	洪泽县	盱眙县	金湖县
77.45	33.03	23.90	2.12	84.18	33.42	64.70	32.83
35.63	25.39	23.90	2.12	38.71	15.77	30.41	15.53
41.82	7.64	0.00	0.00	45.47	17.65	34.29	17.30
77.28	32.92	23.75	2.11	83.98	33.35	64.50	32.98
1.10	0.31	0.23	0.02	1.22	0.32	0.79	0.26
0.59	0.27	0.14	0.01	0.67	0.19	0.39	0.29
0.51	0.04	0.09	0.01	0.56	0.13	0.41	-0.03
14.2	9.6	9.7	9.8	14.6	9.6	12.3	7.9
7.6	8.2	5.8	6.6	7.9	5.6	6.0	8.8
6.6	1.3	3.9	3.2	6.7	4.0	6.3	-0.9

全部城镇非私营单位从业人员年末人数

单位：人

	全　市	市　区	涟水县	洪泽县	盱眙县	金湖县
总　计	**632877**	**422262**	**85449**	**43765**	**48462**	**32939**
按国民经济行业分组						
（一）农、林、牧、渔业	9474	3052	116		3266	3040
（二）采矿业	4587	3590		870	127	
（三）制造业	205649	131561	32531	16179	12533	12845
（四）电力、热力、燃气及水生产和供应业	9510	7511	429	681	575	314
（五）建筑业	171491	128019	22904	9659	8039	2870
（六）批发和零售业	18143	12229	2448	1190	1715	561
（七）交通运输、仓储和邮政业	20336	14029	2555	2302	847	603
（八）住宿和餐饮业	5148	3194	343	323	1090	198
（九）信息传输、软件和信息技术服务业	5476	4536	322	176	257	185
（十）金融业	14465	11896	655	631	508	775
（十一）房地产业	8878	6138	818	670	944	308
（十二）租赁和商务服务业	10776	7462	1097	543	351	1323
（十三）科学研究、技术服务业	6523	4745	403	377	633	365
（十四）水利、环境和公共设施管理业	11152	7053	2144	441	662	852
（十五）居民服务、修理和其他服务业	785	368	141	241	17	18
（十六）教育	63129	35664	9959	3949	9894	3663
（十七）卫生和社会工作	24705	16594	3520	1382	1759	1450
（十八）文化、体育和娱乐业	2664	1656	248	308	198	254
（十九）公共管理、社会保障和社会组织	39986	22965	4816	3843	5047	3315

说明：2013 年全国劳动工资改革，市级不再单独核算区级数据。

全部城镇非私营单位从业人员年平均工资

单位：元

	全　市	市　区	涟水县	洪泽县	盱眙县	金湖县
总　计	**45055**	**47424**	**37772**	**42510**	**41876**	**42058**
按国民经济行业分组						
（一）农、林、牧、渔业	23982	21886	41587		23333	28503
（二）采矿业	41330	42742		36616	33465	
（三）制造业	39355	42656	28214	40157	31675	35938
（四）电力、热力、燃气及水生产和供应业	84925	85422	82040	84356	79672	87830
（五）建筑业	36452	35698	39086	39554	29375	35692
（六）批发和零售业	35592	34828	44519	28631	32889	36318
（七）交通运输、仓储和邮政业	34889	35210	34788	28186	48915	35601
（八）住宿和餐饮业	32337	36411	25714	30971	24342	24332
（九）信息传输、软件和信息技术服务业	49389	49039	72724	55619	31422	36381
（十）金融业	62444	60193	73142	74365	67033	75244
（十一）房地产业	48787	47791	57451	52135	45534	48317
（十二）租赁和商务服务业	33262	32176	35015	29057	44626	37772
（十三）科学研究、技术服务业	52057	54061	49189	48343	39149	55392
（十四）水利、环境和公共设施管理业	38961	37772	47390	49873	29245	31392
（十五）居民服务、修理和其他服务业	32778	28064	30837	23362	38765	39889
（十六）教育	53561	55603	43821	59072	52764	56375
（十七）卫生和社会工作	56177	58224	40122	54073	74110	53234
（十八）文化、体育和娱乐业	50756	56890	37133	39895	36181	48599
（十九）公共管理、社会保障和社会组织	61161	64755	61603	52725	53640	56848

全部城镇非私营单位在岗职工年末人数

单位：人

	全市	市区	涟水县	洪泽县	盱眙县	金湖县
总计	**551320**	**357646**	**73873**	**41745**	**47104**	**30952**
按国民经济行业分组						
（一）农、林、牧、渔业	9451	3047	116		3266	3022
（二）采矿业	4115	3118		870	127	
（三）制造业	197050	123596	32320	16092	12297	12745
（四）电力、热力、燃气及水生产和供应业	8108	6141	429	678	575	285
（五）建筑业	122892	91856	12525	8917	7439	2155
（六）批发和零售业	16031	10372	2347	1070	1713	529
（七）交通运输、仓储和邮政业	17070	11399	2449	2035	695	492
（八）住宿和餐饮业	4916	2987	334	322	1090	183
（九）信息传输、软件和信息技术服务业	5327	4461	307	176	257	126
（十）金融业	8778	6329	655	623	488	683
（十一）房地产业	8501	5824	813	660	905	299
（十二）租赁和商务服务业	8283	5040	1083	537	351	1272
（十三）科学研究、技术服务业	6317	4582	399	367	633	336
（十四）水利、环境和公共设施管理业	9845	6394	1649	414	654	734
（十五）居民服务、修理和其他服务业	687	270	141	241	17	18
（十六）教育	62135	34894	9933	3925	9852	3531
（十七）卫生和社会工作	21599	13779	3371	1284	1759	1406
（十八）文化、体育和娱乐业	2462	1488	230	292	198	254
（十九）公共管理、社会保障和社会组织	37753	22069	4772	3242	4788	2882

全部城镇非私营单位在岗职工年平均工资

单位：元

	全　　市	市　　区	涟水县	洪泽县	盱眙县	金湖县
总　　计	**45525**	**47905**	**38339**	**42721**	**42015**	**42147**
按国民经济行业分组						
（一）农、林、牧、渔业	23943	21749	41581		23333	28370
（二）采矿业	42085	41122		46616	33465	
（三）制造业	39458	42810	28152	40169	31928	35976
（四）电力、热力、燃气及水生产和供应业	85164	86419	82040	79290	79672	87889
（五）建筑业	36899	38142	35948	39027	29703	34129
（六）批发和零售业	36487	36320	42980	29160	32888	37426
（七）交通运输、仓储和邮政业	35529	36173	35067	27788	48915	37638
（八）住宿和餐饮业	32260	36483	25752	30964	24342	25470
（九）信息传输、软件和信息技术服务业	49689	49234	72724	55619	31422	38653
（十）金融业	82764	86596	73142	74365	67033	75567
（十一）房地产业	49019	47919	57806	52226	45512	49502
（十二）租赁和商务服务业	33288	31512	35015	29245	44626	37789
（十三）科学研究、技术服务业	52207	54523	47140	48295	39149	55515
（十四）水利、环境和公共设施管理业	43610	45208	47962	51552	29152	30479
（十五）居民服务、修理和其他服务业	33672	29620	30837	23362	38765	39889
（十六）教育	53869	56116	43821	59240	52924	56502
（十七）卫生和社会工作	58784	62079	40842	56257	74110	53621
（十八）文化、体育和娱乐业	51082	56900	41896	40969	36181	48559
（十九）公共管理、社会保障和社会组织	62960	66130	61932	58354	55397	58135

4

农村经济

本篇编辑：马继军　冯玉莲　汪大庆　夏璐璐

农　村　组　织　和

	一、乡镇政府（个）	#镇个数	二、村民委员会（个）	三、村民小组（个）	四、乡村户数（万户）	五、乡村人口（万人）
全　市	**115**	**91**	**1370**	**13975**	**99.03**	**394.95**
淮安区	26	21	272	4158	21.68	88.14
淮阴区	21	14	248	2084	18.66	75.11
清浦区	5	3	30	582	3.18	13.59
开发区	3		31	328	1.86	10.29
工业园区			9	129	0.51	2.24
涟水县	19	17	360	2605	22.1	95.5
洪泽县	11	11	88	755	7.93	28.03
盱眙县	19	14	234	2517	14.98	56.49
金湖县	11	11	98	817	8.13	25.56

	#农业从业人员	2.工业从业人员（万人）	3.建筑业从业人员（万人）	4.交通运输业仓储业邮电从业人员（万人）	5.信息传输、计算机服务和软件业从业人员（万人）	6.批发零售业从业人员（万人）
全　市	**74.43**	**38.24**	**31.58**	**7.14**	**0.9**	**8.67**
淮安区	19.25	6.27	7.59	1.82	0.1	1.78
淮阴区	12.41	7.58	8.78	1.4	0.18	2.13
清浦区	2.49	1.49	1.13	0.4	0.07	0.41
开发区	1.26	2.96	0.6	0.15	0.04	0.29
工业园区	0.37	0.53	0.03	0.06	0.01	0.03
涟水县	19.8	4.74	4.71	1.03	0.08	1.52
洪泽县	4.81	4.9	2.74	0.66	0.07	0.72
盱眙县	9.68	6.08	3.45	1.19	0.3	1.23
金湖县	4.36	3.69	2.55	0.43	0.05	0.56

从　业　人　员

六、劳动年龄内人口数（万人）	#劳动年龄内上学的学生数	#劳动年龄内丧失劳动能力的人数	七、超过劳动年龄而实际参加劳动的人数（万人）	八、乡村实有从业人员合计（万人）	男从业人员	女从业人员	1. 农林牧渔业从业人员（万人）
214.17	**14.82**	**7.47**	**23.3**	**212.49**	**111.36**	**101.13**	**87.45**
46.02	3	2.01	4.71	45.72	23.63	22.09	22.32
38.9	2.1	1.28	4.26	38.3	19.98	18.32	14.49
7.65	0.78	0.4	1.1	7.53	3.75	3.78	2.87
6.7	0.52	0.18	0.22	6.22	3.63	2.59	1.62
1.25	0.18	0.04	0.16	1.18	0.62	0.56	0.4
50.1	3.85	1.71	6.35	49.93	25.98	23.95	21.18
17.18	1.46	0.42	1.84	17.13	8.83	8.3	6.33
33.57	2.12	0.91	2.51	32.87	17.9	14.97	12.99
12.8	0.81	0.52	2.15	13.61	7.04	6.57	5.25

7. 住宿和餐饮业从业人员（万人）	8. 金融保险业从业人员（万人）	9. 房地产业社会服务业从业人员（万人）	10. 卫生体育和社会福利业从业人员（万人）	11. 教育文化艺术和广播电影电视业从业人员（万人）	12. 科学研究和综合技术服务业从业人员（万人）	13. 乡经济组织管理从业人员（万人）	14. 其他从业人员（万人）
4.6	**0.57**	**1.71**	**1.27**	**1.64**	**0.31**	**0.68**	**27.73**
1.03	0.06	0.19	0.19	0.19	0.03	0.07	4.08
1.2	0.09	0.46	0.18	0.26	0.06	0.08	1.41
0.29	0.02	0.03	0.03	0.04	0.01	0.03	0.71
0.2	0.02	0.07	0.12	0.04	0.01	0.01	0.09
0.04	0.01	0.01	0.01	0.01		0.01	0.03
0.41	0.14	0.32	0.34	0.49	0.07	0.22	14.68
0.43	0.08	0.3	0.07	0.11	0.03	0.06	0.63
0.78	0.12	0.23	0.27	0.43	0.09	0.14	5.57
0.22	0.03	0.1	0.06	0.07	0.01	0.06	0.53

（当年

	农林牧渔业总产值	一、农业产值	（一）谷物及其他作物	1. 谷物	#小麦	#稻谷
全市	**4998328**	**3165416**	**1804986**	**1317674**	**388126**	**826733**
淮安区	900053	612500	504024	266095	76210	173401
淮阴区	1094639	638670	244033	159467	55780	84706
清浦区	156376	121928	31986	31007	8648	21069
开发区	27490	23527	15798	15315	3952	11077
工业园区	8087	6884	5908	5841	1614	4204
涟水县	911943	676981	343507	245486	73548	145853
洪泽县	561521	277820	140550	124068	36151	80891
盱眙县	856180	523384	296631	261166	77879	161161
金湖县	473579	275262	222549	209229	54344	144371

	6. 麻类	7. 糖料	8. 烟草	9. 其他农作物	（二）蔬菜园艺作物	1. 蔬菜（含菜用瓜）
全市	**23**			**339114**	**1156189**	**940915**
淮安区				228301	102951	101527
淮阴区	23			48196	371056	259343
清浦区					89942	89942
开发区					7729	7729
工业园区					976	976
涟水县				47852	308576	239630
洪泽县				11861	110903	89062
盱眙县				1616	105147	103022
金湖县				1288	50449	49684

业　　总　　产　　值（一）

价）　　　　　　　　　　　　　　　　　　单位：万元

#玉米	2. 薯类	3. 油料	#花生	#油菜籽	4. 豆类	#大豆	5. 棉花
45111	**47750**	**62755**	**31857**	**25245**	**37347**	**33071**	**323**
3463	1636	4020	199	3604	3972	3383	
11149	15374	12402	7732	4212	8571	8054	
81	231	123	67	52	625	475	
275	180	121	76	45	182	182	
9		36		36	31	31	
13426	18419	21266	10325	10128	10484	9588	
308	1342	1715	742	844	1564	1077	
13294	8065	18788	12716	2699	6673	5827	323
3106	2503	4284		3625	5245	4454	

2. 食用菌	3. 花卉	4. 其他园艺作物	（三）水果坚果饮料香料作物	1. 水果（含果用瓜）	2. 坚果	3. 茶及其他饮料	4. 香料
92738	**8340**	**114196**	**181870**	**149394**	**27747**	**240**	**4489**
1300	124		5525	5525			
76708	498	34507	22177	22177			
1004		67942	24898	24898			
11383	7458	3000	17565	10577	2499		4489
1578	260	287	109489	84001	25248	240	
765			2216	2216			

农　林　牧　渔

（当年

	（四）中药材	二、林业产值	（一）林木的培育和种植	（二）竹木采运	（二）林产品
全　市	**22371**	**101667**	**33895**	**57143**	**10629**
淮安区		9720	5601	4101	18
淮阴区	1404	11381	3168	8213	
清浦区		1462	1022	440	
开发区		219	164	55	
工业园区		119	72	47	
涟水县		20876	2267	16900	1709
洪泽县	8802	31265	12148	10290	8827
盱眙县	12117	12164	5849	6315	
金湖县	48	14461	3604	10782	75

	1. 肉　禽	2. 禽　蛋	3. 羽　绒	（四）狩猎和捕捉动物	（五）其他畜牧业
全　市	**294876**	**138295**	**2803**	**1518**	**121986**
淮安区	28835	19851			8002
淮阴区	84780	23198	1430	769	98841
清浦区	4417	6708			
开发区	394	861			
工业园区	126	147			
涟水县	55164	21839		597	2290
洪泽县	33995	23658	1279	152	11462
盱眙县	66645	30970			1189
金湖县	20520	11063	94		202

业　　总　　产　　值（二）

价）　　　　单位：万元

三、牧业产值	（一）牲畜的饲养	#牛	#羊	#奶产品	（二）猪的饲养	（三）家禽饲养
1128483	**92678**	**35266**	**40253**	**10154**	**476327**	**435974**
175240	4630	3100	690	840	113922	48686
390699	39496	20766	9400	9113	142185	109408
21628	610		610		9893	11125
3262	430	300	130		1577	1255
894	9		9		612	273
171476	6086	2085	3800	201	85500	77003
139582	18110	542	10780		50926	58932
166729	22730	8200	14530		45195	97615
58973	577	273	304		26517	31677

#兔子	#蚕茧	四、渔业产值	#鱼类	#虾蟹类	五、农林牧渔服务业
1450	**1290**	**515891**	**189275**	**292501**	**86871**
19	8	95373	49418	45654	7220
896	1280	36879	20133	10701	17010
		6623	1810	3967	4735
		55	55		427
		25	25		165
234		24866	13888	3259	17744
205		100520	42314	44263	12334
77		140626	20409	117477	13277
19	2	110924	41223	67180	13959

农　作　物　播　种

	农作物总播种面积	一、粮食作物合计			(一) 夏收粮食	
		播种面积	单产	总产量	播种面积	单产
全市	**1198.86**	**986.49**	**467.3**	**4610225**	**457.97**	**377.3**
淮安区	217.16	196.28	482.1	946149	94.41	371.6
淮阴区	198.56	138.65	458.4	635580	69.20	387.1
清浦区	31.54	22.57	493.2	111298	10.37	382.8
开发区	16.72	12.79	510.6	65281	5.28	394.9
工业园区	5.50	5.19	519.3	26926	2.21	387.2
涟水县	252.09	198.91	452.6	900150	92.31	370.2
洪泽县	104.67	88.22	499.0	440214	42.29	390.3
盱眙县	249.19	211.89	451.1	955740	90.96	372.8
金湖县	123.45	112.01	472.2	528887	50.95	381.0

	大麦			2. 夏收豆类（蚕豌豆）		
	播种面积	单产	总产量	播种面积	单产	总产量
全市	**3.36**	**389.15**	**13056**	**1.86**	**188.19**	**3491**
淮安区	1.08	372.04	4018	0.24	170.83	410
淮阴区	0.47	396.34	1843	0.17	218.18	360
清浦区	0.05	338.00	169	0.12	195.83	235
开发区	0.02	245.00	49			
工业园区	0.02	300.00	60			
涟水县	1.61	403.99	6484	0.47	196.99	916
洪泽县				0.33	213.94	706
盱眙县	0.11	388.57	408	0.08	164.00	123
金湖县	0.01	250.00	25	0.46	161.09	741

面　积　和　产　量（一）

单位：万亩、公斤/亩、吨

	1. 夏收谷物			其中：小麦		
总产量	播种面积	单产	总产量	播种面积	单产	总产量
1727736	**456.11**	**378.0**	**1724245**	**452.76**	**377.95**	**1711189**
350847	94.17	372.1	350437	93.1	372.13	346419
267824	69.03	387.5	267464	68.6	387.40	265621
39694	10.25	385.0	39459	10.2	385.20	39290
20849	5.28	394.9	20849	5.26	395.44	20800
8558	2.21	387.2	8558	2.19	388.04	8498
341709	91.85	371.1	340793	90.2	370.47	334309
165030	41.96	391.7	164324	42.0	391.67	164324
339140	90.89	373.0	339017	90.8	373.00	338609
194085	50.49	383.0	193344	50.5	383.00	193319

（二）秋收粮食			1. 秋收谷物		
播种面积	单产	总产量	播种面积	单产	总产量
528.52	**545.4**	**2882489**	**488.98**	**566.6**	**2770471**
101.87	584.4	595302	98.24	598.5	587951
69.46	529.5	367756	60.02	558.8	335362
12.20	587.2	71604	11.79	598.7	70582
7.51	592.0	44432	7.28	602.8	43852
2.98	617.4	18368	2.95	622.1	18320
106.60	523.9	558441	93.71	554.6	519724
45.94	599.1	275184	44.75	607.0	271643
120.93	509.9	616600	113.12	527.4	596558
61.07	548.3	334802	57.14	571.4	326479

农　　作　　物　　播　　种

	(1) 稻谷			#籼稻			
	播种面积	单产	总产量	播种面积	单产	总产量	播种面积
全　市	**441.11**	**589.9**	**2601871**	**146.57**	**561.2**	**822490**	**289.47**
淮安区	94.13	609.9	574100				92.06
淮阴区	47.31	614.6	290767	16.43	601.2	98753	30.12
清浦区	11.70	600.3	70231				11.70
开发区	6.98	610.8	42604				6.98
工业园区	2.93	625.0	18281				2.93
涟水县	80.01	589.3	471499	23.69	559.3	132460	55.22
洪泽县	44.40	609.0	270410	1.38	600.8	8291	42.99
盱眙县	98.60	553.2	545428	75.83	552.5	418958	21.83
金湖县	55.07	578.5	318551	29.25	560.8	164028	25.67

	#大豆			#绿豆			
	播种面积	单产	总产量	播种面积	单产	总产量	播种面积
全　市	**25.40**	**181.7**	**46146**	**0.83**	**115.6**	**954**	**0.50**
淮安区	3.05	158.7	4833	0.02	202.0	30	0.20
淮阴区	5.58	206.2	11506	0.02	205.0	30	0.03
清浦区	0.30	226.3	679	0.02	201.0	30	
开发区	0.15	186.7	280				
工业园区	0.03	160.0	48				
涟水县	7.80	175.6	13697	0.02	160.0	24	0.02
洪泽县	0.74	209.4	1539	0.05	204.4	92	0.03
盱眙县	4.56	182.5	8324	0.63	100.0	625	0.20
金湖县	3.20	164.0	5240	0.09	136.7	123	0.03

面　积　和　产　量（二）

单位：万亩、公斤/亩、吨

#粳稻		(2) 玉米			2. 秋收豆类		
单产	总产量	播种面积	单产	总产量	播种面积	单产	总产量
604.8	**1750642**	**47.87**	**352.2**	**168600**	**26.72**	**178.8**	**47769**
610.9	562395	4.11	337.0	13851	3.26	158.0	5143
622.9	187628	12.71	350.9	44595	5.63	206.1	11591
600.3	70231	0.09	390.0	351	0.32	225.1	709
610.8	42604	0.30	416.0	1248	0.15	186.7	280
625.0	18281	0.02	325.0	39	0.03	160.0	48
602.1	332431	13.70	352.0	48225	7.83	175.6	13749
609.3	261954	0.35	352.3	1233	0.81	208.6	1690
556.2	121391	14.52	352.1	51130	5.39	169.9	9151
599.0	153727	2.07	383.0	7928	3.32	163.1	5408

#红小豆		3. 秋收薯类（五折一）			二、油料合计		
单产	总产量	播种面积	单产	总产量	播种面积	单产	总产量
135.2	**669**	**12.83**	**500.8**	**64249**	**51.33**	**187.4**	**96181**
143.6	280	0.38	588.8	2208	4.50	166.5	7491
183.3	55	3.81	546.0	20803	8.52	228.5	19470
		0.09	347.8	313	0.11	181.8	200
		0.08	375.0	300	0.12	199.2	239
					0.06	150.0	90
186.7	28	5.06	493.9	24968	17.30	192.1	33236
196.7	59	0.38	493.6	1851	1.43	195.6	2797
103.6	202	2.43	448.2	10891	14.56	171.3	24935
150.0	45	0.62	474.0	2915	4.73	163.3	7723

	#花生			#油菜籽	
	播种面积	单产	总产量	播种面积	单产
全市	**19.83**	**230.0**	**45605**	**29.73**	**165.0**
淮安区	0.21	135.2	284	4.29	168.0
淮阴区	4.20	263.0	11046	4.32	195.0
清浦区	0.05	258.3	86	0.06	190.0
开发区	0.04	252.0	126	0.08	150.6
工业园区				0.06	150.0
涟水县	5.60	263.4	14750	11.70	158.0
洪泽县	0.39	271.8	1060	0.99	170.5
盱眙县	9.30	195.3	18166	3.61	149.5
金湖县	0.04	217.5	87	4.62	163.0

	五、药材类	六、蔬菜瓜类			
	播种面积	播种面积	单产	总产量	播种面积
全市	**4.14**	**152.72**	**2642**	**4035371**	**141.95**
淮安区		16.25	2905	471913	15.30
淮阴区		48.30	2841	1372016	45.30
清浦区		8.87	2748	243568	8.87
开发区		3.81	2228	84884	2.76
工业园区		0.26	2536	6468	0.23
涟水县	0.20	35.45	2557	906217	34.41
洪泽县	0.59	14.43	2536	366011	14.18
盱眙县	3.36	18.78	2279	428039	14.58
金湖县		6.59	2373	156255	6.33

面　积　和　产　量（三）

单位：万亩、公斤/亩、吨

总产量	#芝麻 播种面积	#芝麻 单产	#芝麻 总产量	三、棉花 播种面积	三、棉花 单产	三、棉花 总产量
49051	**1.77**	**86.2**	**1525**	**0.24**	**61.3**	**147**
7207						
8424						
114						
113.00						
90						
18486						
1688	0.05	98.0	49			
5398	1.65	83.1	1371	0.24	61.3	147
7531	0.07	130.0	105			

（一）蔬菜（含菜用瓜） 单产	（一）蔬菜（含菜用瓜） 总产量	（二）瓜果类 播种面积	（二）瓜果类 单产	（二）瓜果类 总产量
2652	**3765064**	**10.77**	**2509.8**	**270307**
2868	438815	0.95	3502.4	33098
2844	1288549	3.00	2782.2	83467
2748	243568			
2266	62544	1.05	2400.2	22340
2519	5668	0.03	2666.7	800
2540	873968	1.04	3115.8	32249
2515	356547	0.26	3711.4	9464
2371	345643	4.20	2005.2	82396
2366	149762	0.26	2546.3	6493

农作物播种

	#西瓜			#甜瓜		
	播种面积	单产	总产量	播种面积	单产	总产量
全市	**8.58**	**2506.1**	**215025**	**1.11**	**1786.9**	**19835**
淮安区	0.95	3502.4	33098			
淮阴区	1.53	3012.4	46090	0.75	1684.8	12636
清浦区						
开发区	1.05	2127.6	22340			
工业园区	0.02	2666.7	400	0.015	2666.7	400
涟水县	0.65	3586.4	23132	0.18	2506.7	4512
洪泽县	0.17	3105.5	5124			
盱眙县	4.01	1986.0	79539	0.15	1338.0	2007
金湖县	0.23	2356.4	5302	0.02	1866.7	280

蚕茧、茶叶、水

	一、蚕茧产量	二、茶叶产量	三、水果产量	#苹果	#梨	#葡萄
全市	**100**	**32**	**126266**	**10276**	**45635**	**21556**
淮安区			6202		2765	1716
淮阴区	89		9563	976	1320	2340
清浦区			450		400	
开发区						
涟水县			49155	9000	19000	8500
洪泽县			416		150	100
盱眙县	2	32	57470	300	22000	8000
金湖县	9		3010			900

面　积　和　产　量（四）

单位：万亩、公斤/亩、吨

#草莓 播种面积	#草莓 单产	#草莓 总产量	七、其他农作物播种面积	#青饲料	#绿肥	附：常年种蔬菜面积
0.51	**1801.4**	**9187**	**3.95**	**2.24**	**1.58**	**61.77**
			0.14		0.14	5.10
0.24	1425.8	3422	3.09	1.80	1.28	23.49
						5.73
						0.05
0.21	2192.9	4605	0.24	0.23	0.02	11.99
						3.68
0.05	1888.9	850	0.36	0.21	0.15	7.35
0.02	2066.7	310	0.12			4.40

果　生　产　情　况

单位：吨、公顷

#桃子	#柿子	四、年末实有茶园面积（公顷）	五、年末实有果园面积（公顷）	#苹果园	#梨园	六、年末实有桑园面积（公顷）
28809	**8655**	**80**	**8844**	**593**	**1665**	**2110**
1703	5		445		132	
1560	50		578	53	80	1500
50			16		13	
8600	3000		2213	420	633	
6	100		26		7	
15500	5500	80	5467	120	800	350
1390			100			260

	四旁植树（万株）	造林面积（公顷）	育苗面积（公顷）	农田林网面积（公顷）	年末实有林地面积（公顷）	内陆养殖水面面积（公顷）
全　　市	**1088**	**3178**	**1362**	**6861**	**221748**	**51027**
淮安区	381	739	256	1667	23202	8391
淮阴区	155	436	253	1100	35855	5733
清浦区	52	220	22	333	6789	667
开发区						390
涟水县	160	605	320	334	43501	5584
洪泽县	105	401	120		17748	6975
盱眙县	131	508	235	1350	64647	11807
金湖县	103	270	156	2077	26360	11480

和　　水　　利　　情　　况

淡水产品产量（吨）	1. 捕捞产量	2. 养殖产量	在淡水产品产量中 鱼类	虾类	蟹类	农田有效灌溉面积（千公顷）	节水灌溉面积（千公顷）
259285	**40129**	**219156**	**186821**	**38708**	**21885**	**413.04**	**239.61**
61675	5181	56494	52822	3317	4400	72.98	67.83
16800	1871	14929	14372	1580	848	56.13	32.60
3750	450	3300	2180	1140	380	10.80	5.47
770		770	770				
18570	1100	17470	17628	701	165	94.33	43.87
55650	15781	39869	39605	4100	4896	35.56	17.12
53774	7955	45819	25823	21828	5405	102.00	50.20
48296	7791	40505	33621	6042	5791	41.23	22.52

	一、当年出栏						
	1. 大牲畜（万头）	#牛	2. 猪（万头）	3. 羊（万只）	#山羊	4. 家禽（万只）	5. 兔（万只）
全　市	**2.11**	**2.11**	**277.55**	**35.73**	**35.73**	**7876.96**	**42.96**
淮安区	0.31	0.31	55.66	0.69	0.69	845.00	
淮阴区	0.65	0.65	66.73	9.40	9.40	2196.00	15.93
清浦区			7.02	0.61	0.61	128.40	
开发区	0.03	0.03	1.72	0.13	0.13	13.12	
工业园区			0.55	0.01	0.01	4.51	
涟水县	0.30	0.30	63.82	3.80	3.80	1633.00	19.66
洪泽县			22.64	6.15	6.15	719.33	5.81
盱眙县	0.82	0.82	46.54	14.53	14.53	1956.00	1.29
金湖县			12.87	0.41	0.41	381.60	0.27

	三、猪年末存栏（万头）	#能繁母猪	四、羊年末存栏（万只）	五、家禽年末存栏（万只）	六、兔年末存栏（万只）	1. 肉类总产量
全　市	**143.20**	**15.66**	**22.18**	**2513.02**	**21.91**	**321791**
淮安区	31.87	3.83	0.83	398	1.20	51508
淮阴区	29.79	3.10	3.45	446	3.80	76050
清浦区	5.85	0.59	0.69	99.45		9052
开发区	1.24	0.43	0.02	4.25		1483
工业园区	0.62	0.05	0.04	2.20		520
涟水县	28.80	2.65	2.74	558.60	10.22	69368
洪泽县	15.53	0.86	4.63	332.50	5.20	23440
盱眙县	20.71	4.07	9.48	542	1.18	76169
金湖县	8.79	0.08	0.30	130.02	0.31	14201

二、大牲畜年末存栏合计（万头）	#从事农役	其中：牛				
		合　　计	#能繁母畜	#当年生仔畜	#水　　牛	#奶　　牛
5.97	**0.32**	**5.97**	**2.14**	**1.08**	**3.01**	**0.75**
0.24	0.08	0.24	0.0916	0.0251	0.17	0.05
2.58	0.08	2.58	1.02	0.38	0.65	0.58
0.03		0.03	0.02			0.03
1.56	0.03	1.56	0.39	0.12	0.98	0.04
1.53	0.13	1.53	0.61	0.55	1.18	0.06
0.03		0.03	0.01	0.00	0.03	

七、主要畜禽产品产量（吨）						
				2. 牛奶产量	3. 蜂蜜产量	4. 禽蛋产量
#猪　　肉	#牛　　肉	#羊　　肉	#禽　　肉			
200842	**3696**	**6157.25**	**110399**	**32295**	**367**	**129659**
40661	506	219	10092	1336		19390
50800	1185	2198	21556	29362		23268
6562		107	2367			7242
1213	40	19	211	889		887
422		6.5	91			147
49900	585	560	18084	708		20793
13150		1098	9160			19529
30130	1380	1882	42732		364	31170
8004		67.75	6105.6		3	7233

农　业　机　械

	一、机耕面积（公顷）	二、机播面积（公顷）	三、机电灌溉面积（公顷）	四、机械植保作业面积（公顷）	五、机械收获面积（公顷）	机械化免耕播种面积（公顷）
全　　市	**632964**	**486453**	**362174**	**536668**	**599044**	**13653**
清河区	11978	7290	7925	7840	11300	
淮安区	124464	110200	92360	98278	125496	5868
淮阴区	80170	59106	50323	70955	80697	
清浦区	14000	11880	7000	14000	13800	1350
开发区						
工业园区						
涟水县	112825	93221	60850	98500	103940	5200
洪泽县	62864	50554	47263	54849	60499	
盱眙县	135400	88050	55370	100480	131260	
金湖县	91263	66152	41083	91766	72052	1235

	七、主要农业机					
	拖拉机（台）	大中型拖拉机	小型拖拉机	旋耕机（台）	播种机（台）	农用排灌动力机械（台）
全　　市	**132557**	**17817**	**114740**	**130774**	**36098**	**22859**
清河区	431	143	288	103	44	250
淮安区	15224	2507	12717	15214	6249	8246
淮阴区	11504	2026	9478	13368	3243	2756
清浦区	10025	450	9575	9897	1076	145
开发区						
工业园区						
涟水县	24739	2429	22310	34890	10610	2774
洪泽县	16603	1533	15070	17740	5016	3428
盱眙县	39804	4524	35280	26200	3800	1285
金湖县	14227	4205	10022	13362	6060	3975

化　　情　　况

六、单项农机化作业		七、机械脱粒产量（吨）	八、农业机械总动力（千瓦）			
机械化秸秆还田面积（公顷）	精少量播种面积（公顷）		合计	1. 柴油发动机动力	2. 汽油发动机动力	3. 电动机动力
279489	**118439**	**4162508**	**5183990**	**4237900**	**144542**	**801548**
		17400	37385	19837	6059	11489
65800	8200	891340	849609	613491	21040	215078
36148	18490	473988	701486	555215	16796	129475
9950	1200	99700	192016	173935	3150	14931
45300	28500	899000	934456	812106	18335	104015
33330	19374	469880	718582	594226	22698	101658
52900	6000	810000	1026313	891322	26116	108875
36061	36675	501200	724143	577768	30348	116027

械　　年　　末　　拥　　有　　量						
农用水泵（台）	节水灌溉机械（套）	机动喷雾喷粉机（部）	联合收获机（台）	水稻插秧机	农用运输车（辆）	农田基本建设机械（台）
75417	**3036**	**49938**	**19855**	**19751**	**8242**	**27320**
366	3	73	60		177	54
15642	15	8780	2602	3731	1116	4655
2995	20	4818	2907	2264	4383	7007
3080	144	1345	600	508	355	435
15150	114	6275	3980	3411	505	2895
3936	263	4182	2642	3413	847	4152
23000	2406	9515	4001	3166	850	4950
11248	71	14950	3063	3258	9	3172

农村电气化和化学化情况

	农村用电量（万千瓦小时）	农用化肥施用量（折纯）（吨）	氮肥（吨）	磷肥（吨）	钾肥（吨）	复合肥（吨）
全市	**134817**	**387799**	**207400**	**36687**	**17268**	**126444**
淮安区	36555	102158	59350	9225	6458	27125
淮阴区	17962	56642	34126	5638	2223	14655
清浦区	5849	13491	5148	1316	714	6313
开发区	3554	16090	6052	1127	895	8016
工业园区	1442	6139	3091	515	295	2238
涟水县	15290	58982	40463	9694	3202	5623
洪泽县	8693	51840	16713	463	693	33971
盱眙县	24921	50201	25860	8010	2293	14038
金湖县	20551	32256	16597	699	495	14465

	农用塑料薄膜使用量（吨）	#地膜使用量	地膜覆盖面积（公顷）	农用柴油使用量（吨）	农药使用量（吨）
全市	**7462**	**2846**	**21668**	**84179**	**7033**
淮安区	231	75	1520	18111	1710
淮阴区	916	282	3653	5682	869
清浦区	1363	569	3356	1626	511
开发区	259	83	700	688	433
工业园区	85	50	331	355	55
涟水县	2010	875	5534	8150	760
洪泽县	215	55	681	9468	832
盱眙县	2292	834	5259	23283	1451
金湖县	91	23	634	16816	412

5

工业、能源

本篇编辑：

工　业：张　丽　伍华森　陈　远

能　源：李志英　何从生

年主营业务收入2000万元

（分地

	企业单位数	亏损企业	工业总产值（当年价格）	工业销售产值（当年价格）	出口交货值
全　市	**2226**	**187**	**46381079**	**45767882**	**5887860**
市　直	7	1	3151377	3090474	62837
清河区	29	2	623667	571135	6080
淮安区	299	27	4708635	4653269	142695
淮阴区	387	5	9098320	8825175	17502
清浦区	97	2	1769472	1764120	63731
开发区	186	31	9352540	9337875	4952538
工业园区	8		28189	27601	
涟水县	298	20	3755067	3621749	139835
洪泽县	282	39	4422007	4387492	138240
盱眙县	394	46	6062094	6016051	65103
金湖县	239	14	3409709	3472942	299300

	主营业务收入	主营业务成本	主营业务税金及附加	销售费用	管理费用
全　市	**46899459**	**41121240**	**920017**	**959634**	**1248911**
市　直	3261250	2253743	682113	36727	83531
清河区	568971	432167	3712	30977	29895
淮安区	4770734	4168215	25494	144038	194317
淮阴区	8938232	7494503	74086	283608	252895
清浦区	1750247	1528715	10753	43176	63744
开发区	9582877	9199352	9329	88091	145850
工业园区	28016	25634	863	129	204
涟水县	3705771	3246858	40679	90012	89054
洪泽县	4355524	3856094	12893	70057	85379
盱眙县	6405101	5732923	51941	96880	216594
金湖县	3532735	3183036	8154	75939	87449

及以上工业企业主要指标

区）

单位：个、万元

资产总计	流动资产合计	应收帐款	产成品	固定资产合计	负债合计	应付账款
20646698	**9306331**	**2359054**	**784648**	**9192427**	**10297717**	**1691811**
3075312	1506323	46590	91143	1234436	1501799	298143
486783	266332	69391	21936	142681	246345	36125
1772966	850616	231954	81234	733992	1018015	190086
3148393	1073727	447669	152756	1785510	1320881	259464
751726	255607	54249	32888	399696	314013	44266
3737516	1520948	478214	108500	1860513	1832805	234050
100086	30346	3463	740	67688	69286	754
1623928	865781	131326	66734	598042	792223	101595
2386295	901049	223341	58595	1310664	1193476	167885
2070287	1040545	252632	79340	675319	1141538	173529
1493408	995056	420227	90782	383887	867335	185914

财务费用	利息收入	利息支出	利润总额	亏损企业亏损总额	利税总额	应交增值税
434797	**41059**	**377880**	**2289918**	**86877**	**4268448**	**1056871**
28322	14518	38943	213180	11250	1075767	180334
615	2124	2127	76428	885	106518	26378
43075	1443	34647	205144	7480	404841	174179
188499	1284	183365	636166	8862	888017	177518
8093	1255	5050	96856	3974	164684	56586
27159	12255	24095	127651	29433	163218	26191
145	11	96	1075		2063	125
19070	2804	12199	217804	4743	335941	77182
35599	523	29876	310568	10100	467680	144090
54482	2885	17563	255791	7714	438558	130576
29739	1958	29920	149256	2436	221163	63713

国 有 和 国 有 控 股 工

（分地

	企业单位数	亏损企业	工业总产值（当年价格）	工业销售产值（当年价格）	出口交货值
全　　市	**40**	**4**	**3904657**	**3928251**	**31928**
市　　直	5		1959253	1967701	24568
清 河 区	3	1	46724	41897	
淮 安 区	6	1	325087	322101	4780
淮 阴 区	9	1	681512	682599	45
清 浦 区	2	1	43149	45042	
开 发 区	4		261556	263591	
工业园区					
涟 水 县	2		357348	328546	
洪 泽 县	5		113419	115929	
盱 眙 县	3		114377	158655	2535
金 湖 县	1		2232	2191	

	主营业务收入	主营业务成本	主营业务税金及附加	销售费用	管理费用
全　　市	**3968008**	**2543246**	**725606**	**127405**	**135443**
市　　直	2003692	1024656	678890	20639	62506
清 河 区	40060	17123	485	16966	5324
淮 安 区	324879	259893	4815	13624	18533
淮 阴 区	685274	575090	10823	11956	15661
清 浦 区	45042	36208	78	4520	3835
开 发 区	261948	246499	340	3212	2739
工业园区					
涟 水 县	323827	140169	29365	46651	15652
洪 泽 县	115969	91671	496	6903	2079
盱 眙 县	165125	149987	314	2820	9012
金 湖 县	2191	1952		116	104

业企业主要指标

区）　　　　　　　　　　　　　　　　　　　　单位：个、万元

资产总计	流动资产合计	应收帐款	产成品	固定资产合计	负债合计	应付账款
4149460	**1878013**	**175165**	**67803**	**1860877**	**2139749**	**314289**
2027226	1032618	41590	28134	815384	869032	160932
59996	27465	8997	4563	20764	36727	8781
615721	154460	23923	2943	363069	417229	62649
661658	175780	40320	2026	426799	409716	36873
89921	35287	811	191	48249	67186	6123
158877	127357	44678	17353	27991	129664	21187
379080	264788	3039	7253	84310	113769	7157
75520	23673	8245	575	48437	31493	5042
80534	35814	2961	4765	25749	64156	5107
928	771	602		126	777	439

财务费用	利息收入	利息支出	利润总额	亏损企业亏损总额	利税总额	应交增值税
53297	**16956**	**64858**	**398252**	**9893**	**1371199**	**246845**
12154	13918	25340	219430		1061586	163265
544	13	535	940	834	5252	3828
16242	479	15218	20409	242	39439	14215
18390	700	17340	42306	5077	77584	24455
852	227	1074	-672	3740	1865	1970
3126	43	2161	6168		8903	2395
-1488	1484		94189		151116	27561
1025	26	1001	13957		21019	6567
2452	66	2189	1514		4352	2525
0		0	11		84	64

国　有　工　业　企

（分地

	企业单位数	亏损企业	工业总产值（当年价格）	工业销售产值（当年价格）	出口交货值
全　市	**14**	**1**	**1933501**	**1972692**	**2535**
市　直	1		1044649	1044649	
清河区	1	1	2276	1933	
淮安区	1		3424	3193	
淮阴区	3		505714	502901	
清浦区	1		10178	10178	
开发区	2		253088	252956	
工业园区					
涟水县	1		2000	1424	
洪泽县	1		2686	2680	
盱眙县	2		107254	150588	2535
金湖县	1		2232	2191	

	主营业务收入	主营业务成本	主营业务税金及附加	销售费用	管理费用
全　市	**1971925**	**1014174**	**613385**	**24922**	**60079**
市　直	1031430	193677	605953	12514	36681
清河区	1843	2094	14	112	773
淮安区	3193	1592	3		689
淮阴区	503664	416670	6332	5831	10457
清浦区	14919	10538	454	751	2215
开发区	252956	239706	300	2835	1457
工业园区					
涟水县	2021	1306	19		596
洪泽县	2680	2390		16	24
盱眙县	157029	144250	310	2747	7084
金湖县	2191	1952		116	104

业　主　要　指　标

区）　　单位：个、万元

资产总计	流动资产合计	应收帐款	产成品	固定资产合计	负债合计	应付账款
1898285	**1141069**	**103022**	**27704**	**585071**	**686074**	**115419**
1056188	825328	24239	6589	105522	119444	61521
2849	1513	195	475	1336	2280	134
586	568	169		18	299	
521265	137801	32073	644	359412	326329	27201
77524	24031			46765	65419	3834
121972	97063	43246	15675	24909	103280	20525
50092	24411			24908	16612	
2067	631	28			828	
64814	28952	2471	4321	22075	50807	1766
928	771	602		126	777	439

财务费用	利息收入	利息支出	利润总额	亏损企业亏损总额	利税总额	应交增值税
11548	**95**	**9355**	**242397**	**834**	**1020705**	**164916**
-12057		-12072	199384		943377	138040
94	1	95	-834	834	-685	136
741			168		616	445
16877		16428	35882		63031	20817
775		960	411		1497	632
2953	43	1988	5705		8046	2041
-4			184		293	90
2		2	248		440	192
2165	52	1954	1238		4007	2459
0		0	11		84	64

集　体　工　业　企

（分地

	企业单位数	亏损企业	工业总产值（当年价格）	工业销售产值（当年价格）	出口交货值
全　市	**11**		**230683**	**227973**	
市　直					
清河区					
淮安区	4		153512	151269	
淮阴区					
清浦区					
开发区	1		2000	2000	
工业园区					
涟水县	1		12938	12938	
洪泽县	3		51670	51203	
盱眙县					
金湖县	2		10562	10562	

	主营业务收入	主营业务成本	主营业务税金及附加	销售费用	管理费用
全　市	**229735**	**203986**	**1303**	**8983**	**5437**
市　直					
清河区					
淮安区	153031	134676	714	7573	3668
淮阴区					
清浦区					
开发区	2000	1709	9	2	110
工业园区					
涟水县	12938	10344	522	494	827
洪泽县	51203	48241	35	267	421
盱眙县					
金湖县	10562	9016	23	647	411

业　主　要　指　标

区）　　　　　　　　　　　　　　　　　　单位：个、万元

资产总计	流动资产合计			固定资产合计	负债合计	应付账款
		应收帐款	产成品			
33864	**24442**	**8174**	**1729**	**8195**	**19088**	**4297**
16402	14505	5679	1471	1893	7390	3906
1632	882	34		750	48	16
3189	2565	413	213		3124	
8985	3051	222	45	5414	6763	
3656	3439	1826		138	1763	376

财务费用			利润总额	亏损企业亏损总额	利税总额	应交增值税
	利息收入	利息支出				
1053	**14**	**969**	**8095**		**17698**	**8290**
533	1	533	5867		12953	6372
-14	14	0	182		261	71
169		99	41		897	324
343		317	1930		3217	1251
21	0	20	74		370	273

私 营 工 业 企

（分地

	企业单位数	亏损企业	工业总产值（当年价格）	工业销售产值（当年价格）	出口交货值
全市	**1551**	**108**	**22754470**	**22371875**	**254440**
市直					
清河区	10		122558	117050	
淮安区	244	18	3359074	3322002	86840
淮阴区	319	1	6165178	5949652	1098
清浦区	63		1103630	1099442	7448
开发区	46	7	354596	348710	5781
工业园区	2		9730	9497	
涟水县	176	11	1919005	1882068	19437
洪泽县	164	19	2247117	2222634	5832
盱眙县	320	39	4814525	4723480	13866
金湖县	207	13	2659057	2697341	114139

	主营业务收入	主营业务成本	主营业务税金及附加	销售费用	管理费用
全市	**22877265**	**20176587**	**126036**	**516269**	**657215**
市直					
清河区	109053	96566	629	3305	4265
淮安区	3409637	2997313	15035	94449	132860
淮阴区	6021726	5104824	42440	184629	160213
清浦区	1089964	939239	6948	28388	41054
开发区	356858	329471	664	5564	7669
工业园区	9730	9129	134	42	41
涟水县	1897749	1744422	7522	25981	35394
洪泽县	2212878	1963293	3852	33785	45997
盱眙县	5027206	4506438	42375	75297	166408
金湖县	2742464	2485892	6437	64829	63314

业　主　要　指　标

区）

单位：个、万元

资产总计	流动资产合计	应收帐款	产成品	固定资产合计	负债合计	应付账款
7429824	**3496522**	**1065773**	**391060**	**3117211**	**3552945**	**652023**
82060	37732	7316	8739	24564	44912	1479
737049	453832	151115	55873	231374	380509	87967
1727992	631805	238930	105052	889672	625838	132914
424803	158781	40643	24405	215941	141486	31163
255407	121072	37888	10644	90756	138080	24742
29428	16203	455	197	13225	22027	
550160	274933	64583	28490	221143	289369	32816
1085649	364372	89247	26511	662489	526478	89611
1499318	770238	176523	62529	479442	799703	109270
1037957	667555	259073	68620	288606	584544	142062

财务费用	利息收入	利息支出	利润总额	亏损企业亏损总额	利税总额	应交增值税
224249	**5510**	**170506**	**1188011**	**20386**	**1850511**	**535733**
732	2	235	3592		6059	1838
21175	838	14293	148824	5378	291482	127600
107368	413	103687	425413	53	584252	116152
5607	144	2598	69711		113607	36947
4102	46	1619	10475	1729	13132	1981
41	2	24	379		543	30
8893	529	3647	71504	1636	107002	27865
14747	166	11862	155849	3742	238971	79159
40768	1772	12711	197935	5771	335617	95090
20816	1599	19830	104329	2076	159848	49071

（分地

	企业单位数	亏损企业	工业总产值（当年价格）	工业销售产值（当年价格）	出口交货值
全市	**191**	**31**	**10847640**	**10727193**	**5339548**
市直					
清河区	6		297816	256073	
淮安区	19	4	473950	469855	45770
淮阴区	15	1	478996	467028	
清浦区	7	1	145479	144898	6263
开发区	62	14	7842249	7835524	4946324
工业园区	1		3286	3217	
涟水县	22	4	374431	334187	97623
洪泽县	21	5	413141	413562	9710
盱眙县	22	1	335429	327126	48702
金湖县	16	1	482864	475725	185157

	主营业务收入	主营业务成本	主营业务税金及附加	销售费用	管理费用
全市	**11087849**	**10320269**	**24398**	**161136**	**218454**
市直					
清河区	276700	182537	1863	22059	12631
淮安区	488185	413879	3711	19604	27791
淮阴区	475819	375640	3726	22487	18597
清浦区	149012	134870	920	2007	3176
开发区	8089336	7803112	7091	68108	99754
工业园区	3286	3130	10	9	8
涟水县	380803	350817	1230	4133	12889
洪泽县	412727	357145	2042	9710	10650
盱眙县	320184	278321	2811	4732	15045
金湖县	491798	420818	995	8288	17913

业 企 业 主 要 指 标

区）

单位：个、万元

资产总计	流动资产合计	应收帐款	产成品	固定资产合计	负债合计	应付账款
4586214	1886747	676170	128582	2304633	2043922	283643
222886	117159	27457	2124	65746	70560	27525
254824	159510	36607	7422	75631	136153	22438
271093	107291	72872	15472	161603	115651	34702
133373	24228	3194	3168	81317	61977	2228
2767340	978669	331701	64421	1547396	1151861	123362
3214	1836	1400	56	1379	1500	
196397	87520	29409	8073	98000	101001	17575
258521	88266	23292	7444	156194	137737	12445
114236	56971	17325	6201	42743	48655	13904
364329	265297	132914	14202	74627	218826	29465

财务费用	利息收入	利息支出	利润总额	亏损企业亏损总额	利税总额	应交增值税
42463	4047	44059	336138	17854	466076	105443
-1531	2108	575	61362		80903	17678
3098	113	3343	19841	1179	42543	18992
15213	15	15064	40011	1612	53203	9467
-107	755	307	8471	234	13793	4402
10882	541	11136	108934	9354	131696	15671
1	1		128		160	21
1786	32	1682	10650	2101	16881	4925
5286	42	3726	32555	2879	51563	16965
1598	135	465	18108	134	28323	7404
6237	306	7762	36077	361	47011	9920

民 营 工 业 企

（分地

	企业单位数	亏损企业	工业总产值（当年价格）	工业销售产值（当年价格）	出口交货值
全　　市	**1995**	**152**	**31628782**	**31112438**	**516384**
市　　直	2	1	1192124	1122773	38269
清 河 区	20	1	279127	273166	6080
淮 安 区	274	22	3909598	3861314	92145
淮 阴 区	363	3	7937812	7675549	17457
清 浦 区	88		1580845	1574179	57468
开 发 区	120	17	1248735	1238760	6214
工业园区	7		24904	24385	
涟 水 县	274	16	3023289	2959015	42212
洪 泽 县	256	34	3895447	3858001	128530
盱 眙 县	369	45	5612288	5530270	13866
金 湖 县	222	13	2924613	2995027	114143

	主营业务收入	主营业务成本	主营业务税金及附加	销售费用	管理费用
全　　市	**31843603**	**28257724**	**170014**	**671093**	**895014**
市　　直	1257558	1229087	3223	16088	21025
清 河 区	252212	232507	1365	－8047	11940
淮 安 区	3957671	3494443	16968	110810	147993
淮 阴 区	7777140	6543774	59537	249166	218637
清 浦 区	1556193	1357636	9755	36649	56732
开 发 区	1231592	1149741	1899	16772	43358
工业园区	24730	22504	853	120	196
涟 水 县	3001142	2755872	10084	39227	60513
洪 泽 县	3826828	3407278	10355	53444	72651
盱 眙 县	5919791	5304615	48817	89328	192537
金 湖 县	3038746	2760266	7160	67536	69433

业　主　要　指　标

区）

单位：万元、个、人

资产总计	流动资产			固定资产合计	负债合计	
	合计	应收帐款	产成品			应付账款
11911025	**5541571**	**1507719**	**588263**	**5026916**	**6114046**	**1093879**
1048086	473705	5000	63009	419052	632767	137211
203901	121708	32937	15250	56171	139058	-181
902420	536645	171425	70869	295292	464633	105000
2215642	790656	334478	135258	1197109	795514	187889
528433	196091	50243	29529	270131	184850	35915
811299	414923	101835	26725	285125	551280	89501
96871	28511	2063	684	66309	67786	754
1048452	513473	98878	51408	415733	577454	76864
2052254	789110	191805	50577	1106033	1024246	150398
1875517	947760	232345	68375	606827	1028727	154518
1128151	728988	286712	76580	309134	647733	156010

财务费用			利润总额	亏损企业亏损总额	利税总额	应交增值税
	利息收入	利息支出				
339037	**20056**	**268964**	**1555528**	**59130**	**2431174**	**704583**
16168	600	13603	-6250	11250	14181	17069
1602	2	1018	14126	51	20363	4872
23735	850	16086	164895	6059	322858	140972
154895	570	150961	553849	2173	757230	143597
7348	273	3669	89056		149026	50214
13151	11671	10798	12549	20079	22619	8125
144	10	96	946		1903	104
18772	1288	10518	112964	2642	167944	44696
29288	455	25149	264057	7221	395099	120559
50433	2684	14909	236169	7580	405883	120648
23502	1652	22158	113168	2076	174068	53729

大 中 型 工 业 企

（分地

	企业单位数	亏损企业	工业总产值（当年价格）	工业销售产值（当年价格）	出口交货值
全 市	**214**	**28**	**20006336**	**21010330**	**5595938**
市 直	7	1	3151377	3090474	62837
清河区	5	1	270495	232176	6080
淮安区	27	2	1440195	1428113	109610
淮阴区	23	1	2460189	2410000	
清浦区	11		360438	363767	7826
开发区	39	11	8052136	8050971	4919635
工业园区					
涟水县	35	6	1229633	1154721	114492
洪泽县	16	2	627430	624882	66248
盱眙县	36	3	1298081	2469873	24163
金湖县	15	1	1116361	1185352	285047

	主营业务收入	主营业务成本	主营业务税金及附加	销售费用	管理费用
全 市	**20712369**	**17948915**	**766159**	**434125**	**549794**
市 直	3261251	2253748	682111	36722	86462
清河区	249303	170615	1685	21955	13917
淮安区	1529350	1274595	9685	73617	96610
淮阴区	2447218	2007971	16052	86103	78492
清浦区	358266	279677	2919	17650	26123
开发区	8298027	8023294	6950	67642	109149
工业园区					
涟水县	1238796	990448	31366	57564	40381
洪泽县	619561	553919	1873	12226	14690
盱眙县	1483310	1346735	10798	24943	41139
金湖县	1227287	1047913	2722	35703	42831

业 主 要 指 标

区）

单位：万元、个、人

资产总计	流动资产合计	应收帐款	产成品	固定资产合计	负债合计	应付账款
10668396	**4763707**	**996720**	**363925**	**5033034**	**5491590**	**871324**
3079437	1510438	50571	91143	1234436	1505858	298143
314035	172206	42043	5650	98505	149443	29707
845275	369190	70108	35638	364118	484295	68823
1073321	376639	194562	34040	663181	638116	137651
318537	114653	18948	11920	161551	197884	12804
2763402	988230	334888	76737	1614299	1271714	129853
801109	483985	54802	34548	255690	410238	43496
453733	125961	26565	14058	302097	232919	54651
474311	239836	30910	20304	211378	267739	30962
545236	382569	173324	39889	127780	333386	65233

财务费用	利息收入	利息支出	利润总额	亏损企业亏损总额	利税总额	应交增值税
164016	**20822**	**154217**	**912962**	**44023**	**2135254**	**455951**
28322	2401	26871	213250	11250	1075823	180321
-1770	2106	467	47181	51	63867	15002
17751	25	16343	65848	1461	128785	53253
65999	23	65978	179684	678	247656	51920
2881	118	2630	30209		47600	14472
14070	11915	9878	88759	25267	111825	16107
6225	2436	5812	116568	1415	186710	38777
8296	4	8118	33554	1426	54096	18667
10588	688	3887	50265	1937	99933	38841
11655	1107	14234	87644	538	118958	28593

年主营业务收入2000万元

（分经济

	企业单位数	亏损企业	工业总产值（当年价格）	工业销售产值（当年价格）	出口交货值
总　　计	**2226**	**179**	**46381079**	**46917882**	**5887860**
一、按登记注册类型分组：					
内资企业	2035	147	35533439	36190689	548312
国有企业	14	1	1933501	3122692	2535
中央企业	2		390185	1583519	2535
地方企业	12	1	1543316	1539173	
集体企业	11		230683	227973	
股份合作企业	2		18467	18467	
联营企业					
国有联营企业					
集体联营企业					
国有与集体联营企业					
其他联营企业					
有限责任公司	379	37	7734162	7666542	200834
国有独资公司	4	1	640579	637227	
其他有限责任公司	375	36	7093583	7029315	200834
股份有限公司	64	4	2775194	2669410	90502
私营企业	1551	103	22754470	22371875	254440
私营独资企业	290	6	3640465	3559226	81598
私营合作企业	18		631726	619243	
私营有限责任公司	1173	92	16760200	16521625	164207
私营股份有限公司	70	5	1722079	1671782	8635
其他企业	14	2	86963	113731	
港、澳、台商投资企业	96	17	7683769	7618360	4834356
合资经营企业（港或澳、台资）	42	8	904028	888248	67058
合作经营企业（港或澳、台资）					
港澳台商独资经营企业	51	9	6768252	6718620	4767298
港澳台商投资股份有限公司	2		6544	6695	
其他港澳台商投资企业	1		4947	4797	
外商投资企业	95	15	3163870	3108833	505192
中外合资经营企业	44	6	1915352	1901809	294107
中外合作经营企业	1		47363	47363	
外资企业	47	8	1187694	1146093	211085
外商投资股份有限公司	1		6948	6948	
其他外商投资企业	2	1	6514	6621	
二、按经济组织类型分组					
独资企业	413	24	13760593	14774603	5062517
国有企业	14	1	1933501	3122692	2535
集体企业	11		230683	227973	

及以上工业企业主要指标（一）

类型）

单位：万元、个

资产总计	流动资产合计	应收帐款	产成品	固定资产合计	负债合计	应付账款
20457638	**9300864**	**2365087**	**765176**	**9192427**	**10281660**	**1691811**
15875676	7413073	1687471	639379	6887794	8237152	1408168
1898285	1141069	103022	27704	585071	686074	115419
535339	161220	31688	4225	336298	370361	25234
1362946	979849	71334	23479	248773	315713	90186
33764	24442	8174	1729	8195	19286	4297
9780	7024	942	651	2756	9300	
4385195	1709746	404748	137126	2290342	2815140	401899
162901	64120	7635	12014	92784	100319	30305
4222294	1645626	397114	125113	2197558	2714821	371594
2197357	1000058	87809	94067	865434	1138773	222329
7289531	3491701	1066894	376861	3117211	3528697	652023
857404	369609	90497	40305	421445	402871	75377
75829	36137	12759	3721	31619	34067	10910
5779928	2818530	856899	306287	2387969	2779918	496117
576370	267425	106739	26549	276177	311841	69619
61765	39035	15882	1241	18784	39883	12201
2677940	953323	288710	55414	1534425	1159398	156542
515404	280159	91051	28463	196387	270742	65151
2157783	669563	195779	26489	1337326	885911	91391
3314	2915	1745	441		2417	
1440	687	136	22	712	329	
1904022	934468	388906	70383	770208	885110	127101
1175378	571058	240216	40173	496591	564004	55667
8480	1301	140	68	7178	795	
708921	358612	147558	29601	264514	318585	70387
1030	170					
10214	3327	993	541	1925	1726	1048
5656157	2563294	545029	125827	2616551	2312725	356872
1898285	1141069	103022	27704	585071	686074	115419
33764	24442	8174	1729	8195	19286	4297

年主营业务收入2000万元

（分经济

	企业单位数	亏损企业	工业总产值（当年价格）	工业销售产值（当年价格）	出口交货值
私营独资企业	290	6	3640465	3559226	81598
港澳台商独资经营企业	51	9	6768252	6718620	4767298
外资企业	47	8	1187694	1146093	211085
合作、合伙企业	38	3	795979	810222	
股份合作企业	2		18467	18467	
国有联营企业					
集体联营企业					
国有与集体联营企业					
其他联营企业					
私营合伙企业	18		631726	619243	
与港澳台商合作经营企业					
中外合作经营企业	1		47363	47363	
其他企业（内资）	14	2	86963	113731	
其他港澳台商投资企业	1		4947	4797	
其他外商投资企业	2	1	6514	6621	
股份有限公司	137	9	4510765	4354834	99137
股份有限公司（内资）	64	4	2775194	2669410	90502
私营股份有限公司	70	5	1722079	1671782	8635
港澳台商投资股份有限公司	2		6544	6695	
外商投资股份有限公司	1		6948	6948	
有限责任公司	1638	143	27313742	26978223	726207
国有独资公司	4	1	640579	637227	
私营有限责任公司	1173	92	16760200	16521625	164207
与港澳台商合资经营企业	42	8	904028	888248	67058
中外合资经营企业	44	6	1915352	1901809	294107
其他有限责任公司	375	36	7093583	7029315	200834
三、在总计中：亏损企业	179	179	1357715	1385084	76298
在总计中：国有控股企业	40	3	3904657	5078251	31928
在总计中：轻工业	1037	77	18168099	17776919	630444
重工业	1189	102	28212980	29140963	5257416
在总计中：大型企业	29	1	12816508	12637312	5125267
中型企业	185	27	7189828	8373018	470671
小型企业	1903	130	25840302	25383823	283731
微型企业	109	21	534441	523730	8192

及以上工业企业主要指标（一）(续)

类型）

单位：万元、个

资产总计	流动资产合计	应收帐款	产成品	固定资产合计	负债合计	应付账款
857404	369609	90497	40305	421445	402871	75377
2157783	669563	195779	26489	1337326	885911	91391
708921	358612	147558	29601	264514	318585	70387
167506	87510	30852	6244	62975	86101	24159
9780	7024	942	651	2756	9300	
75829	36137	12759	3721	31619	34067	10910
8480	1301	140	68	7178	795	
61765	39035	15882	1241	18784	39883	12201
1440	687	136	22	712	329	
10214	3327	993	541	1925	1726	1048
2778070	1270568	196293	121057	1141611	1453030	291948
2197357	1000058	87809	94067	865434	1138773	222329
576370	267425	106739	26549	276177	311841	69619
3314	2915	1745	441		2417	
1030	170					
11855904	5379493	1592914	512049	5371290	6429804	1018833
162901	64120	7635	12014	92784	100319	30305
5779928	2818530	856899	306287	2387969	2779918	496117
515404	280159	91051	28463	196387	270742	65151
1175378	571058	240216	40173	496591	564004	55667
4222294	1645626	397114	125113	2197558	2714821	371594
2299731	948461	184798	60231	1058410	1468992	222303
4143517	1875080	179008	67803	1860877	2146999	314289
6975927	3790135	814217	300796	2542284	3099859	575067
13481711	5510730	1550870	464381	6650143	7181801	1116745
5645033	2906789	522619	186261	2236612	2550176	424666
5023363	1856918	474101	177664	2796422	2941414	446658
9332938	4304918	1320695	392769	4024675	4523220	770581
456304	232240	47672	8482	134718	266850	49907

年主营业务收入2000万元

（分经济

	主营业务收入	主营业务成本	主营业务税金及附加	销售费用	管理费用
总计	**40832199**	**41121240**	**920017**	**959634**	**1248911**
一、按登记注册类型分组：					
内资企业	36640667	31658632	895509	795507	1029116
国有企业	1971925	1014174	613385	24922	60079
中央企业	438497	368690	2264	2518	11380
地方企业	1533428	645484	611120	22404	48699
集体企业	229735	203971	1303	8983	5437
股份合作企业	17948	14579	26	775	1628
联营企业					
国有联营企业					
集体联营企业					
国有与集体联营企业					
其他联营企业					
有限责任公司	8325513	7427399	111944	144828	213167
国有独资公司	629397	526732	71108	4828	13324
其他有限责任公司	7696116	6900667	40837	140000	199843
股份有限公司	2812424	2400195	42874	99028	91736
私营企业	23162973	20485404	125472	515897	654371
私营独资企业	3708777	3357696	21665	49008	78827
私营合作企业	638441	566296	2963	17846	18402
私营有限责任公司	17056233	15009464	91595	412483	510262
私营股份有限公司	1759522	1551948	9250	36560	46880
其他企业	120151	112911	505	1074	2698
港、澳、台商投资企业	8024367	7706591	12255	73554	97101
合资经营企业（港或澳、台资）	931083	794164	5717	35868	31725
合作经营企业（港或澳、台资）					
港澳台商独资经营企业	7081792	6901861	6505	37479	65179
港澳台商投资股份有限公司	6695	6375	19	80	67
其他港澳台商投资企业	4797	4191	14	126	131
外商投资企业	3272292	2831779	12191	87600	120382
中外合资经营企业	1999920	1758175	6509	50098	62972
中外合作经营企业	49788	47938	19	117	387
外资企业	1209378	1013292	5638	37253	56501
外商投资股份有限公司	6948	6552		8	6
其他外商投资企业	6259	5822	25	123	517
二、按经济组织类型分组					
独资企业	14201606	12490994	648496	157646	266022
国有企业	1971925	1014174	613385	24922	60079
集体企业	229735	203971	1303	8983	5437

及以上工业企业主要指标（二）

类型）　　　　单位：万元、人

财务费用			利润总额	亏损企业亏损总额	利税总额	应交增值税
	利息收入	利息支出				
434797	**41059**	**377880**	**2289918**	**86877**	**4268448**	**1056871**
392280	21678	311785	1905960	68564	3742577	940045
11548	95	9355	242397	834	1020705	164916
14207	52	14317	28593		50926	20068
-2659	44	-4962	213804	834	969779	144848
1062	14	1049	7941		17399	8145
35		7	758		1091	306
119872	15007	101954	327785	45603	599331	159468
2134	5	2130	5742	3962	104073	27223
117738	15002	99824	322043	41641	495258	132245
34607	2483	31362	179413	452	301395	78966
224271	4079	167836	1145647	19955	1799531	527641
20385	366	9355	177416	395	283254	84087
7876	6	7550	24708		34485	6814
171891	3275	131407	851200	18048	1339402	395945
24120	431	19525	92324	1512	142390	40795
885	0	222	2018	1720	3126	603
19671	610	17881	118878	12204	182102	50938
10198	442	8501	55800	5712	89647	28099
9379	168	9340	62651	6493	91733	22577
54			131		298	148
40		40	297		425	114
22740	2534	23470	206608	7399	271310	52511
12810	349	14436	116376	3792	148690	25805
43			1285		2752	1449
9918	2185	9033	88852	3373	119563	25073
4			303		487	184
-35		2	-208	234	-183	
52292	2829	38132	579256	11095	1532654	304799
11548	95	9355	242397	834	1020705	164916
1062	14	1049	7941		17399	8145

年主营业务收入2000万元

（分经济

	主营业务收入	主营业务成本	主营业务税金及附加	销售费用	管理费用
私营独资企业	3708777	3357696	21665	49008	78827
港澳台商独资经营企业	7081792	6901861	6505	37479	65179
外资企业	1209378	1013292	5638	37253	56501
合作、合伙企业	837383	751736	3551	20061	23763
股份合作企业	17948	14579	26	775	1628
国有联营企业					
集体联营企业					
国有与集体联营企业					
其他联营企业					
私营合伙企业	638441	566296	2963	17846	18402
与港澳台商合作经营企业					
中外合作经营企业	49788	47938	19	117	387
其他企业（内资）	120151	112911	505	1074	2698
其他港澳台商投资企业	4797	4191	14	126	131
其他外商投资企业	6259	5822	25	123	517
股份有限公司	4585588	3965070	52142	135676	138688
股份有限公司（内资）	2812424	2400195	42874	99028	91736
私营股份有限公司	1759522	1551948	9250	36560	46880
港澳台商投资股份有限公司	6695	6375	19	80	67
外商投资股份有限公司	6948	6552		8	6
有限责任公司	28312749	24989202	215765	643277	818127
国有独资公司	629397	526732	71108	4828	13324
私营有限责任公司	17056233	15009464	91595	412483	510262
与港澳台商合资经营企业	931083	794164	5717	35868	31725
中外合资经营企业	1999920	1758175	6509	50098	62972
其他有限责任公司	7696116	6900667	40837	140000	199843
三、在总计中：亏损企业	1462948	1425803	3355	20684	75571
在总计中：国有控股企业	3972768	2549464	726058	124780	135065
在总计中：轻工业	18712599	15570525	720279	485356	587367
重工业	29224728	26626476	199676	471304	659232
在总计中：大型企业	13154104	11384472	729015	208881	254051
中型企业	7558265	6564444	37144	225244	295743
小型企业	26715611	23775033	151493	516336	687028
微型企业	509347	473053	2303	6200	9777

及以上工业企业主要指标（二）(续)

类型)

单位：万元、人

财务费用			利润总额	亏损企业 亏损总额	利税总额	应交增值税
	利息收入	利息支出				
20385	366	9355	177416	395	283254	84087
9379	168	9340	62651	6493	91733	22577
9918	2185	9033	88852	3373	119563	25073
8844	6	7820	28858	1954	41695	9286
35		7	758		1091	306
7876	6	7550	24708		34485	6814
43			1285		2752	1449
885	0	222	2018	1720	3126	603
40		40	297		425	114
-35		2	-208	234	-183	
58786	2914	50886	272172	1964	444570	120093
34607	2483	31362	179413	452	301395	78966
24120	431	19525	92324	1512	142390	40795
54			131		298	148
4			303		487	184
314770	19073	256297	1351161	73155	2177070	609317
2134	5	2130	5742	3962	104073	27223
171891	3275	131407	851200	18048	1339402	395945
10198	442	8501	55800	5712	89647	28099
12810	349	14436	116376	3792	148690	25805
117738	15002	99824	322043	41641	495258	132245
33288	12832	23948	-88167	88167	-69373	15337
53262	4016	52336	398671	9873	1367029	242291
168928	6236	135414	1182008	20527	2438069	535240
265764	18586	217722	1049437	67641	1757919	508253
60543	6535	62221	560514	11250	1552756	263086
103473	14288	91996	352448	32773	582498	192865
266884	3969	196134	1302339	42720	2035148	580411
3792	31	2784	16145	1424	25587	7132

年主营业务收入2000万元

（分行

	企业单位数	亏损企业	工业总产值（当年价格）	工业销售产值（当年价格）	出口交货值
总　　计	**2226**	**187**	**46381079**	**45767882**	**5887860**
采矿业	20	1	546814	545739	4780
煤炭开采和洗选业					
石油和天然气开采业					
黑色金属矿采选业					
有色金属矿采选业					
非金属矿采选业	20	1	546814	545739	4780
开采辅助活动					
其他采矿业					
制造业	2182	180	45037990	44428383	5883080
农副食品加工业	202	12	4398786	4305310	165
食品制造业	23	3	471007	432597	13135
酒、饮料和精制茶制造业	6	1	424402	394400	
烟草制品业	1		1044649	1044649	
纺织业	143	12	2184765	2129583	39434
纺织服装、服饰业	184	11	2230310	2174672	230638
皮革、毛皮、羽毛及其制品和制鞋业	94	8	1306403	1279056	27146
木材加工和木、竹、藤、棕、草制品业	83	7	805243	779635	152
家具制造业	12	2	51952	50555	2742
造纸和纸制品业	70	5	1079143	1079131	1005
印刷和记录媒介复制业	28	2	380238	372086	
文教、工美、体育和娱乐用品制造业	56	5	756031	745537	46703
石油加工、炼焦和核燃料加工业	11	2	846548	843776	
化学原料和化学制品制造业	149	18	3309526	3316058	71452
医药制造业	24	5	480063	469923	29715
化学纤维制造业	15	1	325911	347161	
橡胶和塑料制品业	95	7	1409781	1395273	257847
非金属矿物制品业	140	8	1997806	1970772	18193
黑色金属冶炼和压延加工业	62	10	2963345	2872003	38269
有色金属冶炼和压延加工业	65	3	1333602	1307560	15881
金属制品业	106	8	1275016	1254763	21503
通用设备制造业	147	12	2121534	2092313	15226
专用设备制造业	100	8	2069061	2076580	925217
汽车制造业	51	6	1066051	1092938	126608
铁路、船舶、航空航天和其他运输设备制造业	18		177742	173403	
电气机械和器材制造业	160	10	3885572	3814674	195828
计算机、通信和其他电子设备制造业	61	10	5689888	5678975	3803859
仪器仪表制造业	35	1	413979	403958	170
其他制造业	24	1	178008	176716	2195
废弃资源综合利用业	16	2	357227	350240	
金属制品、机械和设备修理业	1		4404	4087	
电力、热力、燃气及水生产和供应业	24	6	796275	793761	
电力、热力生产和供应业	13	2	663583	660274	
燃气生产和供应业	3	1	87162.3	89056	
水的生产和供应业	8	3	45530.3	44430.7	

及以上工业企业主要指标（一）

业）

单位：万元、个

资产总计	流动资产合计	应收帐款	产成品	固定资产合计	负债合计	应付账款
20646698	**9306331**	**2359054**	**784648**	**9192427**	**10297717**	**1691811**
796256	203612	51406	3628	450627	465174	41290
796256	203612	51406	3628	450627	465174	41290
18324354	8705073	2235515	777572	7796047	8716501	1539070
876773	396144	101181	54644	385423	400441	59801
261158	134579	21676	7623	81109	95904	29277
361585	250836	5640	8867	80737	116301	16192
1052062	821214	20258	6589	105522	115386	61521
977324	506730	123169	50488	343741	655039	101397
605896	255351	67907	32160	313434	245829	35577
282582	119078	42699	14891	134017	123501	27136
277002	148161	19317	12592	94750	151039	9732
37009	19904	4446	601	11310	11462	2553
450908	182688	45848	19510	222662	231255	29598
122275	54274	15204	7249	60622	57485	11758
277886	152178	40773	24456	102041	153694	29697
205849	63312	7267	12222	127591	179378	38537
2281328	767563	191301	68753	1250418	1114381	171970
249186	112042	30734	16399	97426	137483	23061
141959	84676	31628	2305	47453	70388	17113
1028489	498524	241042	46689	477665	459441	32788
956713	425646	131911	25185	459986	476071	87722
1791903	656432	72965	93752	956472	1088362	246607
363960	192742	49133	7699	102576	194333	26933
491664	214081	70426	30123	207981	220618	39588
799691	373743	131579	44095	293276	396004	66379
735902	407173	139340	45238	264468	290360	81989
569125	294733	64496	23820	233617	267023	60382
82989	39298	13879	5025	26914	34666	3993
1505320	935711	386073	78985	477350	807288	153037
1137322	403854	78297	23150	717049	427761	16685
224748	125876	63890	10551	35126	122920	36541
66339	27092	9642	2249	30606	29306	14331
108928	41300	13714	1606	54666	43304	7179
480	140	79	56	40	77	
1526088	397646	72134	3448	945754	1116042	111452
1196637	285608	65925		795282	917495	100384
98889.2	29427.7	1669.2	2965.8	52643.5	61114.6	4175.3
230561.2	82611	4540.3	482	97828.7	137433.2	6892.7

年主营业务收入2000万元

（分行

	主营业务收入	主营业务成本	主营业务税金及附加	销售费用	管理费用
总计	**46899459**	**41121240**	**920017**	**959634**	**1248911**
采矿业	554816	453106	14004	24708	23508
煤炭开采和洗选业					
石油和天然气开采业					
黑色金属矿采选业					
有色金属矿采选业					
非金属矿采选业	554816	453106	14004	24708	23508
开采辅助活动					
其他采矿业					
制造业	45549930	40015123	900764	927895	1199632
农副食品加工业	4357879	3877781	20232	100397	102364
食品制造业	463285	377975	2261	11591	14993
酒、饮料和精制茶制造业	389750	199624	30184	48048	16387
烟草制品业	1031430	193672	605955	12519	36750
纺织业	2151746	1927169	8927	43192	54760
纺织服装、服饰业	2221255	1939592	14288	46746	69447
皮革、毛皮、羽毛及其制品和制鞋业	1289743	1159281	7310	19652	34809
木材加工和木、竹、藤、棕、草制品业	789470	722702	3607	7778	11982
家具制造业	50397	43354	102	2071	3023
造纸和纸制品业	1102660	970196	4261	24207	22719
印刷和记录媒介复制业	368479	326693	1704	5380	10273
文教、工美、体育和娱乐用品制造业	777889	628207	4538	41859	71617
石油加工、炼焦和核燃料加工业	840538	747837	71812	3053	24388
化学原料和化学制品制造业	3388314	3010088	13376	87616	118028
医药制造业	470803	361810	3228	35203	28487
化学纤维制造业	355672	295237	1646	13372	21357
橡胶和塑料制品业	1421350	1151946	9802	52023	68378
非金属矿物制品业	1990524	1782571	11277	35943	49427
黑色金属冶炼和压延加工业	3078921	2854484	11713	49749	62667
有色金属冶炼和压延加工业	1310164	1216896	4433	11452	19364
金属制品业	1316492	1139438	7461	35461	42695
通用设备制造业	2191611	1926397	20177	45179	70495
专用设备制造业	2099841	1885794	6398	35659	55226
汽车制造业	1141635	1020253	4105	23081	26167
铁路、船舶、航空航天和其他运输设备制造业	170323	142203	1236	5076	6751
电气机械和器材制造业	3926685	3564160	15869	60317	75838
计算机、通信和其他电子设备制造业	5919560	5726595	8539	44204	50715
仪器仪表制造业	389286	325568	2014	21124	18318
其他制造业	181352	163771	873	1906	3581
废弃资源综合利用业	358792	330451	3438	3889	8477
金属制品、机械和设备修理业	4087	3377		150	150
电力、热力、燃气及水生产和供应业	794714	653011	5249	7031	25771
电力、热力生产和供应业	658333	545652	4351	288	16569
燃气生产和供应业	91104.7	76908	682.4	2621.2	3469.1
水的生产和供应业	45276	30450	216	4123	5733

及以上工业企业主要指标（二）

业）

单位：万元、人

财务费用	利息收入	利息支出	利润总额	亏损企业亏损总额	利税总额	应交增值税
434797	**41059**	**377880**	**2289918**	**86877**	**4268448**	**1056871**
14179	933	11878	36535	5077	70914	20376
14179	933	11878	36535	5077	70914	20376
377221	38367	323409	2190593	74870	4100027	1007535
52738	436	46172	210774	1362	282088	50943
-541	2118	1316	57758	101	75845	15827
-597	1485	823	96735	39	155037	28119
-12057	12072		199313		943321	138053
27030	1442	21362	91834	4441	139174	38368
22914	254	15696	128775	2237	204715	61508
9486	155	7811	59671	490	94756	27774
4941	60	3369	40267	1944	68035	24142
570	1	59	1303	58	2529	1124
12898	154	10915	68858	2120	105953	32834
2681	65	2154	22685	877	33834	9445
6185	682	4421	25199	2593	54808	25050
4079	11172	4619	-11722	16684	86069	25979
40679	2270	38337	131280	17010	234954	90260
5634	180	4604	38241	2676	67613	26134
2774	32	1526	22014	1267	35064	11403
17900	623	17759	121859	527	157953	26290
14981	422	11281	98114	3611	169856	60390
34660	1189	28781	85671	2808	147173	49647
6743	104	3767	52478	107	72230	15318
14882	170	13282	78148	1702	115060	29441
25597	526	17139	104372	2389	171306	46726
15984	1496	15211	100580	2796	131718	24740
10354	59	9793	59238	2570	95908	32529
3669	64	3272	11641		17563	4650
37620	939	31145	173930	1695	257724	67757
8891	125	6669	82161	2020	109752	19013
2674	66	1719	19203	629	33234	11996
1204	3	208	10186	1	15901	4687
2649	7	204	9620	118	20326	7268
			410		530	120
43397	1759	42593	62791	6930	97507	28959
39044	751	38408	54092	2722	83280	24838
-390.3	756.5	315.1	8176.4	360.6	11303.8	2425.1
4744	252	3870	522	3847	2923	1697

国有和国有控股工

（分行

	企业单位数	亏损企业	工业总产值（当年价格）	工业销售产值（当年价格）	出口交货值
总　　计	**40**	**4**	**3904657**	**3928251**	**31928**
采矿业	7	1	402937	403068	4780
煤炭开采和洗选业					
石油和天然气开采业					
黑色金属矿采选业					
有色金属矿采选业					
非金属矿采选业	7	1	402937	403068	4780
开采辅助活动					
其他采矿业					
制造业	24	1	2858262	2884192	27148
农副食品加工业	4		73210	72688	
食品制造业					
酒、饮料和精制茶制造业	1		355348	327122	
烟草制品业	1		1044649	1044649	
纺织业					
纺织服装、服饰业					
皮革、毛皮、羽毛及其制品和制鞋业					
木材加工和木、竹、藤、棕、草制品业					
家具制造业					
造纸和纸制品业					
印刷和记录媒介复制业	1	1	2276	1933	
文教、工美、体育和娱乐用品制造业					
石油加工、炼焦和核燃料加工业	1		533117	532712	
化学原料和化学制品制造业	4		276452	334302	27148
医药制造业	1		32710	27702	
化学纤维制造业					
橡胶和塑料制品业	2		8468	10635	
非金属矿物制品业	2		84101	87111	
黑色金属冶炼和压延加工业	1		63117	62042	
有色金属冶炼和压延加工业	1		4681	4549	
金属制品业	1		110633	107820	
通用设备制造业	1		7123	8067	
专用设备制造业					
汽车制造业					
铁路、船舶、航空航天和其他运输设备制造业					
电气机械和器材制造业	2		260145	260669	
计算机、通信和其他电子设备制造业					
仪器仪表制造业	1		2232	2191	
其他制造业					
废弃资源综合利用业					
金属制品、机械和设备修理业					
电力、热力、燃气及水生产和供应业	9	2	643458	640992	
电力、热力生产和供应业	4	1	583197	579937	
燃气生产和供应业	1		32971	34865	
水的生产和供应业	4	1	27290	26190.4	

业 企 业 主 要 指 标（一）

业）

单位：万元、个

资产总计	流动资产合计	应收帐款	产成品	固定资产合计	负债合计	应付账款
4149460	**1878013**	**175165**	**67803**	**1860877**	**2139749**	**314289**
579039	142386	19494	2593	317229	336491	30582
579039	142386	19494	2593	317229	336491	30582
2476044	1472049	95382	64680	775893	999237	223432
17154	5214	389	269	10213	7232	1398
328988	240377	3055	7253	59402	97157	7157
1052062	821214	20258	6589	105522	115386	61521
2849	1513	195	475	1336	2280	134
110336	46878	5318	11127	55141	57182	27447
254974	85793	8344	14879	140919	187241	8378
19620	10842	5329	380	3892	10452	3127
36906	30294	1433	1678	3082	26384	662
75048	26010	1488	1558	40587	56824	27296
393908	81354			306255	293908	55069
625	622	49		3	521	
8053	2754	1763	644	5299	3791	1418
15720	6863	490	444	3674	13349	3341
158873	111551	46670	19383	40441	126753	26045
928	771	602		126	777	439
1094376	263579	60289	530	767756	804021	60275
946972	201795	58314		689294	718816	53737
6281	3942	657	191	1484	3706	2289
141123.8	57842	1317.6	339.2	76978.7	81499.3	4248.3

国有和国有控股工

（分行

	主营业务收入	主营业务成本	主营业务税金及附加	销售费用	管理费用
总　　计	**3968008**	**2543246**	**725606**	**127405**	**135443**
采矿业	406080	329566	11973	19454	18951
煤炭开采和洗选业					
石油和天然气开采业					
黑色金属矿采选业					
有色金属矿采选业					
非金属矿采选业	406080	329566	11973	19454	18951
开采辅助活动					
其他采矿业					
制造业	2925458	1689014	709334	102843	100889
农副食品加工业	72688	64246	2	1209	518
食品制造业					
酒、饮料和精制茶制造业	321806	138863	29346	46651	15056
烟草制品业	1031430	193672	605955	12519	36750
纺织业					
纺织服装、服饰业					
皮革、毛皮、羽毛及其制品和制鞋业					
木材加工和木、竹、藤、棕、草制品业					
家具制造业					
造纸和纸制品业					
印刷和记录媒介复制业	1843	2094	14	112	773
文教、工美、体育和娱乐用品制造业					
石油加工、炼焦和核燃料加工业	524973	435455	70957	2403	11150
化学原料和化学制品制造业	403388	358609	1430	10848	20613
医药制造业	27737	7957	395	15820	2337
化学纤维制造业					
橡胶和塑料制品业	8993	6792	40	376	1282
非金属矿物制品业	87016	74667	239	3906	2415
黑色金属冶炼和压延加工业	61816	61816			
有色金属冶炼和压延加工业	4549	4545			3
金属制品业	110046	90375	577	4942	4292
通用设备制造业	8097	5738	4	73	1928
专用设备制造业					
汽车制造业					
铁路、船舶、航空航天和其他运输设备制造业					
电气机械和器材制造业	258887	242233	376	3869	3667
计算机、通信和其他电子设备制造业					
仪器仪表制造业	2191	1952		116	104
其他制造业					
废弃资源综合利用业					
金属制品、机械和设备修理业					
电力、热力、燃气及水生产和供应业	636470	524666	4298	5109	15604
电力、热力生产和供应业	574526	476803	4112		10002
燃气生产和供应业	34865	29355	78	1149	1169
水的生产和供应业	27079	18508	107	3960	4433

业企业主要指标（二）

业）　　　　　　　　　　　　　　　　　　单位：万元、人

财务费用			利润总额	亏损企业	利税总额	应交增值税
	利息收入	利息支出		亏损总额		
53297	**16956**	**64858**	**398252**	**9893**	**1371199**	**246845**
11475	724	9475	22285	5077	44804	10546
11475	724	9475	22285	5077	44804	10546
3989	15354	17616	326999	834	1245663	209322
180	7	187	6534		10033	3497
-1484	1484		94006		150823	27471
-12057	12072		199313		943321	138053
94	1	95	-834	834	-685	136
488	5	487	665		94234	22611
8793	1705	9905	6883		15348	7034
14			1715		5168	3059
173	1	174	462		856	354
601	12	595	5855		8684	2590
			1		1	
3511		3511	6348		8677	1751
287	14	235	276		307	27
3388	54	2428	5764		8815	2675
0		0	11		84	64
37833	878	37767	48968	3982	80731	26977
35866	651	36316	47890	242	76258	24255
46		41	3068		4449	1302
1921	227	1410	-1990	3740	25	1420

国 有 工 业 企

（分行

	企业单位数	亏损企业	工业总产值（当年价格）	工业销售产值（当年价格）	出口交货值
总　　计	**14**	**1**	**1933501**	**1972692**	**2535**
采矿业	2		112150	112150	
煤炭开采和洗选业					
石油和天然气开采业					
黑色金属矿采选业					
有色金属矿采选业					
非金属矿采选业	2		112150	112150	
开采辅助活动					
其他采矿业					
制造业	8	1	1499969	1539967	2535
农副食品加工业	1		2686	2680	
食品制造业					
酒、饮料和精制茶制造业					
烟草制品业	1		1044649	1044649	
纺织业					
纺织服装、服饰业					
皮革、毛皮、羽毛及其制品和制鞋业					
木材加工和木、竹、藤、棕、草制品业					
家具制造业					
造纸和纸制品业					
印刷和记录媒介复制业	1	1	2276	1933	
文教、工美、体育和娱乐用品制造业					
石油加工、炼焦和核燃料加工业					
化学原料和化学制品制造业	1		84405	127738	2535
医药制造业					
化学纤维制造业					
橡胶和塑料制品业					
非金属矿物制品业					
黑色金属冶炼和压延加工业					
有色金属冶炼和压延加工业	1		4681	4549	
金属制品业	1		110633	107820	
通用设备制造业					
专用设备制造业					
汽车制造业					
铁路、船舶、航空航天和其他运输设备制造业					
电气机械和器材制造业	1		248407	248407	
计算机、通信和其他电子设备制造业					
仪器仪表制造业	1		2232	2191	
其他制造业					
废弃资源综合利用业					
金属制品、机械和设备修理业					
电力、热力、燃气及水生产和供应业	4		321382	320575	
电力、热力生产和供应业	1		305781	305781	
燃气生产和供应业					
水的生产和供应业	3		15602	14794	

业　主　要　指　标（一）

业）

单位：万元、个

资产总计	流动资产合计	应收帐款	产成品	固定资产合计	负债合计	应付账款
1898285	**1141069**	**103022**	**27704**	**585071**	**686074**	**115419**
42687	2779	1093	96	39889	2984	2315
42687	2779	1093	96	39889	2984	2315
1255383	955966	72074	27609	158845	280538	85803
2067	631	28			828	
1056188	825328	24239	6589	105522	119444	61521
2849	1513	195	475	1336	2280	134
63327	27906	2001	4225	21652	50138	1766
625	622	49		3	521	
8053	2754	1763	644	5299	3791	1418
121346	96441	43196	15675	24906	102759	20525
928	771	602		126	777	439
600215	182324	29855		386338	402552	27302
472012	133314	29687		314646	320223	23468
128203	49010	169		71692	82329	3834

（一）国　有　工　业　企

（分行

	主营业务收入	主营业务成本	主营业务税金及附加	销售费用	管理费用
总　计	**1971925**	**1014174**	**613385**	**24922**	**60079**
采矿业	112150	101855	3800	1118	1868
煤炭开采和洗选业					
石油和天然气开采业					
黑色金属矿采选业					
有色金属矿采选业					
非金属矿采选业	112150	101855	3800	1118	1868
开采辅助活动					
其他采矿业					
制造业	1535325	653878	606926	23053	49501
农副食品加工业	2680	2390		16	24
食品制造业					
酒、饮料和精制茶制造业					
烟草制品业	1031430	193677	605953	12514	36681
纺织业					
纺织服装、服饰业					
皮革、毛皮、羽毛及其制品和制鞋业					
木材加工和木、竹、藤、棕、草制品业					
家具制造业					
造纸和纸制品业					
印刷和记录媒介复制业	1843	2094	14	112	773
文教、工美、体育和娱乐用品制造业					
石油加工、炼焦和核燃料加工业					
化学原料和化学制品制造业	134179	123685	82	2518	6170
医药制造业					
化学纤维制造业					
橡胶和塑料制品业					
非金属矿物制品业					
黑色金属冶炼和压延加工业					
有色金属冶炼和压延加工业	4549	4545			3
金属制品业	110046	90375	577	4942	4292
通用设备制造业					
专用设备制造业					
汽车制造业					
铁路、船舶、航空航天和其他运输设备制造业					
电气机械和器材制造业	248407	235161	300	2835	1453
计算机、通信和其他电子设备制造业					
仪器仪表制造业	2191	1952		116	104
其他制造业					
废弃资源综合利用业					
金属制品、机械和设备修理业					
电力、热力、燃气及水生产和供应业	324450	258441	2659	751	8711
电力、热力生产和供应业	304318	245005	2182		5211
燃气生产和供应业					
水的生产和供应业	20132	13436	476	751	3500

业　　主　　要　　指　　标（二）

业）　　　　　　　　　　　　　　　　　　　　　　　　　　　　单位：万元、人

财务费用	利息收入	利息支出	利润总额	亏损企业亏损总额	利税总额	应交增值税
11548	**95**	**9355**	**242397**	**834**	**1020705**	**164916**
1324		554	2178		7435	1457
1324		554	2178		7435	1457
－3532	95	－4522	211387	834	962547	144226
2		2	248		440	192
－12057		－12072	199384		943377	138040
94	1	95	－834	834	－685	136
1964	52	1954	525		2609	2002
			1		1	
3511		3511	6348		8677	1751
2953	43	1988	5705		8046	2041
0		0	11		84	64
13755		13323	28831		50723	19233
12243		12363	28069		48317	18066
1513		960	763		2406	1167

集 体 工 业 企

（分行

	企业单位数	亏损企业	工业总产值（当年价格）	工业销售产值（当年价格）	出口交货值
总　　计	**11**		**230683**	**227973**	
采矿业					
煤炭开采和洗选业					
石油和天然气开采业					
黑色金属矿采选业					
有色金属矿采选业					
非金属矿采选业					
开采辅助活动					
其他采矿业					
制造业	11		230683	227973	
农副食品加工业					
食品制造业					
酒、饮料和精制茶制造业					
烟草制品业					
纺织业	2		64549	64549	
纺织服装、服饰业					
皮革、毛皮、羽毛及其制品和制鞋业					
木材加工和木、竹、藤、棕、草制品业					
家具制造业					
造纸和纸制品业					
印刷和记录媒介复制业	1		2000	2000	
文教、工美、体育和娱乐用品制造业					
石油加工、炼焦和核燃料加工业					
化学原料和化学制品制造业					
医药制造业	1		6507	6272	
化学纤维制造业					
橡胶和塑料制品业					
非金属矿物制品业	1		2504	2713	
黑色金属冶炼和压延加工业	2		45163	44931	
有色金属冶炼和压延加工业	1		63408	62140	
金属制品业					
通用设备制造业					
专用设备制造业					
汽车制造业	1		35989	34805	
铁路、船舶、航空航天和其他运输设备制造业					
电气机械和器材制造业					
计算机、通信和其他电子设备制造业					
仪器仪表制造业	2		10562	10562	
其他制造业					
废弃资源综合利用业					
金属制品、机械和设备修理业					
电力、热力、燃气及水生产和供应业					
电力、热力生产和供应业					
燃气生产和供应业					
水的生产和供应业					

业　主　要　指　标（一）

业）　　　　　　　　　　　　　　　　单位：万元、个

资产总计	流动资产合计	应收帐款	产成品	固定资产合计	负债合计	应付账款
33864	**24442**	**8174**	**1729**	**8195**	**19088**	**4297**
33864	24442	8174	1729	8195	19088	4297
5128	4262	1019	460	242	4977	56
1632	882	34		750	48	16
2714	542	16	4	2151	106	
5147	4759	2749	273	384	3097	1758
6272	2509	207	41	3263	6657	
465	238	174	44	227	302	101
8852	7812	2150	907	1040	2138	1990
3656	3439	1826		138	1763	376

集　体　工　业　企

（分行

	主营业务收入	主营业务成本	主营业务税金及附加	销售费用	管理费用
总　　计	**229735**	**203986**	**1303**	**8983**	**5437**
采矿业					
煤炭开采和洗选业					
石油和天然气开采业					
黑色金属矿采选业					
有色金属矿采选业					
非金属矿采选业					
开采辅助活动					
其他采矿业					
制造业	229735	203986	1303	8983	5437
农副食品加工业					
食品制造业					
酒、饮料和精制茶制造业					
烟草制品业					
纺织业	66311	57510	872	3621	867
纺织服装、服饰业					
皮革、毛皮、羽毛及其制品和制鞋业					
木材加工和木、竹、藤、棕、草制品业					
家具制造业					
造纸和纸制品业					
印刷和记录媒介复制业	2000	1709	9	2	110
文教、工美、体育和娱乐用品制造业					
石油加工、炼焦和核燃料加工业					
化学原料和化学制品制造业					
医药制造业	6272	5806			61
化学纤维制造业					
橡胶和塑料制品业					
非金属矿物制品业	2713	2043	23	307	160
黑色金属冶炼和压延加工业	44931	42435	35	267	360
有色金属冶炼和压延加工业	62140	58549	112	311	684
金属制品业					
通用设备制造业					
专用设备制造业					
汽车制造业	34805	26919	229	3829	2784
铁路、船舶、航空航天和其他运输设备制造业					
电气机械和器材制造业					
计算机、通信和其他电子设备制造业					
仪器仪表制造业	10562	9016	23	647	411
其他制造业					
废弃资源综合利用业					
金属制品、机械和设备修理业					
电力、热力、燃气及水生产和供应业					
电力、热力生产和供应业					
燃气生产和供应业					
水的生产和供应业					

业　主　要　指　标（二）

业）　　　　　　　　　　　　　　　　　　　　　　　　　　　　单位：万元、人

财务费用	利息收入	利息支出	利润总额	亏损企业亏损总额	利税总额	应交增值税
1053	**14**	**969**	**8095**		**17698**	**8290**
1053	14	969	8095		17698	8290
192		122	2709		6973	3382
-14	14	0	182		261	71
54		31	351		741	390
75	1	76	104		315	188
289		285	1579		2476	862
435		435	2051		3374	1212
			1044		3188	1914
21	0	20	74		370	273

私　营　工　业　企

（分行

	企业单位数	亏损企业	工业总产值（当年价格）	工业销售产值（当年价格）	出口交货值
总　　计	**1551**	**108**	**22754470**	**22371875**	**254440**
采矿业	6		46501	45361	
煤炭开采和洗选业					
石油和天然气开采业					
黑色金属矿采选业					
有色金属矿采选业					
非金属矿采选业	6		46501	45361	
开采辅助活动					
其他采矿业					
制造业	1541	108	22679260	22297806	254440
农副食品加工业	163	9	2672792	2615924	165
食品制造业	12	2	191379	187267	15
酒、饮料和精制茶制造业	1		8478	8204	
烟草制品业					
纺织业	96	5	1453169	1420689	10519
纺织服装、服饰业	126	5	1399188	1357036	78536
皮革、毛皮、羽毛及其制品和制鞋业	63	5	714464	698791	6416
木材加工和木、竹、藤、棕、草制品业	64	4	628220	603557	
家具制造业	5	2	25682	24937	2742
造纸和纸制品业	47	3	795736	799639	1005
印刷和记录媒介复制业	16	1	282826	278378	
文教、工美、体育和娱乐用品制造业	42	3	632992	623598	9765
石油加工、炼焦和核燃料加工业	9	1	138361	135993	
化学原料和化学制品制造业	101	10	1865857	1826220	700
医药制造业	13	3	270980	270252	3206
化学纤维制造业	12		160885	154232	
橡胶和塑料制品业	59	3	539268	526878	
非金属矿物制品业	105	6	1428999	1403036	12170
黑色金属冶炼和压延加工业	48	7	1514022	1494788	
有色金属冶炼和压延加工业	45	1	797062	777141	
金属制品业	76	3	877255	859786	2031
通用设备制造业	113	10	1554593	1519506	8554
专用设备制造业	73	6	943680	949082	111369
汽车制造业	37	4	661503	687998	3169
铁路、船舶、航空航天和其他运输设备制造业	13		161788	157563	
电气机械和器材制造业	110	6	1762511	1740152	
计算机、通信和其他电子设备制造业	36	5	451498	442887	4047
仪器仪表制造业	24	1	269963	266523	32
其他制造业	20	1	155371	155137	
废弃资源综合利用业	12	2	320738	312612	
金属制品、机械和设备修理业					
电力、热力、燃气及水生产和供应业	4		28709	28709	
电力、热力生产和供应业	3		23998	23998	
燃气生产和供应业					
水的生产和供应业	1		4711	4711	

业　主　要　指　标（一）

业）

单位：万元、个

资产总计	流动资产合计	应收帐款	产成品	固定资产合计	负债合计	应付账款
7429824	**3496522**	**1065773**	**391060**	**3117211**	**3552945**	**652023**
16577	7788	4334	417	5521	6483	632
16577	7788	4334	417	5521	6483	632
7348995	3444651	1059686	390642	3100328	3496344	627370
566137	254590	49505	35475	242783	253887	31751
50383	27716	5051	4127	20064	24558	4134
1295	331	16	246	866	36	10
383931	157497	45622	21802	158852	190725	41003
354882	146763	41090	18436	181364	138391	17130
158185	67151	19741	9424	73358	80998	17879
196456	101118	16624	10760	67379	97126	9363
6155	2939	1964	320	1086	3193	775
293056	107750	28311	14696	153204	146711	16857
68095	23272	9119	3005	42378	30949	3648
202832	107659	30799	21845	76250	97079	22186
17481	8255	1846	678	7929	9967	361
609771	283915	80518	24477	258795	283816	36718
137979	62017	15110	8550	59654	59760	6909
63554	34408	5383	1201	21457	27697	2196
189432	91316	35086	11758	88560	69446	15186
633600	270146	98868	14774	322993	281260	44314
503148	190283	63028	30237	277023	294849	71805
207456	111311	22502	5680	63955	107781	21142
314279	138129	49338	21205	136043	146189	14825
501625	212852	84222	28785	193483	251324	35897
435575	255892	106202	33533	146465	191773	61323
327940	210679	48010	19968	93568	191995	50549
72318	32979	11597	4960	24373	27439	2444
542379	305111	98891	27877	192035	261381	42035
217670	88008	24574	9561	120987	98152	12570
177810	99043	50119	4858	29251	97762	33102
40422	16964	4772	915	15780	15342	4080
75150	36558	11777	1489	30394	16760	7179
64252	44083	1752		11362	50118	24021
48413	38766	1539		3958	40632	23689
15840	5317	213		7405	9486	332

（一）私营工业企

（分行

	主营业务收入	主营业务成本	主营业务税金及附加	销售费用	管理费用
总计	**22877265**	**20176587**	**126036**	**516269**	**657215**
采矿业	47828	42606	313	867	999
煤炭开采和洗选业					
石油和天然气开采业					
黑色金属矿采选业					
有色金属矿采选业					
非金属矿采选业	47828	42606	313	867	999
开采辅助活动					
其他采矿业					
制造业	22792752	20102384	125548	515217	653369
农副食品加工业	2658237	2413058	13870	47385	54394
食品制造业	190618	169487	1068	5742	6261
酒、饮料和精制茶制造业	8204	7326	89	111	328
烟草制品业					
纺织业	1441116	1286740	5759	31285	33516
纺织服装、服饰业	1383941	1209216	10007	29127	39357
皮革、毛皮、羽毛及其制品和制鞋业	717473	642622	4979	10912	19033
木材加工和木、竹、藤、棕、草制品业	610253	556603	2878	6219	9332
家具制造业	24985	20319	64	1673	2094
造纸和纸制品业	818778	722714	3401	17114	16212
印刷和记录媒介复制业	275038	246055	1074	4177	5868
文教、工美、体育和娱乐用品制造业	655353	523950	3754	36995	62264
石油加工、炼焦和核燃料加工业	131851	124372	855	609	1427
化学原料和化学制品制造业	1827008	1596528	7938	54465	58013
医药制造业	264190	199500	1827	15819	18932
化学纤维制造业	154158	138634	895	2675	3230
橡胶和塑料制品业	542590	456483	4962	12832	18021
非金属矿物制品业	1409055	1259141	8880	25456	35118
黑色金属冶炼和压延加工业	1543419	1366661	7224	32821	42946
有色金属冶炼和压延加工业	778301	717223	2741	6007	11664
金属制品业	908616	794901	5284	21677	26890
通用设备制造业	1604681	1403230	11554	37220	51542
专用设备制造业	967088	801510	4963	30588	38637
汽车制造业	734594	658489	2241	13710	14782
铁路、船舶、航空航天和其他运输设备制造业	154582	129105	1174	4751	6081
电气机械和器材制造业	1819058	1635392	10683	31899	39271
计算机、通信和其他电子设备制造业	433056	370625	2537	12735	15304
仪器仪表制造业	258184	215436	1246	16352	11915
其他制造业	157111	141573	777	1570	3055
废弃资源综合利用业	321218	295492	2823	3294	7880
金属制品、机械和设备修理业					
电力、热力、燃气及水生产和供应业	36685	31597	175	185	2847
电力、热力生产和供应业	31974	28097	82	22	2544
燃气生产和供应业					
水的生产和供应业	4711	3501	94	163	303

业　主　要　指　标（二）

业）

单位：万元、人

财务费用	利息收入	利息支出	利润总额	亏损企业亏损总额	利税总额	应交增值税
224249	**5510**	**170506**	**1188011**	**20386**	**1850511**	**535733**
310	20	14	2539		3902	1050
310	20	14	2539		3902	1050
223433	5414	170470	1184098	20386	1844932	534555
21051	364	14972	113053	1095	153383	26321
1315	17	974	6749	55	11693	3876
91			259		457	109
16387	636	12104	67197	200	96943	23952
13119	244	9847	84550	1315	136984	42391
4505	33	3278	35154	265	58104	17971
3735	35	2331	32045	515	53229	18287
170		51	643	58	1513	806
9337	25	7703	49555	1485	80673	27717
2344	10	1983	15562	42	22615	5980
4448	663	3518	23748	258	50469	22946
573	0	135	4016	282	8238	3368
18399	134	15321	95104	2513	150902	47821
2867	138	1945	26341	701	44145	15968
1081	21	421	7644		11791	3252
7161	74	5419	42764	144	58803	11077
10651	194	7029	70134	1827	122910	43821
19402	476	17225	74335	1369	110502	28941
4535	71	2625	37475	96	51213	10997
8154	101	6970	52330	664	80462	22839
20743	190	14493	81370	2169	131219	38266
12569	1152	12381	77942	2521	103406	20501
7206	46	6677	38617	864	61254	20358
3499	63	3212	10260		15296	3860
18494	566	12808	82444	844	134273	41036
6562	87	5554	25590	357	40967	12840
1423	65	1143	11475	629	20743	8009
1031	3	148	8883	1	14019	4203
2581	6	204	8863	118	18728	7042
506	76	21	1374		1677	128
193	76	21	1037		1119	
313			337		559	128

外 商 和 港 澳 台 工

（分行

	企业单位数	亏损企业	工业总产值（当年价格）	工业销售产值（当年价格）	出口交货值
总　　计	**191**	**31**	**10847640**	**10727193**	**5339548**
采矿业	2		26570	29283	
煤炭开采和洗选业					
石油和天然气开采业					
黑色金属矿采选业					
有色金属矿采选业					
非金属矿采选业	2		26570	29283	
开采辅助活动					
其他采矿业					
制造业	182	27	10733672	10610513	5339548
农副食品加工业	3		124549	116135	
食品制造业	3		231561	198177	3017
酒、饮料和精制茶制造业	2	1	12124	12024	
烟草制品业					
纺织业	11	2	174939	162070	8730
纺织服装、服饰业	22	2	474015	471687	134360
皮革、毛皮、羽毛及其制品和制鞋业	15	2	411305	406745	20730
木材加工和木、竹、藤、棕、草制品业	6	3	76306	76413	152
家具制造业	5		17262	16611	
造纸和纸制品业	3	2	43647	43466	
印刷和记录媒介复制业	4		34870	33099	
文教、工美、体育和娱乐用品制造业	5	2	43947	43947	36939
石油加工、炼焦和核燃料加工业					
化学原料和化学制品制造业	9	2	402904	396159	
医药制造业	3		83157	77548	26508
化学纤维制造业	2		154947	155089	
橡胶和塑料制品业	12	1	607298	606857	253575
非金属矿物制品业	10	1	203848	202525	6023
黑色金属冶炼和压延加工业	3	1	109326	109291	
有色金属冶炼和压延加工业	2		30706	29802	15881
金属制品业	6		82715	86972	19472
通用设备制造业	9	1	92288	89043	1500
专用设备制造业	9		845497	841020	813600
汽车制造业	5	2	61811	60965	1227
铁路、船舶、航空航天和其他运输设备制造业	1		4512	4198	
电气机械和器材制造业	18	3	1328524	1291405	195828
计算机、通信和其他电子设备制造业	12	2	5063913	5062623	3799812
仪器仪表制造业					
其他制造业	2		17702	16643	2195
废弃资源综合利用业					
金属制品、机械和设备修理业					
电力、热力、燃气及水生产和供应业	7	4	87398	87398	
电力、热力生产和供应业	2	1	19677	19677	
燃气生产和供应业	2	1	54191	54191	
水的生产和供应业	3	2	13529	13529	

业企业主要指标（一）

业）　　　　　　　　　　　　　　　　　　　　　　　　　　　　单位：万元、个

资产总计	流动资产合计	应收帐款	产成品	固定资产合计	负债合计	应付账款
4586214	**1886747**	**676170**	**128582**	**2304633**	**2043922**	**283643**
51996	10435	5864		38632	24210	663
51996	10435	5864		38632	24210	663
4347299	1823513	663795	125665	2188924	1896692	275463
29732	19565	7079	937	7287	14759	6450
173525	83433	15224	2150	57460	45084	24333
17815	6121	368	565	11436	10750	5633
232295	145244	21314	6742	54811	169826	14462
167563	70154	18865	8616	92301	70899	12569
71340	39743	18918	3874	23124	30906	6030
33622	13428	89	1400	17958	22010	-3286
23259	10970	1884	280	8624	4320	1778
33543	16363	5065	824	9552	15266	
33614	21611	3722	2646	8748	14587	5827
37912	20130	5109	1505	14493	36034	3142
833943	124364	69174	15211	616738	275178	56533
40242	22253	6229	3092	11383	16902	7075
57551	34545	15057	1104	21311	23335	3473
690144	331072	186547	27499	327954	329452	9461
149257	79294	18077	5853	57062	84530	9703
26317	14100	2462	1602	7731	11495	2133
16737	12441	5860	860	3438	5953	3795
73465	34385	11527	5762	35043	26681	10528
82568	49534	9717	1528	18823	40124	9148
184949	76832	12127	1010	86580	34257	8688
57142	25671	6986	712	16227	11448	3885
1331	521	299		810	463	
492000	380473	179768	18325	91371	287702	62575
763243	181535	37613	12236	575162	301367	1289
24189	9730	4717	1333	13496	13367	10241
186919	52799	6511	2917	77077	123020	7517
20713	7861	2490		12472	19163	3319
92609	25486	1012	2775	51160	57409	1886
73598	19452	3010	143	13445	46448	2312

外商和港澳台工

（分行

	主营业务收入	主营业务成本	主营业务税金及附加	销售费用	管理费用
总计	**11087849**	**10320269**	**24398**	**161136**	**218454**
采矿业	29325	17732	468	3667	1077
煤炭开采和洗选业					
石油和天然气开采业					
黑色金属矿采选业					
有色金属矿采选业					
非金属矿采选业	29325	17732	468	3667	1077
开采辅助活动					
其他采矿业					
制造业	10970952	10230513	23245	155997	211480
农副食品加工业	118585	102866	1	4646	3539
食品制造业	225506	169001	1021	5064	6885
酒、饮料和精制茶制造业	12129	11198	552	120	94
烟草制品业					
纺织业	164140	152941	600	2011	6354
纺织服装、服饰业	480146	415615	2768	10032	18461
皮革、毛皮、羽毛及其制品和制鞋业	394969	353219	1441	7266	13390
木材加工和木、竹、藤、棕、草制品业	76632	70561	310	420	906
家具制造业	16525	14949	38	239	566
造纸和纸制品业	43528	37953	107	2361	1537
印刷和记录媒介复制业	33396	24574	257	469	2619
文教、工美、体育和娱乐用品制造业	45023	39005	271	1687	3615
石油加工、炼焦和核燃料加工业					
化学原料和化学制品制造业	402484	360534	1089	10454	8383
医药制造业	83603	58504	640	16503	3944
化学纤维制造业	157391	112186	751	10560	17722
橡胶和塑料制品业	609954	462667	2891	32737	42166
非金属矿物制品业	204824	182695	1100	3659	6904
黑色金属冶炼和压延加工业	109273	102931	744	1235	2439
有色金属冶炼和压延加工业	29712	28543	17	186	580
金属制品业	92414	72913	608	4657	4096
通用设备制造业	96668	75467	1748	2974	7304
专用设备制造业	845499	830723	216	348	5757
汽车制造业	63450	61018	222	683	2665
铁路、船舶、航空航天和其他运输设备制造业	4198	3906	9	19	18
电气机械和器材制造业	1324415	1229876	2158	12797	19465
计算机、通信和其他电子设备制造业	5316973	5238722	3611	24598	31602
仪器仪表制造业					
其他制造业	19519	17948	74	272	468
废弃资源综合利用业					
金属制品、机械和设备修理业					
电力、热力、燃气及水生产和供应业	87571	72023	684	1473	5898
电力、热力生产和供应业	17846	16029	65		2600
燃气生产和供应业	56240	47553	604	1473	2300
水的生产和供应业	13486	8442	15		998

业企业主要指标（二）

业）　　　　　　　　　　　　　　　　　　　　　　　　　　　　单位：万元、人

财务费用	利息收入	利息支出	利润总额	亏损企业亏损总额	利税总额	应交增值税
42463	**4047**	**44059**	**336138**	**17854**	**466076**	**105443**
796	26	625	5668		7986	1849
796	26	625	5668		7986	1849
38668	3239	40700	323446	14906	448598	101829
76	51	121	7695		9762	2067
−2205	2094		46418		58493	11055
−13	0	12	179	39	787	56
2	127	397	1715	3690	4492	2177
6444	4	4902	27017	138	41387	11525
4364	73	4039	16172	129	22568	4955
777	18	788	3816	1429	6605	2479
167	1	7	567		909	304
454		362	1648	635	1755	
79	39	5	5621		8001	2124
1369		717	−921	2335	−633	17
4649	15	4599	19207	272	33438	13142
38	34	56	4502		10306	5164
1267	11	1105	15637		24539	8151
6066	484	8741	64385	72	75950	8674
1705	41	2893	9344	1612	17150	6706
518	1	104	1519	470	3052	790
69	0		313		330	
1416	22	1283	9638		12966	2719
985	93	217	8220	134	11487	1519
811	46	283	7753		8459	491
411	13	387	−654	1707	911	1343
25			221		790	560
7478	67	9162	54263	842	67559	11137
1608	6	459	18138	1403	25945	4195
112	0	60	1037		1591	480
2998	782	2734	7023	2948	9493	1765
925			−261	2480	298	494
−436	757	274	5108	361	6855	1123
2510	25	2460	2176	107	2339	148

民　营　工　业　企

（分行

	企业单位数	亏损企业	工业总产值（当年价格）	工业销售产值（当年价格）	出口交货值
总　计	**1995**	**152**	**31628782**	**31112437**	**516384**
采矿业	11		117307	113388	
煤炭开采和洗选业					
石油和天然气开采业					
黑色金属矿采选业					
有色金属矿采选业					
非金属矿采选业	11		117307	113388	
开采辅助活动					
其他采矿业					
制造业	1976	152	31446056	30933679	516384
农副食品加工业	195	12	4201027	4116487	165
食品制造业	20	3	239446	234420	10118
酒、饮料和精制茶制造业	3		56931	55254	
烟草制品业					
纺织业	132	10	2009826	1967513	30703
纺织服装、服饰业	162	9	1756294	1702985	96278
皮革、毛皮、羽毛及其制品和制鞋业	79	6	895098	872311	6416
木材加工和木、竹、藤、棕、草制品业	77	4	728937	703222	
家具制造业	7	2	34690	33945	2742
造纸和纸制品业	67	3	1035496	1035666	1005
印刷和记录媒介复制业	23	1	343092	337054	
文教、工美、体育和娱乐用品制造业	51	3	712084	701590	9765
石油加工、炼焦和核燃料加工业	10	2	313431	311063	
化学原料和化学制品制造业	136	16	2630169	2585598	44304
医药制造业	20	5	364195	364673	3206
化学纤维制造业	13	1	170964	192072	
橡胶和塑料制品业	81	6	794015	777781	4272
非金属矿物制品业	128	7	1709857	1681136	12170
黑色金属冶炼和压延加工业	58	9	2790902	2700670	38269
有色金属冶炼和压延加工业	62	3	1298215	1273210	
金属制品业	99	8	1081668	1059971	2031
通用设备制造业	137	11	2022124	1995203	13726
专用设备制造业	91	8	1223564	1235560	111617
汽车制造业	46	4	1004240	1031973	125381
铁路、船舶、航空航天和其他运输设备制造业	17		173230	169205	
电气机械和器材制造业	140	7	2296902	2262600	
计算机、通信和其他电子设备制造业	49	8	625975	616352	4047
仪器仪表制造业	34	1	411747	401767	170
其他制造业	22	1	160306	160073	
废弃资源综合利用业	16	2	357227	350240	
金属制品、机械和设备修理业	1		4404	4087	
电力、热力、燃气及水生产和供应业	8		65420	65371	
电力、热力生产和供应业	7		60709	60660	
燃气生产和供应业					
水的生产和供应业	1		4711	4711	

业　　主　　要　　指　　标（一）

业）

单位：万元、个

资产总计	流动资产合计	应收帐款	产成品	固定资产合计	负债合计	应付账款
11911025	**5541571**	**1507719**	**588263**	**5026916**	**6114046**	**1093879**
165221	50791	26048	1035	94766	104473	10044
165221	50791	26048	1035	94766	104473	10044
11501012	5409511	1476337	587228	4831230	5820571	1040175
829887	371365	93713	53438	367923	378450	51954
87632	51147	6451	5473	23649	50820	4944
14783	4338	2217	1050	9898	8394	3403
745029	361486	101855	43746	288930	485213	86935
438333	185196	49041	23544	221133	174930	23007
211242	79334	23781	11017	110892	92595	21105
243380	134733	19228	11192	76792	129030	13019
13750	8934	2563	320	2687	7142	775
417365	166324	40784	18686	213110	215989	29598
85811	31150	11287	4128	50538	40619	5797
239974	132048	35664	22951	87547	117660	26556
95514	16435	1950	1095	72450	122197	11089
1192410	557406	113783	38663	492761	651962	107058
189324	78947	19176	12927	82150	110128	12860
84408	50131	16571	1201	26142	47053	13640
301439	137158	53062	17512	146629	103605	22664
732408	320342	112347	17774	362337	334717	50722
1371678	560977	70504	92150	642486	782959	189405
346597	179680	43224	6839	99135	187859	23138
410147	176943	57136	23717	167639	190147	27642
701403	317347	121372	42123	270779	342531	53890
550953	330342	127214	44229	177889	256104	73301
511983	269062	57511	23108	217390	255575	56497
81658	38777	13580	5025	26104	34203	3993
854447	443687	159635	41278	345539	392833	64417
374080	222319	40684	10914	141887	126394	15396
223820	125105	63289	10551	35000	122144	36102
42150	17362	4925	915	17110	15940	4090
108928	41300	13714	1606	54666	43304	7179
480	140	79	56	40	77	
244792	81269	5334		100921	189001	43660
228952	75951	5121		93516	179516	43328
15840	5317	213		7405	9486	332

民　营　工　业　企

（分行

	主营业务收入	主营业务成本	主营业务税金及附加	销售费用	管理费用
总　　计	**31843603**	**28257724**	**170014**	**671093**	**895014**
采矿业	119411	105808	1562	1587	3481
煤炭开采和洗选业					
石油和天然气开采业					
黑色金属矿采选业					
有色金属矿采选业					
非金属矿采选业	119411	105808	1562	1587	3481
开采辅助活动					
其他采矿业					
制造业	31653520	28095596	168185	669056	887264
农副食品加工业	4166606	3710670	20230	94543	98307
食品制造业	237778	208974	1240	6527	8108
酒、饮料和精制茶制造业	55815	49563	286	1277	1237
烟草制品业					
纺织业	1987606	1774228	8327	41181	48406
纺织服装、服饰业	1741109	1523977	11520	36714	50987
皮革、毛皮、羽毛及其制品和制鞋业	894774	806062	5869	12387	21418
木材加工和木、竹、藤、棕、草制品业	712838	652141	3296	7358	11076
家具制造业	33872	28405	64	1832	2457
造纸和纸制品业	1059132	932243	4154	21846	21182
印刷和记录媒介复制业	333240	300025	1433	4799	6881
文教、工美、体育和娱乐用品制造业	732866	589202	4267	40172	68003
石油加工、炼焦和核燃料加工业	315565	312383	855	650	13238
化学原料和化学制品制造业	2582442	2290945	10857	66314	89031
医药制造业	359463	295349	2193	2881	22206
化学纤维制造业	198282	183052	895	2812	3636
橡胶和塑料制品业	802403	682486	6871	18909	24929
非金属矿物制品业	1698685	1525209	9938	28378	40108
黑色金属冶炼和压延加工业	2907832	2689738	10969	48514	60228
有色金属冶炼和压延加工业	1275903	1183808	4416	11266	18781
金属制品业	1114033	976150	6275	25862	34307
通用设备制造业	2086847	1845193	18425	42132	61263
专用设备制造业	1254342	1055072	6183	35310	49469
汽车制造业	1078186	959235	3883	22398	23502
铁路、船舶、航空航天和其他运输设备制造业	166125	138298	1228	5057	6733
电气机械和器材制造业	2343383	2092050	13334	43651	52705
计算机、通信和其他电子设备制造业	602587	487873	4928	19607	19113
仪器仪表制造业	387095	323616	2014	21008	18215
其他制造业	161833	145823	798	1635	3114
废弃资源综合利用业	358792	330451	3438	3889	8477
金属制品、机械和设备修理业	4087	3377		150	150
电力、热力、燃气及水生产和供应业	70672	56321	267	450	4269
电力、热力生产和供应业	65961	52821	174	288	3966
燃气生产和供应业					
水的生产和供应业	4711	3501	94	163	303

业　　主　　要　　指　　标（二）

业）

单位：万元、人

财务费用	利息收入	利息支出	利润总额	亏损企业 亏损总额	利税总额	应交增值税
339037	**20056**	**268964**	**1555528**	**59130**	**2431174**	**704583**
1908	183	1778	8582		18125	7982
1908	183	1778	8582		18125	7982
334563	19773	265094	1540148	59130	2405766	696385
52482	377	45865	196546	1362	262293	45379
1664	24	1316	11340	101	17353	4772
901	0	810	2551		3428	591
27029	1316	20965	90119	750	134682	36191
16471	250	10794	101758	2098	163328	49983
5122	82	3773	43498	361	72188	22819
4165	42	2581	36451	515	61430	21663
404		51	737	58	1620	820
12443	154	10553	67210	1485	104199	32834
2507	25	2054	17898	42	26518	7185
4816	682	3704	26120	258	55441	25033
3590	11167	4132	－12387	16684	－8164	3368
27236	551	23833	105189	16738	186169	70084
5583	146	4548	32024	2676	52138	17911
1506	21	421	6377	1267	10524	3252
11661	138	8844	57012	455	81147	17263
12675	369	7793	82915	1999	144022	51094
34142	1187	28677	84152	2338	144121	48858
6674	104	3767	52165	107	71900	15318
9955	148	8487	62162	1702	93417	24971
24326	419	16687	95876	2255	159512	45181
15173	1450	14928	92827	2796	123259	24249
9944	46	9406	59892	864	94997	31186
3644	64	3272	11420		16773	4090
26755	817	19554	113903	853	181350	53946
7283	119	6210	64022	616	83808	14817
2673	66	1718	19191	629	33151	11932
1092	3	148	9149	1	14309	4206
2649	7	204	9620	118	20326	7268
			410		530	120
2566	100	2092	6799		7283	217
2253	100	2092	6462		6724	88
313			337		559	128

大　中　型　工　业　企

（分行

	企业单位数	亏损企业	工业总产值（当年价格）	工业销售产值（当年价格）	出口交货值
总　　计	**214**	**28**	**20006336**	**19860330**	**5595938**
采矿业	3		195737	193128	4780
煤炭开采和洗选业					
石油和天然气开采业					
黑色金属矿采选业					
有色金属矿采选业					
非金属矿采选业	3		195737	193128	4780
开采辅助活动					
其他采矿业					
制造业	207	28	19287674	19144277	5591158
农副食品加工业	10		1097479	1080763	
食品制造业	2		247180	212499	
酒、饮料和精制茶制造业	1		355348	327122	
烟草制品业	1		1044649	1044649	
纺织业	18	4	896040	869424	26846
纺织服装、服饰业	33	6	702608	693840	191739
皮革、毛皮、羽毛及其制品和制鞋业	12	2	442147	438745	16639
木材加工和木、竹、藤、棕、草制品业	1		33823	33823	
家具制造业					
造纸和纸制品业	2		83062	93965	
印刷和记录媒介复制业	5		167569	161741	
文教、工美、体育和娱乐用品制造业	4	1	292655	291271	10631
石油加工、炼焦和核燃料加工业	2	1	708187	707783	
化学原料和化学制品制造业	18	5	1004994	1057025	27151
医药制造业	5	1	144670	143591	28071
化学纤维制造业	1		126793	126793	
橡胶和塑料制品业	10	1	607010	605881	251980
非金属矿物制品业	5		256319	253795	7038
黑色金属冶炼和压延加工业	9	1	1862358	1780415	38269
有色金属冶炼和压延加工业	1		28380	28302	
金属制品业	4		104299	111064	12315
通用设备制造业	13		396327	404373	5172
专用设备制造业	8	1	1151150	1169556	915328
汽车制造业	9	2	491445	511080	66678
铁路、船舶、航空航天和其他运输设备制造业	1		2001	2001	
电气机械和器材制造业	20	1	1897850	1855854	193488
计算机、通信和其他电子设备制造业	10	2	5107266	5106104	3799812
仪器仪表制造业	1		20559	18371	
其他制造业	1		15507	14448	
废弃资源综合利用业					
金属制品、机械和设备修理业					
电力、热力、燃气及水生产和供应业	4		522925	522925	
电力、热力生产和供应业	2		461176	461176	
燃气生产和供应业	1		51572	51572	
水的生产和供应业	1		10178	10178	

业　主　要　指　标（一）

业）

单位：万元、个

资产总计	流动资产合计	应收帐款	产成品	固定资产合计	负债合计	应付账款
10668396	**4763707**	**996720**	**363925**	**5033034**	**5491590**	**871324**
494135	129845	11844	2420	259712	282034	27660
494135	129845	11844	2420	259712	282034	27660
9225123	4418757	940551	361505	4113336	4493701	802033
192606	91003	23008	12758	92380	104375	11495
169341	82152	9682	2395	54597	47363	21695
328988	240377	3055	7253	59402	97157	7157
1056188	825328	24239	6589	105522	119444	61521
572202	331287	71804	28161	196902	451876	65711
194123	95371	21162	10025	90936	98521	14332
63475	36215	17888	2574	22261	26826	5392
18819	14199		15	2534	14949	1598
56786	29427	3726	2246	22492	51231	3372
55311	23155	4643	4758	29871	30853	7604
97686	52197	16815	8203	41520	62851	8936
188368	55058	5422	11544	119662	169411	38176
1429411	406215	81631	33041	874270	735112	95634
130773	56377	17383	7968	48861	79213	15196
29984	18620	6065	889	11364	9964	1139
623229	282832	182059	24995	320589	281395	7734
109042	75890	18111	3834	27461	71475	7414
1470509	535687	49715	73131	801476	938513	228630
8334	5785	111	80	2337	7817	1318
76795	44727	17906	9443	27022	41413	7244
182958	68661	20648	15119	97960	84315	14883
317683	178657	39972	24594	124594	75666	35543
241689	118933	27460	11494	103252	100723	35667
300	300	222		1	160	
791485	546680	226424	43006	224880	452905	88468
773875	177397	39154	15743	593681	317704	4740
22817	18011	7985	325	4319	10350	1195
22347	8218	4263	1323	13191	12119	10241
949137	215104	44325		659986	715855	41630
793336	173121	43442		566990	598217	36388
78278	17952	884		46231	52219	1408
77524	24031			46765	65419	3834

大 中 型 工 业 企

（分行

	主营业务收入	主营业务成本	主营业务税金及附加	销售费用	管理费用
总　　计	**20712369**	**17948915**	**766159**	**434125**	**549794**
采矿业	199156	143043	4512	14788	16215
煤炭开采和洗选业					
石油和天然气开采业					
黑色金属矿采选业					
有色金属矿采选业					
非金属矿采选业	199156	143043	4512	14788	16215
开采辅助活动					
其他采矿业					
制造业	19988462	17382575	757029	417248	521819
农副食品加工业	1102564	970645	4947	33857	23939
食品制造业	241451	177830	1401	9319	10398
酒、饮料和精制茶制造业	321806	139860	29346	46651	15056
烟草制品业	1031430	193677	605953	12514	36681
纺织业	889201	794337	2915	23587	28626
纺织服装、服饰业	730391	634280	4526	18558	33201
皮革、毛皮、羽毛及其制品和制鞋业	438649	401264	2046	6421	12322
木材加工和木、竹、藤、棕、草制品业	35604	34809	132		243
家具制造业					
造纸和纸制品业	98910	89687	126	1438	1745
印刷和记录媒介复制业	157640	143406	257	475	3188
文教、工美、体育和娱乐用品制造业	323131	252205	1139	23685	34978
石油加工、炼焦和核燃料加工业	708687	623465	70957	2444	22960
化学原料和化学制品制造业	1130003	982422	4513	46055	61989
医药制造业	134829	67009	1703	29289	19269
化学纤维制造业	132416	101586	401	10526	15052
橡胶和塑料制品业	609005	471500	2424	30065	39178
非金属矿物制品业	298901	275589	1330	3018	4815
黑色金属冶炼和压延加工业	1971228	1840224	6954	34005	41004
有色金属冶炼和压延加工业	28302	25821	142	283	1132
金属制品业	128603	108429	567	3025	4930
通用设备制造业	424431	370360	2679	9067	13633
专用设备制造业	1171759	1095043	1325	9814	20491
汽车制造业	545698	491687	1749	12019	13593
铁路、船舶、航空航天和其他运输设备制造业	2001	1913	34		18
电气机械和器材制造业	1941162	1800495	5232	21531	27865
计算机、通信和其他电子设备制造业	5357376	5269148	4080	27783	33225
仪器仪表制造业	16009	9937	78	1591	1982
其他制造业	17274	15946	74	229	307
废弃资源综合利用业					
金属制品、机械和设备修理业					
电力、热力、燃气及水生产和供应业	524751	423298	4619	2090	11760
电力、热力生产和供应业	455864	367940	3560		7740
燃气生产和供应业	53968	44820	604	1339	1805
水的生产和供应业	14919	10538	454	751	2215

业　主　要　指　标（二）

业）　　　　　　　　　　　　　　　　　　　　　　　　单位：万元、人

财务费用	利息收入	利息支出	利润总额	亏损企业亏损总额	利税总额	应交增值税
164016	**20822**	**154217**	**912962**	**44023**	**2135254**	**455951**
9086		8624	20813		29999	4674
9086		8624	20813		29999	4674
124926	20656	115265	839574	44023	2029363	432579
17785		17690	53401		67301	8953
-1935	2094	321	45376		57310	10533
-1484	1484		94006		150823	27471
-12057		-12072	199384		943377	138040
17011	1044	14988	24782	3841	38709	11011
8108	6	3561	31933	1927	55839	19369
3914	14	2792	13468	198	20125	4611
236		236	1285		2734	1317
735		658	3976		5444	1342
60	39	82	9304		13946	4386
2701		2091	8415	2256	21714	12160
3506	11172	487	-15738	16402	77831	22611
22795	2052	24053	21320	13685	61018	35185
1486	62	1494	18417	678	33949	13829
865		712	3986		9536	5149
3997	212	6662	62777	72	72912	7711
451	21	1753	13578		21464	6556
25510	942	21970	46321	868	81645	28200
75		75	849		1274	283
1300	16	1246	12472		15478	2439
5472	19	3651	23101		35930	10150
1749	1337	2558	45067	51	53872	7480
5199	51	5186	22338	2169	38915	14828
1			35		351	282
13633	89	12600	76749	599	110025	28043
3644	1	2197	19718	1278	30944	7147
290		272	2178		3202	945
-117		3	1076		3699	2549
30005	166	30329	52575		75891	18698
29237	166	29369	46695		68321	18066
-8			5469		6073	
775		960	411		1497	632

年主营业务收入2000万元及以上工业企业主要工业产品生产量（一）

	单 位	生产量		单 位	生产量
原盐	吨	5283375	针织服装	万件	4415
小麦粉	吨	823447	轻革	平方米	786960
大米	吨	1640556	皮革服装	件	19515200
饲料	吨	2733458	人造板	立方米	1302768
其中：配合饲料	吨	1250842	其中：胶合板	立方米	852607
混合饲料	吨	861017	纤维板	立方米	435267
精制食用植物油	吨	328904	刨花板	立方米	24951
鲜、冷藏肉	吨	24639	机制纸及纸板（外购原纸加工除外）	吨	377376
冷冻水产品	吨	216035	纸制品	吨	557984
糖果	吨	3047	其中：瓦楞纸箱	吨	368504
方便面	吨	24522	单色印刷品	令	61297
乳制品	吨	13930	多色印刷品	对开色令	664271
其中：液体乳	吨	13930	原油加工量	吨	775520
酱油	吨	64020	汽油	吨	252858
食品添加剂	吨	289	柴油	吨	100422
饮料酒	千升	72891	润滑油	吨	33197
其中：白酒（折65度，商品量）	千升	22235	燃料油	吨	56777
卷烟	万支	3350000	石脑油	吨	66573
纱	吨	415546	溶剂油	吨	53821
棉纱	吨	399256	液化石油气	吨	51515
棉混纺纱	吨	12757	焦炭	吨	806786
化学纤维纱	吨	3533	其中：机焦	吨	806786
布	万米	56906	盐酸（氯化氢，含量31%）	吨	75137
其中：棉布	万米	2287	浓硝酸（折100%）	吨	216616
化学纤维短纤布	万米	7054	烧碱（折100%）	吨	267902
印染布	万米	3861	其中：离子膜法烧碱（折100%）	吨	157914
绒线（俗称毛线）	吨	24418	纯碱（碳酸钠）	吨	1081695
毛纱	万米	1500	纯苯	吨	7870
亚麻布（含亚麻≥55%）	万米	7523	精甲醇	吨	8986
蚕丝	吨	16468	合成氨（无水氨）	吨	345541
蚕丝及交织机织物（含蚕丝≥50%）	万米	17899	农用氮、磷、钾化学肥料总计（折纯）	吨	171532
无纺布（无纺织物）	吨	69401	氮肥（折含N100%）	吨	171532
服装	万件	42810	化学农药原药（折有效成分100%）	吨	5628
梭织服装	万件	38395	其中：杀虫剂（杀螨剂）原药	吨	715
西服套装	万件	32	初级形态的塑料	吨	76240
衬衫	万件	1947	合成纤维聚合物	吨	10000
			化学试剂	吨	26229

年主营业务收入2000万元及以上工业企业主要工业产品生产量（二）

	单　位	生产量		单　位	生产量
化学药品原药	吨	2032	其中：数控金属切削机床	台	1835
化学纤维	吨	24349	起重机	吨	1712
合成纤维	吨	24349	输送机械（输送机和提升机）	吨	2305
其中：锦纶纤维	吨	10707	泵	台	23159
涤纶纤维	吨	6798	阀门	吨	153039
橡胶轮胎外胎	条	9202455	滚动轴承	万套	38803
其中：子午线轮胎外胎	条	9179236	包装专用设备	台	157
塑料制品	吨	241207	金属密封件	万件	4229
日用塑料制品	吨	3972	金属紧固件	吨	33153
水泥	吨	6714167	减速机	台	15981
其中：强度等级42.5水泥(含R型)	吨	2088407	矿山专用设备	台	17344
强度等级52.5水泥(含R型)	吨	313404	石油钻井设备	台（套）	52207
商品混凝土	立方米	13572625	炼油、化工生产专用设备	吨	1658
水泥混凝土电杆	根	92196	模具	套	221546
预应力混凝土桩	米	7067343	大型拖拉机	台	176
砖	万块	132166	中型拖拉机	台	4201
钢化玻璃	平方米	3900445	电动自行车	辆	19293
玻璃包装容器	吨	194928	互感器	台	13889
纤维增强塑料制品	吨	8183	通信及电子网络用电缆	对千米	85849
耐火材料制品	吨	88409	电力电缆	千米	450513
生铁	吨	2897719	铅酸蓄电池	千伏安时	390854
粗钢	吨	3128016	电光源	万只	4622
铸铁件	吨	194413	灯具及照明装置	套（台、个）	28996345
铸钢件	吨	22088	光电子器件	万只(片、套)	187363
钢材	吨	4014204	电子元件	万只	431180
棒材	吨	2541313	印制电路板	平方米	149077
钢筋	吨	445426	工业自动调节仪表与控制系统	台（套）	242493
无缝钢管	吨	722593	电工仪器仪表	台	231814
焊接钢管	吨	40169	分析仪器及装置	台（套）	3310
铁合金	吨	250941	发电量	万千瓦小时	1466312
十种有色金属	吨	78719	其中：火力发电量	万千瓦小时	1464112
精炼铜（电解铜）	吨	1259	自来水生产量	万立方米	1127
锌	吨	77460			
铜材	吨	50733			
铝材	吨	40586			
锻件	吨	97825.1			
金属切削机床	台	15049			

年 主 营 业 务 收 入 2000 万 元

（分行业、

行业名称	工业增加值（现价）	1. 总计中： 轻工业	重工业	2. 按登记 国有企业	集体企业
总计	**11338918**	**4889543**	**6449376**	**1162005**	**41172**
采矿业	15287		15287	3406	
煤炭开采和洗选业					
石油和天然气开采业					
黑色金属矿采选业	507		507		
有色金属矿采选业					
非金属矿采选业	152368		152368	34062	
开采辅助活动					
其他采矿业					
制造业	1104200	488338	615861	105756	4117
农副食品加工业	959465	959465		395	
食品制造业	85938	85938			
酒、饮料和精制茶制造业	213440	213440			
烟草制品业	979254	979254		979254	
纺织业	463201	463201			11953
纺织服装、服饰业	566369	566369			
皮革、毛皮、羽毛及其制品和制鞋业	253652	253652			
木材加工和木、竹、藤、棕、草制品业	149761	3924	145837		
家具制造业	4741	4741			
造纸和纸制品业	203265	203265			
印刷和记录媒介复制业	69916	69916		416	366
文教、工美、体育和娱乐用品制造业	167077	167077			
石油加工、炼焦和核燃料加工业	152790		152790		
化学原料和化学制品制造业	696869	124962	571907	16521	
医药制造业	152963	152963			1751
化学纤维制造业	54540	54540			
橡胶和塑料制品业	299546	77608	221939	1164	
非金属矿物制品业	390643	14604	376038		450
黑色金属冶炼和压延加工业	403666		403666		6422
有色金属冶炼和压延加工业	244858		244858	474	10697
金属制品业	229884	16984	212900	14924	
通用设备制造业	454199		454199		
专用设备制造业	614504	51919	562586		
汽车制造业	254763		254763		7594
铁路、船舶、航空航天和其他运输设备制造业	53213	17674	35539		
电气机械和器材制造业	895427	314579	580849	44415	
计算机、通信和其他电子设备制造业	1803451	27833	1775617		
仪器仪表制造业	79894	4386	75508		1939
其他制造业	55090	55090			
废弃资源综合利用业	75980		75980		
金属制品、机械和设备修理业	13639		13639		
电力、热力、燃气及水生产和供应业	14404	616	13789	7038	
电力、热力的生产和供应业	106362		106362	65075	
燃气生产和供应业	23926		23926		
水的生产和供应业	13757	6158	7599	5305	

及以上工业企业增加值

分类型）

单位：万元

注册类型分组：			3. 总计中：	4. 总计中：		5. 总计中：
股份合作企业	股份制企业	外商及港澳台商投资企业	国有控股企业	民营工业	#私营企业	大中型企业
15038	**5915963**	**3009818**	**1662004**	**6686250**	**4786997**	**5560004**
	10568	806	11253	4034	1485	4443
	507			507	507	
	105168	8060	112532	39836	14347	44430
1504	576171	297893	143716	663700	476839	542307
1123	776288	25465	10769	923231	605700	265871
	28846	42263		43676	37109	39833
	204283	4869	179770	28801	4289	179770
			979254			979254
	279438	56780		406421	291243	176635
3643	309237	115268		451101	349354	165130
2666	98755	92803		160849	129164	72257
	70779	25228		124533	109222	7494
	1438	3303		1438		
	145943	8113		195152	154410	16526
	46483	11534	416	57966	52612	26664
	137441	9705		157372	139252	71965
	147897		91506	61284	23324	127164
	522673	82725	82483	531661	367301	223978
	99266	27004	10486	125959	75324	44154
	21265	28722		25818	22624	28722
4510	127644	125929	1771	172453	111145	123261
	308550	37649	7703	345291	280728	36361
	367040	3466	8521	391679	220795	213753
3096	150536	9047	474	235337	155768	3777
	179403	14182	14924	200777	159683	21240
	364571	29696	4664	419839	343479	65144
	320005	273969		340535	233214	348799
	205785	12353		242410	156731	135973
	45398	1143		52070	42440	1014
	431911	345091	44415	505922	394848	445941
	177375	1579388		224063	140781	1586308
	69835	8120		71774	51416	5455
	34363	5119		49971	42192	10624
	75625			75980	74241	
	13639			13639		
	4858	2283	11231	890	375	9251
	35850	3174	94284	8903	3753	74385
	9331	14595	9331			14595
	3394	5058	8699			3526

年销售收入2000万元及以上工

	计量单位	年初库存	本期购进量	
			实物量	金额（千元）
合　　计	**吨标准煤**	**569655**	**11346152**	**23137083**
原　　煤	吨	610330	9331414	6942966
洗精煤	吨	27651	1164043	1664585
焦　　炭	吨	31502	249723	497606
其它焦化产品	吨	659		
焦炉煤气	万立方米			
高炉煤气	万立方米		12928	48118
转炉煤气	万立方米			
天然气（气态）	万立方米		49775	1062045
液化天然气（液态）	吨	2	2475	16873
原　　油	吨	50628	786324	4199512
汽　　油	吨	11	2240	19566
煤　　油	吨	2	203	1800
柴　　油	吨	872	8714	67210
燃料油	吨	55	1383	6265
液化石油气	吨		141	916
其它石油制品	吨	2611	69961	456535
热　　力	百万千焦		6298607	467968
电　　力	万千瓦时		1019485	7685120

业企业能源购进、消费及库存

本期消费量					期末库存
合计	1. 工业生产消费	用于原材料	2. 非工业生产消费	合计中：运输工具消费	
13892749	**13845877**	**239347**	**46872**	**2474**	**512645**
9436329	9426266	334889	10063		481429
1151652	1151652				40040
1045269	1045269				43018
9853	9853				850
27056	26555		501		
448098	448098				
24776	24776				
49775	49775				
2475	2475				0
778145	777786		359		58807
2576	1693	7	883	467	11
204	204				0
9074	7841	86	1233	1204	616
1397	1382		15		41
141	141				
106943	106943				3461
31224474	30408294		816180		
1168646	1164159		4487	26	

	原煤（吨）	洗精煤（吨）	焦炭（吨）	其他焦化产品（吨）
全市	**9436329**	**1151652**	**1045269**	**9853**
市直	3460748	1151645	1011629	9853
清河区	360			
淮安区	743322		111	
淮阴区	3830755		14632	
清浦区	171112			
开发区	274571		554	
工业园区				
涟水县	134756			
洪泽县	634456	7	2884	
盱眙县	127521		41	
金湖县	58727		15418	

	原油（吨）	汽油（吨）	煤油（吨）	柴油（吨）
全市	**778145**	**2576**	**204**	**9074**
市直	776530	210	1	1892
清河区		18		20
淮安区		1063	83	1513
淮阴区				689
清浦区		181		90
开发区		348	2	445
工业园区				
涟水县		162		973
洪泽县		14	21	850
盱眙县	1615	156		1235
金湖县		424	97	1366

工业企业主要能源年消费量

焦炉煤气 (万立方米)	高炉煤气 (万立方米)	其他煤气 (万立方米)	天然气 (万立方米)	液化天然气 (吨)
27056	**448098**	**24776**	**49775**	**2475**
27056	440004	24776	3496	
			19	
			40257	
			4472	
	8094			
			293	
			4	21
			268	161
			200	400
			766	1893

燃料油 (吨)	液化石油气 (吨)	其他石油制品 (吨)	热力 (百万千焦)	电力 (万千瓦时)
1397	**141**	**106943**	**31224474**	**1168646**
		106942	12310233	290489
			244934	11653
	141		10928769	105269
			1059527	179544
			56108	52271
354			3140729	162518
				2441
				82042
833			3484174	123542
				81441
210		1		77437

6

建筑业

本篇编辑： 刘安顺　王　艳　高先国

	企业数	#有工作量企业数	建筑业合同情况		
			直接从建设单位签订的合同额	上年结转合同额	本年新签合同额
总计	658	604	13855408	4009796	9845612
#国有及国有控股企业	19	19	163504	13075	150429
一、按登记注册类型分组					
内资企业	657	603	13846184	4005702	9840482
国有企业	10	10	87924	6388	81536
集体企业	18	17	525985	235360	290624
股份合作企业	5	5	51193	7587	43606
有限责任公司	215	192	4825645	1264897	3560747
国有独资公司	6	5	33520	1667	31853
其他有限责任公司	209	187	4792124	1263230	3528895
股份有限公司	42	39	1283844	862055	421789
私营企业	363	336	7018603	1629414	5389189
私营独资企业	10	8	115173	6346	108827
私营合伙企业	2	2	25340	3540	21800
私营有限责任公司	327	305	6462964	1540241	4922723
私营股份有限公司	24	21	415127	79287	335840
其他企业	4	4	52990		52990
港、澳、台商投资企业	1	1	9224	4094	5130
二、按国民经济行业分组					
房屋建筑业	339	319	11242662	3595901	7646761
土木工程建筑业	100	94	1208376	256585	951791
建筑安装业	94	83	403826	32090	371736
建筑装饰和其他建筑业	125	108	1000544	125220	875323
建筑装饰业	75	65	765546	90666	674880
工程准备活动	21	18	86897	14643	72254
提供施工设备服务	8	6	7594	5031	2562
其他未列明建筑业	21	19	140507	14880	125627

筑 业 企 业 生 产 情 况（一）

单位：万元、个

承包工程完成情况				建筑业总产值	#装饰装修产值
直接从建设单位承揽工程完成的产值	自行完成施工产值	分包出去工程的产值	从建设单位以外承揽工程完成的产值		
9797796	**9774620**	**23176**	**505468**	**10280088**	**707133**
211030	211030		841	211871	
9789641	9766465	23176	504869	10271334	707133
64542	64542		455	64997	
405444	405444		1000	406444	
44298	44298		1660	45958	
3403451	3394841	8610	174031	3568872	390901
28742	28742			28742	
3374709	3366099	8610	174031	3540131	390901
616541	616541		15789	632330	4390
5202425	5187859	14566	289694	5477552	302482
74748	70748	4000	16433	87181	2239
16942	16942			16942	
4816701	4806135	10566	270561	5076696	290185
294034	294034		2700	296734	10058
52940	52940		22240	75180	9360
8155	8155		599	8754	
7573349	7555605	17743	308746	7864352	47528
1074238	1068923	5315	122342	1191265	920
315165	315047	118	34624	349672	1554
835044	835044		39756	874800	657132
678979	678979		21466	700445	646788
50989	50989		10725	61714	6054
6777	6777		550	7327	3483
98299	98299		7015	105314	807

	企业数	#有工作量企业数	建筑业合同情况		
			直接从建设单位签订的合同额	上年结转合同额	本年新签合同额
三、按隶属关系分组					
省（自治区、直辖市）	8	7	196035	87529	108506
地（区、市、州、盟）	103	91	2933393	691815	2241578
县（区、市、旗）	93	86	2440245	1244700	1195545
街道	1	1	243		243
镇	8	7	114079	476	113603
乡	1	1	41020		41020
其他	444	411	8130394	1985276	6145117
四、按企业资质等级分组					
施工总承包	402	383	12491509	3856778	8634731
一级	27	27	5579348	2456490	3122858
二级	110	108	3736571	955793	2780778
三级及以下	265	248	3175591	444495	2731096
专业承包	256	221	1363898	153017	1210881
一级	15	13	643261	77590	565671
二级	50	48	291677	23841	267836
三级及以下	191	160	428961	51587	377374
五、按地区分					
清河区	131	116	2078572	554834	1523738
淮安区	77	77	2096306	377627	1718679
淮阴区	82	80	3020579	824111	2196468
清浦区	71	68	987004	219478	767526
开发区	92	61	830238	196239	633999
涟水县	74	43	2752893	1375574	1377319
洪泽县	43	49	765105	147981	617124
盱眙县	55	32	826258	174039	652219
金湖县	33	78	498453	139912	358541

筑业企业生产情况（一）（续）

单位：万元、个

承包工程完成情况				建筑业总产值	#装饰装修产值
直接从建设单位承揽工程完成的产值			从建设单位以外承揽工程完成的产值		
	自行完成施工产值	分包出去工程的产值			
124627	124627		53676	178303	
1935319	1927707	7612	70993	1998701	97247
1505449	1505449		22475	1527924	152845
243	243			243	
86177	86177		15686	101863	
34150	34150		22240	56390	
6111831	6096267	15564	320397	6416665	457041
8644303	8621245	23058	416768	9038013	47622
3287908	3275815	12094	15505	3291319	10001
2829978	2824678	5300	240567	3065245	29418
2526417	2520753	5664	160697	2681450	8202
1153493	1153375	118	88700	1242075	659511
544341	544341		20435	564776	502248
236117	235999	118	20620	256619	66759
373035	373035		47645	420680	90504
1526891	1519275	7616	112190	1631466	352056
1779227	1774731	4497	143061	1917792	9802
1765444	1765444	1	111175	1876618	159165
750251	744951	5300	66138	811089	119434
727269	725641	1628	25380	751021	25933
1630442	1630307	135	15500	1645807	3681
639045	639045		3513	642558	2336
613111	609111	4000	25856	634967	30799
366116	366116		2655	368771	3927

总承包和专业承包建

	建筑业总产值		
	在外省完成的产值	按构成分	
		建筑工程产值	安装工程产值
总　　计	**2429694**	**9831679**	**384629**
#国有及国有控股企业	40254	210042	874
一、按登记注册类型分组			
内资企业	2429694	9822925	384629
国有企业	4030	64212	
集体企业	64980	375913	30531
股份合作企业	13417	42358	3600
有限责任公司	918958	3312414	230480
国有独资公司		28742	
其他有限责任公司	918958	3283672	230480
股份有限公司	66977	616750	14681
私营企业	1346132	5336098	105337
私营独资企业		87049	
私营合伙企业	3750	12700	4242
私营有限责任公司	1258669	4943785	96925
私营股份有限公司	83713	292563	4170
其他企业	15200	75180	
港、澳、台商投资企业		8754	
二、按国民经济行业分组			
房屋建筑业	2050947	7728473	90799
土木工程建筑业	149229	1149699	27490
建筑安装业	5537	151581	195185
建筑装饰和其他建筑业	223981	801926	71155
建筑装饰业	192603	692315	7872
工程准备活动	12483	60107	1607
提供施工设备服务		5533	640
其他未列明建筑业	18895	43972	61037

筑业企业生产情况（二）

单位：万元、平方米

其他产值	竣工产值	房屋建筑施工面积	#本年新开工面积	#实行投标承包面积	#本年新开工
63780	**7494067**	**96877957**	**50672961**	**85474460**	**43752040**
955	89989	20307	7523	7588	7523
63780	7486816	96820289	50632193	85474460	43752040
785	59083	19857	7523	7588	7523
	302594	4126690	1161688	3968549	1098423
	41143	200545	100908	175301	75664
25978	2401450	25731783	12307955	21850178	10251148
	22419				
25978	2379031	25731783	12307955	21850178	10251148
900	393097	11549611	1792731	10726247	1223206
36117	4211859	55002403	35119988	48746597	31096076
132	25640	309390	206031	195147	154238
	13410	252080	172080	252080	172080
35986	3904315	50967173	32807190	46021588	29655529
	268494	3473760	1934687	2277782	1114229
	77590	189400	141400		
	7251	57668	40768		
45080	5507361	86300060	40417861	75560980	34076875
14076	870324	1035568	960223	478571	442208
2906	282100	406484	230532	310584	180132
1719	834281	9135845	9064345	9124325	9052825
258	698233	44100	44100	32580	32580
	34824	9073684	9002184	9073684	9002184
1155	664				
306	100560	18061	18061	18061	18061

	建筑业总产值		
	在外省完成的产值	按构成分	
		建筑工程产值	安装工程产值
三、按隶属关系分组			
省（自治区、直辖市）	56775	146114	31405
地（区、市、州、盟）	559101	1794976	201954
县（区、市、旗）	243982	1495212	22620
街道			243
镇	53687	98989	2466
乡	15200	56390	
其他	1500949	6239998	125941
四、按企业资质等级分组			
施工总承包	2209737	8741214	239843
一级	1052004	3119097	163207
二级	941406	3010390	38483
三级及以下	216328	2611728	38153
专业承包	219957	1090464	144786
一级	181874	553937	10839
二级	16419	222235	30724
三级及以下	21663	314293	103223
五、按地区分			
清河区	197182	1401677	212189
淮安区	429519	1889063	27178
淮阴区	791043	1853660	22141
清浦区	101001	750732	57778
开发区	75766	720239	30332
涟水县	528479	1609541	7905
洪泽县	120976	629434	11435
盱眙县	132704	621674	12724
金湖县	53024	355660	2948

筑业企业生产情况（二）（续）

单位：万元、平方米

其他产值	竣工产值	房屋建筑施工面积	#本年新开工面积	#实行投标承包面积	#本年新开工
785	59088	502270	315600	378270	191600
1770	1290950	16917271	7654975	15444900	6934513
10092	1170784	17533953	4563754	15938613	3401563
	243				
408	86092	456753	436475	385257	364979
	24640	189400	141400		
50726	4862270	61278310	37560757	53327420	32859385
56956	6371333	96351102	50168906	85407415	43691795
9016	2346509	43087292	14275293	42634329	13822330
16372	2263113	24955061	13686261	20370671	11336049
31569	1761712	28308749	22207352	22402415	18533416
6824	1122734	526855	504055	67045	60245
	536321				
3660	198209	16000			
3165	388204	510855	504055	67045	60245
17600	1167957	8193578	2694906	7504425	2239436
1551	1380728	10342274	7476206	9829202	7007534
817	1419534	20265602	9762424	17421605	8010747
2579	642291	5093689	2820812	3348186	1748320
450	470405	3656425	2138959	2976341	1880473
28362	1183684	26130332	8311387	24185897	6936195
1690	503346	4893284	3187203	3690921	2135441
569	481333	14860248	12366842	13203576	11913147
10162	244789	3442525	1914222	3314307	1880747

总承包和专业承包建

	从业人员情况			
	计算劳动生产率的平均人数	年末从业人数	#工程技术人员	#持有一级资质证书的项目经理
总　　计	**523434**	**466598**	**48115**	**1572**
#国有及国有控股企业	8947	9346	1588	202
一、按登记注册类型分组				
内资企业	523124	466189	47971	1571
国有企业	4307	5506	936	9
集体企业	21282	18220	1464	142
股份合作企业	3478	2654	258	6
有限责任公司	177560	131943	16496	756
国有独资公司	1988	1517	222	4
其他有限责任公司	175572	130426	16274	752
股份有限公司	31775	29485	2625	75
私营企业	282768	276872	26022	581
私营独资企业	8023	5176	258	5
私营合伙企业	554	955	182	2
私营有限责任公司	258842	260118	23845	562
私营股份有限公司	15349	10623	1737	12
其他企业	1954	1509	170	2
港、澳、台商投资企业	310	409	144	1
二、按国民经济行业分组				
房屋建筑业	412255	369134	34748	775
土木工程建筑业	50167	47606	7447	479
建筑安装业	18162	17246	2669	152
建筑装饰和其他建筑业	42850	32612	3251	166
建筑装饰业	33841	22792	2286	147
工程准备活动	3144	4232	365	12
提供施工设备服务	316	286	42	
其他未列明建筑业	5549	5302	558	7

筑业企业生产情况（三）

单位：人、吨、立方米、平方米、重量箱

主要建筑材料消耗量					
1. 钢材（吨）	2. 木材（立方米）	3. 水泥（吨）	4. 平板玻璃（重量箱）	4. 平板玻璃（平方米）	5. 铝材（吨）
3314985	**3449786**	**14416071**	**7977240**	**897164**	**176720**
23546	1389	106701	223	53	244
3310485	3447086	14390451	7956851	880292	174900
2920	715	58924			
25438	11073	107814	207459	47917	1180
36162	11248	61379	25100	68	312
1078530	671411	4068565	3308295	327872	73504
545	196	47550	200	30	1
1077985	671215	4021015	3308095	327842	73503
238741	1005500	3534072	355328	67068	3566
1915694	1739939	6546597	4058669	435367	95588
18720	10093	31800	38069	11263	7656
580	320	2200	120	30	100
1804316	1635906	6163070	3863478	398303	81243
92078	93620	349527	157002	25771	6589
13000	7200	13100	2000	2000	750
4500	2700	25620	20389	16872	1820
2910391	3244687	12490657	7381660	777358	154955
218013	88783	1575300	177196	76043	7959
29969	5924	65786	30812	3702	696
156612	110392	284328	387572	40061	13110
147003	63362	184980	307097	37317	8720
6206	44830	45545	70885	2585	955
20	36	125	2251	37	71
3383	2164	53678	7339	122	3364

	从业人员情况			
	计算劳动生产率的平均人数	年末从业人数	#工程技术人员	#持有一级资质证书的项目经理
三、按隶属关系分组				
省（自治区、直辖市）	6817	5068	863	153
地（区、市、州、盟）	95352	69119	9815	525
县（区、市、旗）	78690	61429	6287	176
街道	20	143	6	
镇	3912	4895	437	3
乡	1461	1270	140	2
其他	337182	324674	30567	713
四、按企业资质等级分组				
施工总承包	462949	416159	41266	1283
一级	148557	121093	8189	624
二级	156038	144875	16074	327
三级及以下	158354	150191	17003	332
专业承包	60485	50439	6849	289
一级	25128	14696	1232	135
二级	11502	13138	2140	78
三级及以下	23855	22605	3477	76
五、按地区分				
清河区	96889	69182	9046	374
淮安区	89304	93633	7342	139
淮阴区	82408	64990	6698	236
清浦区	41257	32546	4540	171
开发区	40162	42611	5387	350
涟水县	88212	89397	6987	117
洪泽县	34629	31486	3454	41
盱眙县	34727	33025	3072	68
金湖县	15846	9728	1589	76

筑业企业生产情况（三）（续）

单位：人、吨、立方米、平方米、重量箱

主要建筑材料消耗量					
1. 钢材（吨）	2. 木材（立方米）	3. 水泥（吨）	4. 平板玻璃（重量箱）	4. 平板玻璃（平方米）	5. 铝材（吨）
52184	4010	231196	83500	16700	310
513285	398204	2278912	1262584	231922	23149
597529	1149045	4607362	2142764	130516	39368
188					
12578	8535	43442	43409	1759	1114
13000	7200	13100	2000	2000	750
2126221	1882792	7242059	4442983	514267	112029
3114140	3346306	13500596	7572013	855290	161846
1293614	1439340	6319666	2697563	170180	40057
1084984	1299670	4366183	2922827	411083	57979
735542	607296	2814747	1951623	274027	63810
200845	103480	915475	405227	41874	14874
92851	26869	608213	236045	34323	7367
65061	20535	139129	37322	262	379
42933	56076	168133	131860	7289	7128
427477	370063	1873077	1280848	196291	27208
679302	242004	2288780	1007332	43003	27304
583245	271580	1676993	2028420	121711	14993
183048	132819	1214701	463361	44215	29852
175596	144221	695778	504095	89917	23802
696802	1923046	4239697	1150067	92629	30363
206839	139996	934836	663046	182823	11790
223716	170507	600628	566068	34482	10192
138960	55550	891581	314003	92093	1216

	房屋建			
	合计	住宅房屋	商业及服务用房屋	#商厦房屋（批发和零售用房）
总计	**34608855**	**26416974**	**1356762**	**641023**
#国有及国有控股企业	12334	12334		
一、按登记注册类型分组				
内资企业	34566187	26416974	1355262	639523
国有企业	12334	12334		
集体企业	1482269	1252052	117799	117799
股份合作企业	181741	83430		
有限责任公司	9057854	7119999	314825	214054
股份有限公司	2128708	1683409	180022	
私营企业	21513881	16076350	742616	307670
其他企业	189400	189400		
港、澳、台商投资企业	42668		1500	1500
二、按企业资质等级分组				
施工总承包	34371164	26302960	1313745	641023
一级	12530629	9845280	269566	246566
二级	11804951	8984084	866325	301174
三级及以下	10035584	7473596	177854	93283
专业承包	237691	114014	43017	
一级				
二级				
三级及以下	237691	114014	43017	
三、按地区分				
清河区	3039570	2059754	57652	45000
淮安区	6355856	5305706	570176	230176
淮阴区	5694897	4829920	188472	162099
清浦区	2558149	1921992	15600	
开发区	1692308	1088573	6554	3554
涟水县	8275642	6717375	165285	75416
洪泽县	2778297	1843174	198256	
盱眙县	2781991	1855957	108720	108320
金湖县	1432145	794523	46047	16458

企业房屋竣工面积情况

单位：平方米

筑	竣	工	面	积		
#宾馆用房屋（住宿用房）	办公用房屋	科研、教育、医疗用房屋	文化、体育、娱乐用房屋	厂房及建筑物	仓　　库	其他未列明的房屋建筑物＊
183398	**1069045**	**853577**	**129640**	**4246105**	**122368**	**414384**
183398	1069045	853577	129640	4212223	115082	414384
	7459	3485		101474		
	27796			70515		
58629	310237	167572	32224	968653	8500	135844
86580	16960	39200		185247	21360	2510
38189	706593	643320	97416	2886334	85222	276030
				33882	7286	
162123	1066013	851645	129640	4242561	122368	342232
	413662	266005	51104	1491902	36160	156950
121117	234189	319011	10000	1262317	37920	91105
41006	418162	266629	68536	1488342	48288	94177
21275	3032	1932		3544		72152
21275	3032	1932		3544		72152
3652	267610	152802	13704	450001	3000	35047
	55072	84069	37400	290633	12800	
	182503	117063	54989	136614	12600	172736
15600	157894	104719		277467		80477
	65932	35052	13547	442405	8286	31959
53727	147533	184351		953173	37660	70265
104814	66684	23400		625423	21360	
	83421	108771	10000	591222		23900
5605	42396	43350		479167	26662	

总承包和专业承包建筑

	竣工			
	合计	住宅房屋	商业及服务用房屋	#商厦房屋(批发和零售用房)
总计	**4526212**	**3364692**	**199015**	**83324**
#国有及国有控股企业	1617	1617		
一、按登记注册类型分组				
内资企业	4518961	3364692	198539	82848
国有企业	1617	1617		
集体企业	178891	155668	14435	14435
股份合作企业	26815	14986		
有限责任公司	1194670	867427	44563	26078
股份有限公司	248421	200715	20014	
私营企业	2843908	2099640	119527	42335
其他企业	24640	24640		
港、澳、台商投资企业	7251		476	476
二、按企业资质等级分组				
施工总承包	4503575	3353066	195130	83324
一级	1740479	1311205	39823	28331
二级	1535493	1124125	134739	46189
三级及以下	1227603	917736	20569	8804
专业承包	22637	11626	3885	
一级				
二级				
三级及以下	22637	11626	3885	
三、按地区分				
清河区	426663	280431	10770	7420
淮安区	995559	799644	98048	37708
淮阴区	719174	529428	21905	10290
清浦区	317922	250672	2950	
开发区	221148	143194	1570	835
涟水县	985302	786233	21734	11803
洪泽县	347176	236148	23173	
盱眙县	340802	238528	13101	13057
金湖县	172466	100416	5765	2211

企业房屋竣工价值情况

单位：万元

房屋价值						
#宾馆用房屋（住宿用房）	办公用房屋	科研、教育、医疗用房屋	文化、体育、娱乐用房屋	厂房及建筑物	仓库	其他未列明的房屋建筑物 *
22263	**148232**	**142324**	**22266**	**578506**	**15696**	**55481**
22263	148232	142324	22266	572382	15046	55481
	895	470		7423		
	4400			7429		
5833	41866	33986	6175	180560	3893	16201
9090	1382	6042		18052	1965	252
7341	99689	101827	16091	358917	9189	39028
				6125	650	
20264	147789	141938	22266	577855	15696	49835
	59509	48123	9691	246937	6572	18621
15726	37678	45201	1600	170152	4109	17890
4539	50603	48615	10975	160766	5015	13324
1998	443	386		651		5645
1998	443	386		651		5645
1080	35984	26683	3723	61894	2892	4287
	8439	14068	5968	67632	1760	
	30540	19557	8194	84061	1398	24093
2950	17968	7777		24945		13611
	10630	7661	2782	50524	756	4032
5308	20292	36088		111112	4575	5268
12249	7973	4938		72979	1965	
	9646	17175	1600	56562		4189
676	6759	8377		48798	2351	

	一、年初存货	二、年末		
		流动资产合计	#应收工程款	#存货
总　　计	**641341**	**3302158**	**1226737**	**839284**
#国有及国有控股企业	16999	284466	83147	13930
一、按登记注册类型分组				
内资企业	640763	3295202	1224376	838489
国有企业	11458	68742	27880	9025
集体企业	53651	139107	37826	48563
股份合作企业	2378	15366	6731	1508
有限责任公司	212180	1298848	518380	256576
国有独资公司	1124	24443	711	976
其他有限责任公司	211056	1274404	517669	255601
股份有限公司	16143	207988	39250	35606
私营企业	344238	1551539	589065	486029
私营独资企业	1323	13727	6974	3818
私营合伙企业	85	8481	3227	54
私营有限责任公司	324567	1480280	559677	475642
私营股份有限公司	18263	49051	19187	6514
其他企业	716	13613	5245	1183
港、澳、台商投资企业	578	6956	2361	795
二、按国民经济行业分组				
房屋建筑业	509783	2156675	706980	642124
土木工程建筑业	75932	676002	342213	89665
建筑安装业	16299	180421	80414	16494
建筑装饰和其他建筑业	39327	289060	97131	91001
建筑装饰业	27084	166822	70520	39788
工程准备活动	2479	74166	15103	45660
提供施工设备服务	1982	3476	248	56
其他未列明建筑业	7783	44596	11260	5498

筑业企业财务状况

单位：万元

资	产	负	债		
固定资产合计	固定资产减值准备	固定资产原价	累计折旧	#本年折旧	在建工程
1082136	**3617**	**1031610**	**251339**	**44204**	**106439**
76652	90	84495	14496	1902	3683
1078514	3617	1029514	250554	44128	106057
14235	90	16651	5354	634	821
35762	113	37374	11752	1528	5274
2930		3357	859	120	
479839	1257	480060	97912	15969	43948
7905		11898	3993	412	
471934	1257	468163	93919	15557	43948
48947		43570	12549	4829	316
490641	2157	441937	121706	21004	55698
4538	15	712	157	35	460
551		814	282	85	
447774	2058	422682	119118	20030	55238
37778	85	17729	2148	854	1
6160		6566	423	44	
3622		2096	785	76	382
687719	2706	610705	116678	29951	82760
218324	503	240680	60820	6661	18130
49231	92	58076	19355	4708	821
126862	317	122149	54485	2885	4728
101181	200	99489	51354	2065	1548
4946	9	4317	592	184	1128
2838	12	1810	381	62	95
17896	96	16533	2157	574	1956

指标名称	二、年末			
	资产合计	流动负债合计	#应付账款	非流动负债合计
总计	**4800966**	**1975801**	**621381**	**43570**
#国有及国有控股企业	404690	210252	27694	18096
一、按登记注册类型分组				
内资企业	4790384	1975049	620929	43570
国有企业	87701	41457	13352	764
集体企业	179298	87832	19523	218
股份合作企业	18363	8718	3672	
有限责任公司	1970563	824772	320689	30214
国有独资公司	38598	20184	5637	
其他有限责任公司	1931965	804588	315052	30214
股份有限公司	292891	150647	19505	10
私营企业	2221124	851558	241067	12364
私营独资企业	18954	6201	476	46
私营合伙企业	9101	2389	1753	67
私营有限责任公司	2093219	821104	232059	12251
私营股份有限公司	99850	21864	6779	
其他企业	20443	10065	3120	
港、澳、台商投资企业	10582	752	453	
二、按国民经济行业分组				
房屋建筑业	3183076	1405834	412708	18637
土木工程建筑业	941158	378697	126681	22004
建筑安装业	237581	68673	27771	1970
建筑装饰和其他建筑业	439152	122597	54221	959
建筑装饰业	286537	58334	19360	857
工程准备活动	80256	43166	25172	
提供施工设备服务	7515	100	100	
其他未列明建筑业	64844	20997	9589	102

筑 业 企 业 财 务 状 况（续一）

单位：万元

资产负债						
负债合计	所有者权益合计	#实收资本	#国家资本	#集体资本	#法人资本	#个人资本
2180087	**2620879**	**1200417**	**71786**	**48254**	**413033**	**666963**
233307	171383	106900	68906	2156	33074	2764
2179335	2611049	1200035	71786	48254	413033	666963
47180	40521	22317	19175		3143	
93079	86220	32407	337	26188	5261	620
8718	9645	5253			5253	
919329	1051234	539743	52231	16007	201764	269741
20184	18414	8377	720	2156	5001	500
899145	1032820	531365	51511	13850	196763	269241
151937	140954	69499		50	37260	32189
949014	1272110	527523	43	6009	160352	361120
7248	11706	10113			3200	6913
2456	6645	2307		1607		700
915882	1177338	482280	43	4402	143343	334491
23429	76421	32824			13808	19016
10078	10365	3292				3292
752	9830	383				
1517596	1665480	753086	3244	18101	289450	441908
460699	480459	269596	66700	19539	74174	109183
72289	165292	85163	1132	10613	29580	43838
129504	309648	92572	710	0	19828	72034
60889	225648	55166	500	0	12764	41901
43204	37052	9359			4779	4580
3895	3620	1182			80	1102
21516	43329	26865	210		2205	24450

总承包和专业承包建

			三、损	益
	营业收入	#主营业务收入	营业成本	#主营业务成本
总　　计	**7915397**	**7878749**	**6752798**	**6719650**
#国有及国有控股企业	226481	226031	188440	188440
一、按登记注册类型分组				
内资企业	7906643	7869995	6745160	6712011
国有企业	63701	63498	47429	47429
集体企业	285495	283927	251477	250038
股份合作企业	39852	39832	30815	30815
有限责任公司	2990795	2962713	2626443	2600502
国有独资公司	33290	33043	26147	26147
其他有限责任公司	2957505	2929670	2600296	2574356
股份有限公司	486032	486032	336752	336752
私营企业	4008460	4001690	3425343	3419574
私营独资企业	85603	85603	73758	73758
私营合伙企业	15361	15361	12379	12379
私营有限责任公司	3715754	3709183	3191396	3185627
私营股份有限公司	191743	191543	147810	147810
其他企业	32307	32303	26901	26901
港、澳、台商投资企业	8754	8754	7639	7639
二、按国民经济行业分组				
房屋建筑业	5719455	5692404	4899522	4878669
土木工程建筑业	1055689	1047505	916916	906781
建筑安装业	328562	327366	271053	269957
建筑装饰和其他建筑业	811690	811475	665308	664243
建筑装饰业	649763	649547	530891	530854
工程准备活动	53775	53775	42234	41207
提供施工设备服务	4954	4954	3651	3651
其他未列明建筑业	103198	103198	88532	88532

筑 业 企 业 财 务 状 况（续二）

单位：万元

及	分	配			
营业税金及附加	#主营业务税金及附加	其他业务利润	销售费用	管理费用	#税金
286041	**283651**	**799**	**79933**	**301853**	**16480**
7561	7561	435	5763	10371	240
285735	283345	799	79807	301368	16477
1995	1995	203	1217	4044	59
12365	12010	22	1846	11376	1523
1055	1055		144	2405	72
99963	99146	449	28514	116876	4232
1254	1254	232	707	3037	131
98708	97891	217	27807	113839	4101
19382	19382		3627	18649	1146
149665	148447	121	44267	145789	9380
3076	3075		273	3436	85
634	634			741	5
137935	136717	121	37887	128542	8731
8020	8020		6107	13071	558
1311	1311	4	192	2229	66
306	306		126	485	3
210553	208451	318	45791	202446	11162
36335	36138	419	9018	41452	2557
11286	11201	61	4337	21443	1711
27867	27861	1	20788	36512	1050
22340	22337	1	19204	27224	900
1843	1843		491	2977	61
295	295		95	204	20
3389	3386		998	6107	69

总承包和专业承包建

	三、损益			
	财务费用	#利息收入	#利息支出	营业利润
总计	**37775**	**1514**	**37054**	**454798**
#国有及国有控股企业	1953	457	1843	15392
一、按登记注册类型分组				
内资企业	37687	1513	37053	454687
国有企业	280	3	40	8736
集体企业	293	166	15168	8023
股份合作企业	929	60	716	4505
有限责任公司	16007	897	10174	100876
国有独资公司	69	13	23	1766
其他有限责任公司	15938	884	10151	99110
股份有限公司	2303	-7	1164	105320
私营企业	17876	395	9792	225554
私营独资企业	345	1	324	4716
私营合伙企业	55	9	13	1552
私营有限责任公司	16768	382	9364	203327
私营股份有限公司	708	3	91	15960
其他企业	1		0	1674
港、澳、台商投资企业	87	1	1	111
二、按国民经济行业分组				
房屋建筑业	23661	321	13410	329486
土木工程建筑业	10116	799	6039	44912
建筑安装业	988	154	15541	19425
建筑装饰和其他建筑业	3010	240	2065	60976
建筑装饰业	2432	222	1647	50454
工程准备活动	375	0	304	5856
提供施工设备服务	20	3	11	677
其他未列明建筑业	184	14	102	3989

筑业企业财务状况（续三）

单位：万元

及	分	配			
营业外收入	#补贴收入	营业外支出	利润总额	应交所得税	应付职工薪酬（本年贷方累计发生额）
4934	**2531**	**4119**	**455051**	**79311**	**1920367**
225	158	53	15596	3742	37950
4933	2531	4119	454940	79300	1918617
		2	8734	1875	17955
0		58	7964	1706	109292
			4505	152	16983
3776	1968	1656	102439	28050	547254
74	7	51	1789	577	4893
3701	1960	1605	100650	27473	542360
		281	105039	4516	102386
1157	563	2123	224584	42522	1119078
3	3	2	4716	279	17944
0		1	1551	221	2765
1146	561	2112	202356	40936	1047913
9		7	15961	1086	50457
			1674	481	5669
0	0		111	11	1751
3808	1777	1876	330825	53508	1550588
406	238	918	44432	11629	182150
20	8	630	18814	5390	61492
699	509	695	60980	8784	126138
699	509	685	50469	6887	94625
		10	5846	801	12549
			677	62	1529
		1	3988	1035	17434

劳务分包建筑业企

指标名称	企业个数	企业个数（有工作量）	建筑业总产值	#装饰装修产值	从 期末人数
总计	**139**	**113**	**157868**	**15237**	**22783**
一、按登记注册类型分组					
内资企业	139	113	157868	15237	22783
集体企业	2	1	1663		148
股份合作企业	1	1	800		73
联营企业	1	1	1680		146
有限责任公司	33	25	26313	3160	5571
股份有限公司	6	4	8429		874
私营企业	96	81	118983	12077	15971
二、按国民经济行业分组					
房屋建筑业	83	65	116136	12270	16002
土木工程建筑业	12	9	7348	471	2069
建筑安装业	9	8	6702	1336	798
建筑装饰和其他建筑业	35	31	27682	1160	3914
建筑装饰业	6	6	5095	10	399
工程准备活动	5	5	1602		431
提供施工设备服务	3	3	1949	600	709
其他未列明建筑业	21	17	19036	550	2375
三、按地区分					
清河区	18	14	14558	1276	2581
淮安区	24	21	74685	8163	9027
淮阴区	22	19	12445	2535	3696
清浦区	7	3	873		363
开发区	19	18	19254	982	1656
涟水县	21	13	14671	1465	2517
洪泽县	6	6	3982	581	1235
盱眙县	5	3	3517	100	593
金湖县	17	16	13882	135	1115

业生产经营情况

单位：万元、人、个

业人员		资产负债				
#工程技术人员	#现场施工工人	固定资产原价	本年折旧	资产总计	负债合计	实收资本
2661	**18031**	**14527**	**1108**	**79184**	**46434**	**21204**
2661	18031	14527	1108	79184	46434	21204
10	135			369	71	221
15	70	160	5	405	45	250
10	133			281	56	174
576	4352	1240	170	9810	2964	3798
34	781	57	11	1166	383	780
2016	12560	13070	922	67155	42915	15981
1213	13320	8410	641	59769	41729	11327
683	1252	709	57	2935	471	1291
288	545	1460	171	3618	1774	1364
477	2914	3948	239	12863	2460	7223
61	356	879	61	3128	954	1684
64	98	540	15	1071	119	882
159	525	360	8	1030	155	700
193	1935	2170	155	7634	1232	3957
191	2075	2005	186	5782	1045	3832
474	7520	5334	314	46889	36090	6275
984	2129	2394	137	9849	3096	3484
16	291	159	20	642	411	205
175	1458	806	30	4045	716	2725
218	2236	1599	129	4773	1793	1760
294	907	464	18	1456	325	933
157	461	300	141	1011	350	600
152	954	1466	133	4739	2608	1390

劳务分包建筑业企

<table>
<tr><th rowspan="2">指标名称</th><th colspan="5">损益</th></tr>
<tr><th>营业收入合计</th><th>#主营业务收入(工程结算收入)</th><th>营业成本</th><th>#主营业务成本(工程结算成本)</th><th>营业税金及附加</th></tr>
<tr><td>**总计**</td><td>**128551**</td><td>**128257**</td><td>**107861**</td><td>**107724**</td><td>**4974**</td></tr>
<tr><td>一、按登记注册类型分组</td><td></td><td></td><td></td><td></td><td></td></tr>
<tr><td>内资企业</td><td>128551</td><td>128257</td><td>107861</td><td>107724</td><td>4974</td></tr>
<tr><td>集体企业</td><td>1485</td><td>1485</td><td>1285</td><td>1285</td><td>49</td></tr>
<tr><td>股份合作企业</td><td>656</td><td>656</td><td>518</td><td>518</td><td>26</td></tr>
<tr><td>联营企业</td><td>1500</td><td>1500</td><td>1298</td><td>1298</td><td>50</td></tr>
<tr><td>有限责任公司</td><td>22746</td><td>22733</td><td>18049</td><td>17981</td><td>792</td></tr>
<tr><td>股份有限公司</td><td>3621</td><td>3621</td><td>3324</td><td>3324</td><td>146</td></tr>
<tr><td>私营企业</td><td>98543</td><td>98262</td><td>83388</td><td>83318</td><td>3911</td></tr>
<tr><td>二、按国民经济行业分组</td><td></td><td></td><td></td><td></td><td></td></tr>
<tr><td>房屋建筑业</td><td>91388</td><td>91162</td><td>77698</td><td>77617</td><td>3494</td></tr>
<tr><td>土木工程建筑业</td><td>5240</td><td>5240</td><td>4122</td><td>4094</td><td>209</td></tr>
<tr><td>建筑安装业</td><td>6702</td><td>6702</td><td>5421</td><td>5421</td><td>316</td></tr>
<tr><td>建筑装饰和其他建筑业</td><td>25221</td><td>25153</td><td>20619</td><td>20592</td><td>954</td></tr>
<tr><td>建筑装饰业</td><td>4641</td><td>4641</td><td>4158</td><td>4158</td><td>124</td></tr>
<tr><td>工程准备活动</td><td>1550</td><td>1547</td><td>1081</td><td>1081</td><td>161</td></tr>
<tr><td>提供施工设备服务</td><td>1639</td><td>1584</td><td>1289</td><td>1289</td><td>86</td></tr>
<tr><td>其他未列明建筑业</td><td>17392</td><td>17382</td><td>14091</td><td>14063</td><td>583</td></tr>
<tr><td>三、按地区分</td><td></td><td></td><td></td><td></td><td></td></tr>
<tr><td>清河区</td><td>13596</td><td>13586</td><td>11419</td><td>11368</td><td>539</td></tr>
<tr><td>淮安区</td><td>61053</td><td>61053</td><td>52710</td><td>52710</td><td>2114</td></tr>
<tr><td>淮阴区</td><td>9900</td><td>9897</td><td>7933</td><td>7933</td><td>357</td></tr>
<tr><td>清浦区</td><td>839</td><td>839</td><td>738</td><td>738</td><td>33</td></tr>
<tr><td>开发区</td><td>13102</td><td>13102</td><td>11084</td><td>11084</td><td>498</td></tr>
<tr><td>涟水县</td><td>12826</td><td>12600</td><td>10261</td><td>10203</td><td>420</td></tr>
<tr><td>洪泽县</td><td>4035</td><td>4035</td><td>3010</td><td>2982</td><td>240</td></tr>
<tr><td>盱眙县</td><td>1360</td><td>1305</td><td>1057</td><td>1057</td><td>190</td></tr>
<tr><td>金湖县</td><td>11840</td><td>11840</td><td>9649</td><td>9649</td><td>583</td></tr>
</table>

单位：万元

及分配						应付职工薪酬
#主营业务税金及附加(工程结算税金及附加)	销售费用	管理费用	财务费用	营业利润	利润总额	
4936	**1361**	**5341**	**627**	**8965**	**8200**	**83201**
4936	1361	5341	627	8965	8200	83201
49	35	52	2	63	63	446
26		25	5	82	82	176
50	35	52	2	64	64	450
791	65	1043	46	2758	2420	17373
146	11	43	12	85	85	3192
3874	1215	4126	560	5913	5486	61565
3493	835	3581	441	5470	5361	55676
173	47	239	16	684	409	12691
316	238	548	67	411	252	2787
954	241	974	102	2400	2178	12047
124	17	146	6	209	209	1707
161	0	108	64	178	108	1234
86	7	56	1	201	199	1254
582	217	665	31	1812	1663	7852
538	70	364	56	1152	1256	8214
2114	887	2153	274	2917	2818	33248
357	104	612	58	928	617	17579
33	4	25	5	43	43	1679
498	229	875	26	391	391	5040
420	11	354	40	1782	1779	8418
204	6	150	21	613	283	4221
190	2	106	66	252	230	1256
582	50	703	80	888	784	3545

7

固定资产投资、房地产开发

本篇编辑：刘安顺　王　艳　高先国

	全市	市直	清河区	淮安区
规模以上固定资产投资完成额	14530541	251655	1060152	1805610
其中：项目投资	11408322	251655	550895	1478945
房地产开发投资	3122219		509257	326665
按构成分				
建筑工程	8776641	245875	704682	999116
安装工程	962797	2850	58893	138917
设备工器具购置	3358215	2690	186000	531237
其他费用	1432888	240	110577	136340
按产业分				
第一产业	176820			31412
第二产业	8158202	37090	197246	1157374
工业	8042362	37090	197246	1152374
第三产业	6195519	214565	862906	616824

产投资完成情况

单位：万元

淮阴区	清浦区	开发区	工业园区	涟水县	洪泽县	盱眙县	金湖县
1849945	874415	2783444	155129	1666528	1056425	2032641	994597
1452895	698887	2300139	155129	1315582	854994	1507373	841828
397050	175528	483305		350946	201431	525268	152769
1000464	477282	1937440	90056	1013981	477785	1252485	577475
79391	72876	171735	54640	115061	69794	179558	19082
460909	188064	452915	10433	430267	402425	339168	354107
309181	136193	221354		107219	106421	261430	43933
24914	20809				9200	69655	20830
1172209	501064	1539401	155129	818999	758590	1154588	666512
1151709	458504	1539401	155129	812499	717310	1154588	666512
652822	352542	1244043		847529	288635	808398	307255

固定资产项目投资完成

	全市	市直	清河区	淮安区
一、计划总投资（万元）				
1. 建设项目计划总投资	18136073	737324	1127800	1806063
其中：本年新开工项目	9763822	212496	418800	964048
2. 自开始建设至本年底累计完成投资	15943561	711871	837246	1860033
二、自年初累计完成投资（万元）	11408322	251655	550895	1478945
其中：本年新开工	7745558	188395	392557	936752
其中：国有经济控股	1623407	181025	43956	304390
其中：住宅	640241		12510	26145
其中：基础设施投资	1614548	228590	42133	240195
其中：民间投资	8940655	70630	506939	1083535
1. 按构成分				
建筑工程	6631267	245875	387752	749336
安装工程	819950	2850	16206	133681
设备工器具购置	3271288	2690	136887	528207
其中：用于更新的设备	339434			55283
其他费用	685817	240	10050	67721
2. 按建设性质分				
其中：（1）新建	8747851	94755	420797	804767
其中：（2）扩建	914852	134835	47080	331937
其中：（3）改建	1411708	22065	83018	91520
3. 按登记注册类型分				
内资企业	10540069	251655	550895	1391425
国有企业	1561140	177873	33626	304390
集体企业	540314			22966
股份合作企业	128567		44367	
联营企业	6360			
国有联营企业				
集体联营企业				
国有与集体联营企业				
其他联营企业	6360			
有限责任公司	1567798	3737	185277	37786
国有独资公司	39177	3152		
其他有限责任公司	1528621	585	185277	37786
股份有限公司	836924	21345	41831	62350
私营企业	5405698		151836	957133
其他企业	493268	48700	93958	6800

情 况（500万元以上，不含房地产）

单位：万元

淮阴区	清浦区	开发区	工业园区	涟水县	洪泽县	盱眙县	金湖县
2196467	940865	4335405	513926	1704084	1255033	2057598	1461508
1364421	826865	1630902	153000	1539504	514881	1301134	837771
1928330	724447	3994681	355549	1432861	1165728	1892839	1039976
1452895	698887	2300139	155129	1315582	854994	1507373	841828
1117917	609481	1187912	76226	1240132	454405	1031610	510171
121287	52169	439341		130052	123314	99913	127960
78785	50	42230		363531	34646	48546	33798
130082	102584	196029	5600	150537	107122	255309	156367
1276479	623705	1359939	127667	1148730	715730	1384021	643280
813531	387530	1633173	90056	694167	347809	836195	445843
63639	67946	148977	54640	101405	65554	146240	18812
452682	186667	438495	10433	427938	400595	333952	352742
25966	95122		8733	2350	2500	88168	61312
123043	56744	79494		92072	41036	190986	24431
1248369	491945	2012115	73052	1027931	786494	1228513	559113
	100932	144785	100		3500	27808	123875
194715	94700	104169	81977	287651	65000	247602	139291
1397766	675874	1793338	127667	1278782	818364	1483063	771240
111487	52169	400356		130052	123314	99913	127960
89536	12270	63675		326788	21570		3509
79200						5000	
		6360					
		6360					
126576	56200	197427	5600	139038	107840	645694	62623
9800		26225					
116776	56200	171202	5600	139038	107840	645694	62623
167008	233985	80125		35022	146288	48970	
808401	321250	797871	111065	647882	419352	639970	550938
15558		247524	11002			43516	26210

	全市	市直	清河区	淮安区
港、澳、台商投资企业	634909			78020
合资经营企业（港或澳、台资）	53592			
合作经营企业（港或澳、台资）	1000			
港、澳、台商独资经营企业	522267			72262
港、澳、台商投资股份有限公司	58050			5758
外商投资企业	233344			9500
中外合资经营企业	37405			
中外合作经营企业				
外资企业	179249			9500
外商投资股份有限公司	16690			
4. 按产业分				
①第一产业	176820			31412
②第二产业	8158202	37090	197246	1157374
工业	8042362	37090	197246	1152374
能源工业	417535	15025		14600
原材料工业	1709551	585		98678
机电工业	3121330		110112	394030
轻纺工业	2537994	21480	98387	543918
③第三产业	3073300	214565	353649	290159
5. 按国民经济行业分				
农、林、牧、渔业	176820			31412
农业	64504			5670
林业	2350			
畜牧业	56432			
渔业	12229			
农、林、牧、渔服务业	41305			25742
采矿业	259540			78871
煤炭开采和洗选业				
石油和天然气开采业	9989			
黑色金属矿采选业				
有色金属矿采选业				
非金属矿采选业	245051			78871
开采辅助活动	4500			
其他采矿业				
制造业	7391172	22065	197246	1061443
农副食品加工业	192057			14590
食品制造业	104423			22829
酒、饮料和精制茶制造业	48245			8300
烟草制品业	51480	21480		
纺织业	369651		13069	100434

情 况（500万元以上，不含房地产）（续一）

单位：万元

淮阴区	清浦区	开发区	工业园区	涟水县	洪泽县	盱眙县	金湖县
45329	23013	353261	27462	20800	36630	9119	41275
23000					15950	950	13692
		1000					
22329	23013	320649	27462	20800		8169	27583
		31612			20680		
9800		153540		16000		15191	29313
		15072				9192	13141
9800		121778		16000		5999	16172
		16690					
24914	20809				9200	69655	20830
1172209	501064	1539401	155129	818999	758590	1154588	666512
1151709	458504	1539401	155129	812499	717310	1154588	666512
52666	17050	56895	5600	28085	72084	86820	68710
106400	141801	491326	18888	185187	425325	184468	56893
417604	89077	772854	51926	312170	93615	492809	387133
380928	194076	249344	82518	291514	118916	386205	170708
255772	177014	760738		496583	87204	283130	154486
24914	20809				9200	69655	20830
24914	12042					21878	
						2350	
	8767				4600	25250	17815
						12229	
					4600	7948	3015
152920						17760	9989
							9989
152920						13260	
						4500	
942947	458504	1510876	149529	784414	624546	1043996	595606
60936			5270	11110	10930	64090	25131
2856	8500	21011			22434	23060	3733
15000		13778	1500	5943		3000	724
	30000						
47362	37523	28612	20732	48107	24100	33714	15998

	全市	市直	清河区	淮安区
纺织服装、服饰业	322996			57332
皮革、毛皮、羽毛及其制品和制鞋业	141363			33958
木材加工和木、竹、藤、棕、草制品业	119930			30450
家具制造业	150059			5500
造纸和纸制品业	163877			38937
印刷和记录媒介复制业	33946		11404	8000
文教、工美、体育和娱乐用品制造业	259261			173438
石油加工、炼焦和核燃料加工业	55638			5000
化学原料和化学制品制造业	1065780			42500
医药制造业	104815		62661	400
化学纤维制造业	92618			26950
橡胶和塑料制品业	313189			42617
非金属矿物制品业	497160	585		44398
黑色金属冶炼和压延加工业	73909			5000
有色金属冶炼和压延加工业	39479			6780
金属制品业	394568			64893
通用设备制造业	805227		43411	180249
专用设备制造业	423042		17680	75703
汽车制造业	286065			4562
铁路、船舶、航空航天和其他运输设备制造业	63686		5530	2800
电气机械和器材制造业	746410		43491	29339
计算机、通信和其他电子设备制造业	330670			33696
仪器仪表制造业	71662			2788
其他制造业	36743			
废弃资源综合利用业	33223			
金属制品、机械和设备修理业				
电力、热力、燃气及水生产和供应业	391650	15025		12060
电力、热力生产和供应业	305656	15025		9600
燃气生产和供应业	46252			
水的生产和供应业	39742			2460
建筑业	115840			5000
房屋建筑业	50010			
土木工程建筑业	64330			5000
建筑安装业				
建筑装饰和其他建筑业	1500			
批发和零售业	218306		62811	14000
批发业	81806			14000
零售业	136500		62811	

情况（500万元以上，不含房地产）（续二）

单位：万元

淮阴区	清浦区	开发区	工业园区	涟水县	洪泽县	盱眙县	金湖县
99131	25900	42843	18998	29326	3400	31594	14472
15819	25500	9914		3663		42574	9935
28202				22738	16710	17675	4155
35924	15000	8254	17659	44522		20190	3010
3947		4930		66877	28032	12894	8260
			11002				3540
8700		1200	3554	9600		48642	14127
	17050	28370				5218	
5000	9800	472121		93325	354656	61355	27023
4234	15643			11546			10331
13500	25010						27158
83332		87784		33625		59822	6009
77658	117501	15205	4100	68452	67549	77271	24441
18344	11000	4000		23410		12155	
	3500		4788			23161	1250
36700	59000	44376	21113	59185	14390	60129	34782
93273	5500	93974		53436	15000	178400	141984
44215	5000	105561		41089	6805	39247	87742
68920		97885	14987		20300	23336	56075
47703			3803			3850	
115059	7200	288586		72208	37120	126824	26583
11734	4577	142472	12023	76672		40691	8805
	7800			9580		20332	31162
	27500					4246	4997
5398			10000		3120	10526	4179
55842		28525	5600	28085	92764	92832	60917
52666		28525	5500		71950	76692	45698
			100	28085	134	4910	13023
3176					20680	11230	2196
20500	42560			6500	41280		
9000	34510			6500			
10000	8050				41280		
1500							
63639	44000	10400				20000	3456
11000	44000	5400				3950	3456
52639		5000				16050	

固定资产项目投资完成

	全市	市直	清河区	淮安区
交通运输、仓储和邮政业	407768	43649		27250
铁路运输业				
道路运输业	295555	746		
水上运输业	55663	42903		
航空运输业				
管道运输业				
装卸搬运和运输代理业	22800			
仓储业	6500			
邮政业	27250			27250
住宿和餐饮业	67884		32550	1900
住宿业	45153		32550	
餐饮业	22731			1900
信息传输、软件和信息技术服务业	16772		13747	
电信、广播电视和卫星传输服务	3025			
互联网和相关服务				
软件和信息技术服务业	13747		13747	
金融业	10330		10330	
货币金融服务	10330		10330	
资本市场服务				
保险业				
其他金融业				
房地产业	1390759	1000	183086	30830
房地产业	1390759	1000	183086	30830
租赁和商务服务业	42017			
租赁业				
商务服务业	42017			
科学研究和技术服务业	29361		8992	
研究和试验发展	13212		8992	
专业技术服务业	14352			
科技推广和应用服务业	1797			
水利、环境和公共设施管理业	459737	119064	22962	108340
水利管理业	173679	119064		20672
生态保护和环境治理业	8170			
公共设施管理业	277888		22962	87668
居民服务、修理和其他服务业	21520			
居民服务业	12030			
机动车、电子产品和日用产品修理业	9490			
其他服务业				

情 况（500 万元以上，不含房地产）（续三）

单位：万元

淮阴区	清浦区	开发区	工业园区	涟水县	洪泽县	盱眙县	金湖县
27300	67165	65052		55845	9418	56465	55624
12000	59665	52292		55845	2918	56465	55624
		12760					
15300	7500						
					6500		
1700	12200	6425				7896	5213
1700		6425				1600	2878
	12200					6296	2335
						3025	
						3025	
111858		557359		366531	50236	55500	34359
111858		557359		366531	50236	55500	34359
						37257	4760
						37257	4760
781	4220			7600			7768
	4220						
				7600			6752
781							1016
9712	3000	90760		26457	5520	52067	21855
					4360	28973	610
						8170	
9712	3000	90760		26457	1160	14924	21245
	6010	12030					3480
		12030					
	6010						3480

	全市	市直	清河区	淮安区
教育	188913	9152	19171	82884
卫生和社会工作	57245			4820
卫生	47185			4820
社会工作	10060			
文化、体育和娱乐业	87060	41700		4841
新闻和出版业				
广播、电视、电影和影视录音制作业	18320			4001
文化艺术业	41540	40700		840
体育	16200	1000		
娱乐业	11000			
公共管理、社会保障和社会组织	75628			15294
三、本年新增固定资产（万元）	8463331	410522	192567	1341330
四、项目个数（个）				
1. 施工项目个数	1348	24	32	220
其中：本年新开工	940	9	26	155
2. 本年投产项目个数	917	16	20	188
五、房屋建筑面积（平方米）				
1. 本年施工房屋面积	15327946		980367	651108
其中：住宅	5364529		182450	99823
2. 本年竣工房屋面积	8461479		28458	606808
其中：住宅	2833547			99823
六、本年资金来源合计	12683426	253115	577202	1443719
1. 上年末结余资金	224363			1813
2. 本年资金来源小计	12459063	253115	577202	1441906
（1）国家预算资金	383284			77863
（2）国内贷款	734337	251587	81000	139396
（3）债券				
（4）利用外资	450278			46860
其中：外商直接投资	288209			39812
（5）自筹资金	10573685	1528	496202	1153935
其中：企、事业单位自有资金	2557894		296890	76685
其中：股东投入资金	413291		146804	31457
其中：借入资金	165736		30285	11517
（6）其他资金来源	317479			23852
七、各项应付款合计	1222440			368243
其中：工程款	597933			249230

情 况（500万元以上，不含房地产）（续四）

单位：万元

淮阴区	清浦区	开发区	工业园区	涟水县	洪泽县	盱眙县	金湖县
13528	1100	11692		26500	5920	15210	3756
14500				13650		10060	14215
14500				13650			14215
						10060	
9200	31319						
	14319						
9200	6000						
	11000						
3554	8000	7020			16110	25650	
934344	608799	1331349	100	961850	992284	1033245	656941
208	67	129	34	93	89	253	199
153	59	70	5	85	57	182	139
151	53	63	1	71	76	170	108
2012202	166841	978560	442528	4870772	1862695	1121549	2241324
569905	3260	420000		3398481	282660	154960	252990
970610	97398	111406		3062079	1541104	836060	1207556
198675				2074600	228699	154960	76790
1607330	880492	2496680	155295	1424907	872963	2089592	882131
67500	1200	86814				63514	3522
1539830	879292	2409866	155295	1424907	872963	2026078	878609
19481	8700	12000		191000	47318	12853	14069
38150	103450			27411	53400	38593	1350
40517	21020	193212		71000		18975	58694
40517		168212				15000	24668
1382160	675122	2092865	155295	1135496	770025	1934952	776105
428734	132457	297634			651555	76459	597480
61387	21600				8474	127229	16340
45774	26020	9372			20	500	42248
59522	71000	111789			2220	20705	28391
130286	160800	342633			1433	172500	46545
67523	128710				168	110299	42003

	全市	清河区	淮安区
企业个数	404	44	46
一、计划总投资及本年完成投资			
计划总投资	20013517	3690392	1918478
自开始建设累计完成投资	11480363	2188370	1258989
房地产开发完成投资	3122219	509257	326665
土地开发投资额			
配套工程投资	55295	15383	10700
其中：国有经济控股	161438	11132	63263
二、项目规划情况			
1. 项目规划占地面积	41624266	3299281	2841251
2. 项目规划建筑面积	81355115	7808685	6283640
其中：住宅	48533239	6012002	4511434
商业营业用房	10528597	865436	1173175
办公楼	566189	147292	74092
其他	21727090	783955	524939
3. 规划住宅套数	422006	47461	41395
其中：90 平方米以下	120895	15495	7934
90－140 平方米			
140 平方米以上	29743	8099	1227
其中：别墅、高档公寓	7815	864	36
三、本年投资完成额按构成分			
建筑工程	2145374	316930	249780
安装工程	142847	42687	5236
设备工器具购置	86927	49113	3030
其他费用	747071	100527	68619
其中：旧建筑物购置费			
土地购置费	603330	74790	39760
四、本年投资完成额按用途分			
住宅投资	2295513	360937	251172
其中：90 平方米及以下	548208	50136	48339

投　资　完　成　情　况

单位：个、万元

淮阴区	清浦区	涟水县	洪泽县	盱眙县	金湖县	开发区
44	36	53	32	58	34	57
2552547	1490819	2119514	881842	2804553	936580	3618792
1262830	999746	1304715	387183	1386222	606404	2085904
397050	175528	350946	201431	525268	152769	483305
13871	300	1706	1352	16	2145	9822
18990	9002	24135		908	21036	12972
5031181	2211310	13101726	1506515	4087119	2418987	7126896
8372777	5330509	9671380	3454899	7466370	4462907	28503948
5842516	4475590	7445853	2483792	4820203	3246079	9695770
1413531	366402	1724096	580395	2144305	963465	1297792
48413	4873	45721	57536	85945	35401	66916
1068317	483644	455710	333176	415917	217962	17443470
54835	40299	64505	23474	43805	29194	77038
17718	12300	14773	8084	15149	7410	22032
1327	3648	2878	701	3879	1035	6949
264	314	578	1090	614	477	3578
186933	89752	319814	129976	416290	131632	304267
15752	4930	13656	4240	33318	270	22758
8227	1397	2329	1830	5216	1365	14420
186138	79449	15147	65385	70444	19502	141860
153827	74809	1550	63957	57152	13980	123505
267077	158266	267917	147507	387706	109210	345721
84932	23539	45520	54876	80362	31643	128861

	全 市	清河区	淮安区
其中：140 平方米以上	200734	82883	13015
其中：经济适用房			
其中：别墅、高档公寓	89257	31341	
办公楼	34112	20950	5251
商业营业用房	578189	104077	56172
其他	214405	23293	14070
本年新增固定资产	1596329	370188	119239
五、土地开发情况			
待开发土地面积	1964601	274016	117058
本年购置土地面积	3171765	354032	172424
本年土地成交价款	628531	96169	18182
其中：拆迁补偿费	4600	600	
土地使用权出让金	548152	85260	17080
契税	18198	2065	526
六、本年资金来源合计			
1. 上年末结余资金	638334	85515	94647
2. 本年资金来源小计	4578392	774672	427977
（1）国内贷款	411141	110654	47876
其中：银行贷款	389702	109760	46966
非银行金融机构贷款	21439	894	910
（2）利用外资	63072	38948	
其中：外商直接投资	63072	38948	
（3）自筹资金	1829368	180907	87230
其中：自有资金	587035	51480	5818
（4）其他资金来源	2274811	444163	292871
其中：定金及预收款	1179617	260473	185090
个人按揭贷款	896451	118343	107780
七、本年各项应付款合计	1199983	171079	128537
其中：工程款	705997	132465	76408

投资完成情况（续一）

单位：万元、平方米

淮阴区	清浦区	涟水县	洪泽县	盱眙县	金湖县	开发区
26961	7718	13909	2301	19397	8941	25609
21431		964	7226		6658	21637
1495	14	1251	2412	1426	98	1215
65744	7399	73005	39890	116098	34510	81294
62734	9849	8773	11622	20038	8951	55075
118113	141053	145865	17444	329594	78899	275934
579534	163173	445929	90980	45250	44375	204286
686269	377629	125591	382436	690824		382560
195192	111304	10820	59967	61242		75655
				4000		
194010	108118	10820	59967	1242		71655
4775	3766	286	5877	37		866
55936	12588	92160	23247	42893	17832	213516
585778	316678	414429	299489	628922	240336	890111
58470	22980	21380	6160	16300	14750	112571
57870	16025	12400	4060	15300	14750	112571
600	6955	8980	2100	1000		
8400						15724
8400						15724
278130	165725	144024	120019	435979	63683	353671
113585	73873	30150	94714	166197	14210	37008
240778	127973	249025	173310	176643	161903	408145
107034	83592	111337	76354	78893	82869	193975
99815	28255	109063	94956	67279	75783	195177
178675	47937	119948	63872	127106	44917	317912
68197	27326	48946	21112	80404	42649	208490

	全　市	清河区	淮安区	淮阴区
总　　计				
房屋施工面积	30088058	4083959	2967057	3479929
其中：新开工面积	10659406	1676567	1190030	1260641
房屋竣工面积	4037294	924929	309511	418320
其中：不可销售面积	53368	31821	14302	245
商品住宅竣工套数				
竣工房屋价值	1129010	327733	80554	88308
出租房屋面积	1880			
商品房销售面积	8424283	1524037	950000	683554
其中：现房销售面积	1558350	373660	58018	177475
其中：期房销售面积	6865933	1150377	891982	506079
商品房销售额	3868313	939292	438905	298406
其中：现房销售额	732492	296063	27480	63113
其中：期房销售额	3135821	643229	411425	235293
商品住宅销售套数				
其中：现房销售套数				
其中：期房销售套数				
待售面积	1979519	327334	90295	162030
其中：待售1－3年面积	1061947	95769	38239	75668
其中：待售3年以上面积	2631			
按用途分				
（一）住宅				
房屋施工面积	22930262	3224158	2277021	2437124
其中：新开工面积	7924129	1315969	915175	851095
房屋竣工面积	3133801	610666	222736	311181
其中：不可销售面积	13831	2093	11332	
商品住宅竣工套数	27763	5053	2170	2834
竣工房屋价值	867469	189111	55907	73339
出租房屋面积				
商品房销售面积	7498768	1245432	873322	625553
其中：现房销售面积	1318465	243354	44246	152875

售　　情　　况

单位：平方米

清 浦 区	涟 水 县	洪 泽 县	盱 眙 县	金 湖 县	开 发 区
1912908	4460521	2079462	3953365	2159835	4991022
268739	855895	1052891	1952968	753194	1648481
489083	347271	81669	473331	550269	442911
	871		800	2433	2896
127572	63307	15219	110194	73686	242437
	200			1680	
809375	1070455	456354	1214903	575118	1140487
137566	232621	557	128608	125988	323857
671809	837834	455797	1086295	449130	816630
321845	381904	193569	573264	210951	510177
43814	61709	186	60351	32917	146859
278031	320195	193383	512913	178034	363318
68749	135483	3634	414008	153067	624919
31275	105038	3634	224595	64482	423247
					2631
1690641	3484713	1520934	2505054	1666766	4123851
254893	663695	776973	1078947	589223	1478159
459325	309761	51309	376176	449359	343288
	406				
4376	2613	525	3342	3981	2869
119495	56790	9649	93162	58045	211971
797309	946565	407147	1009262	506662	1087516
130374	210151	289	127432	101820	307924

	全　市	清河区	淮安区	淮阴区
其中：期房销售面积	6180303	1002078	829076	472678
商品房销售额	3091580	618136	385730	267574
其中：现房销售额	508310	121868	20153	53733
其中：期房销售额	2583270	496268	365577	213841
商品住宅销售套数	70495	10421	8058	5932
其中：现房销售套数	12273	1998	392	1495
其中：期房销售套数	58222	8423	7666	4437
待售面积	1570045	289205	64613	117204
其中：待售1－3年面积	842038	74319	37247	37943
其中：待售3年以上面积	2631			
1. 其中：90平方米及以下住房				
房屋施工面积	4561843	413123	242260	486812
其中：新开工面积	1629739	134159	133350	313649
房屋竣工面积	486952	45814	13932	56200
其中：不可销售面积				
商品住宅竣工套数	6700	884	162	636
竣工房屋价值	102027	13327	3919	8658
出租房屋面积				
商品房销售面积	1227213	102072	43239	69456
其中：现房销售面积	266090	39896	82	515
其中：期房销售面积	961123	62176	43157	68941
商品房销售额	472081	53013	19882	25274
其中：现房销售额	83619	19210	39	304
其中：期房销售额	388462	33803	19843	24970
商品住宅销售套数	15920	1427	568	790
其中：现房销售套数	3448	527	1	7
其中：期房销售套数	12472	900	567	783
待售面积	221569	41262	419	5707
其中：待售1－3年面积	154575	7000		5537
其中：待售3年以上面积	2631			

售　　情　　况（续一）

单位：平方米、万元

清浦区	涟水县	洪泽县	盱眙县	金湖县	开发区
666935	736414	406858	881830	404842	779592
310584	286913	158727	415220	176602	472094
40020	53252	108	59863	23274	136039
270564	233661	158619	355357	153328	336055
7479	9022	3908	9726	4789	11160
1567	1921	2	1166	977	2755
5912	7101	3906	8560	3812	8405
62432	118089	981	333745	28304	555472
25776	91742	981	180220	20100	373710
					2631
353380	816767	445029	395836	336120	1072516
17908	142288	250488	147194	111661	379042
120294	33296	13363	87505	89948	26600
1523	424	228	1124	1231	488
29074	4028	2595	19696	12830	7900
181737	152679	58212	205012	91248	323558
96507	25900		20171	29118	53901
85230	126779	58212	184841	62130	269657
61234	48522	21840	78540	30026	133750
24936	3290		8816	6224	20800
36298	45232	21840	69724	23802	112950
2229	1919	757	2405	1144	4681
1245	338		231	398	701
984	1581	757	2174	746	3980
248	210	119	52212	87	121305
	110	119	34658	87	107064
					2631

	全　市	清河区	淮安区	淮阴区
2. 其中：140平方米及以下住房				
房屋施工面积	1830505	474658	137486	83973
其中：新开工面积	594760	200854	24599	33931
房屋竣工面积	268462	138269		25417
其中：不可销售面积	2093	2093		
商品住宅竣工套数	1539	867		120
竣工房屋价值	73889	41666		7394
出租房屋面积				
商品房销售面积	522256	128838	9558	19810
其中：现房销售面积	193335	70837		2997
其中：期房销售面积	328921	58001	9558	16813
商品房销售额	261724	74188	4261	10619
其中：现房销售额	100457	41052		1108
其中：期房销售额	161267	33136	4261	9511
商品住宅销售套数	2979	751	59	72
其中：现房销售套数	1147	420		16
其中：期房销售套数	1832	331	59	56
待售面积	318101	115135		6500
其中：待售1－3年面积	105218	29052		
其中：待售3年以上面积				
3. 其中：别墅、高档公寓				
房屋施工面积	541796	40370		38650
其中：新开工面积	121588	19497		15000
房屋竣工面积	79871	6937		23650
其中：不可销售面积				
商品住宅竣工套数	358	33		110
竣工房屋价值	23715	4162		7094
出租房屋面积				
商品房销售面积	146933	23024		14960
其中：现房销售面积	41977	11611		
其中：期房销售面积	104956	11413		14960

售　　情　　况（续二）

单位：万元、平方米

清浦区	涟水县	洪泽县	盱眙县	金湖县	开发区
229963	177536	30595	262010	73720	360564
5509	110478	13393	135195	21324	49477
	12720	4165	8580	12746	66565
	36	26	56	68	366
	1380	811	1590	1915	19133
30915	24759	3864	80833	17566	206113
5811	5660	289	500	3772	103469
25104	19099	3575	80333	13794	102644
20143	8461	1504	28724	7624	106200
4219	976	108	320	1330	51344
15924	7485	1396	28404	6294	54856
159	148	25	543	91	1131
29	23	2	3	19	635
130	125	23	540	72	496
6406	15080	862	4960	8612	160546
		862	2960	1901	70443
	117880	58244		51255	235397
	8000	10400		31304	37387
	8000				41284
	18				197
	800				11659
				7004	101945
					30366
				7004	71579

	全　　市	清 河 区	淮 安 区	淮 阴 区
商品房销售额	93613	19696		8695
其中：现房销售额	28698	8699		
其中：期房销售额	64915	10997		8695
商品住宅销售套数	634	109		44
其中：现房销售套数	198	55		
其中：期房销售套数	436	54		44
待售面积	135972	23028	286	
其中：待售 1－3 年面积	27403	524	286	
其中：待售 3 年以上面积				
（二）办公楼				
房屋施工面积	284431	126954	36788	29964
其中：新开工面积	105616	84049	2288	8614
房屋竣工面积	54739	33540		
其中：不可销售面积	2850			
商品住宅竣工套数				
竣工房屋价值	17652	13416		
出租房屋面积				
商品房销售面积	32289	26608	1018	
其中：现房销售面积	6182	6182		
其中：期房销售面积	26107	20426	1018	
商品房销售额	22075	18656	611	
其中：现房销售额	7173	7173		
其中：期房销售额	14902	11483	611	

售　　情　　况（续三）

单位：万元、平方米

清浦区	涟水县	洪泽县	盱眙县	金湖县	开发区
				3895	61327
					19999
				3895	41328
				29	452
					143
				29	309
	15000			1927	95731
					26593
2878	39902	33543	2680	2685	9037
	9000	200	965		500
2000		15214	800	2685	500
			800	2050	
500		2844	80	687	125
		3521			1142
		3521			1142
		2523			285
		2523			285

	全　市	清河区	淮安区	淮阴区
商品住宅销售套数				
其中：现房销售套数				
其中：期房销售套数				
待售面积	10480	88		4400
其中：待售 1－3 年面积	1057	88		
其中：待售 3 年以上面积				
（三）商业营业用房				
房屋施工面积	5197228	542248	460153	659756
其中：新开工面积	1942875	214447	162440	207980
房屋竣工面积	625936	189232	78208	90094
其中：不可销售面积	4036	2316		245
商品住宅竣工套数				
竣工房屋价值	188107	94510	22355	10981
出租房屋面积	1880			
商品房销售面积	738591	180110	68492	42493
其中：现房销售面积	169630	76153	13772	17581
其中：期房销售面积	568961	103957	54720	24912
商品房销售额	672128	241362	51519	26699
其中：现房销售额	171768	127223	7327	7035
其中：期房销售额	500360	114139	44192	19664
商品住宅销售套数				
其中：现房销售套数				
其中：期房销售套数				

售　　情　　况（续四）

单位：万元、平方米

清浦区	涟水县	洪泽县	盱眙县	金湖县	开发区
				3066	2926
					969
88643	787759	370114	1255014	433776	599765
2084	170273	196123	736566	134828	118134
16566	25710	9110	78947	95461	42608
	465				1010
4353	5797	1864	14580	14343	19324
	200			1680	
7065	123890	42886	170678	61047	41930
2191	22470	268	1176	24168	11851
4874	101420	42618	169502	36879	30079
9864	94991	31601	149151	32541	34400
2397	8457	78	488	9643	9120
7467	86534	31523	148663	22898	25280

	全　市	清河区	淮安区	淮阴区
待售面积	342288	35015	18564	35739
其中：待售1－3年面积	176561	21305	992	33936
其中：待售3年以上面积				
（四）其他商品房				
房屋施工面积	1676137	190599	193095	353085
其中：新开工面积	686786	62102	110127	192952
房屋竣工面积	222818	91491	8567	17045
其中：不可销售面积	32651	27412	2970	
商品住宅竣工套数				
竣工房屋价值	55782	30696	2292	3988
出租房屋面积				
商品房销售面积	154635	71887	7168	15508
其中：现房销售面积	64073	47971		7019
其中：期房销售面积	90562	23916	7168	8489
商品房销售额	82530	61138	1045	4133
其中：现房销售额	45241	39799		2345
其中：期房销售额	37289	21339	1045	1788
商品住宅销售套数				
其中：现房销售套数				
其中：期房销售套数				
待售面积	56706	3026	7118	4687
其中：待售1－3年面积	42291	57		3789
其中：待售3年以上面积				

售　　情　　况（续五）

单位：万元、平方米

清浦区	涟水县	洪泽县	盱眙县	金湖县	开发区
5499	17394	2253	78051	116142	33631
5499	13296	2253	42163	38827	18290
130746	148147	154871	190617	56608	258369
11762	12927	79595	136490	29143	51688
11192	11800	6036	17408	2764	56515
				383	1886
3224	720	862	2372	611	11017
5001		2800	34963	7409	9899
5001					4082
		2800	34963	7409	5817
1397		718	8893	1808	3398
1397					1700
		718	8893	1808	1698
818		400	2212	5555	32890
		400	2212	5555	30278

8

运输、邮电和电力

本篇编辑：孙永军　罗　劼　张　怡　姚云聪

交　通　运　输、邮　电

	单位	全市	市区	市直	清河区
一、交通					
公路里程	公里	12933	4874		198
其中：等级公路	公里	12043	4522		198
其中：高速公路	公里	403	202		
一级公路	公里	517	236		33
公路客运量	万人	8296	4420		
公路货运量	万吨	5076	2220		
内河港口货物吞吐量	万吨	6598	3876		
水上客运量	万人	3	1		
水上货运量	万吨	5222	2601		
公路客运周转量	亿人公里	46.00	24.50		
公路货运周转量	亿吨公里	145.68	63.73		
水上客运周转量	万人公里	41	12		
水上货运周转量	亿吨公里	160.73	80.05		
民用汽车拥有量	辆	296467	666		51073
其中：私人汽车拥有量	辆	246963	508		41972
二、邮电					
邮政局（所）数	处	174	77	18	
邮电业务总量	万元	280160	166857	65116	12037
固定电话用户	户	851134	518975	198631	17273
#农村电话用户	户	187144			
移动电话年末用户	户	2948254	1692031	527020	131938
#3G 移动电话用户	户	858157	531508	176707	70089
互联网宽带接入用户	户	498358	307356	112063	23585
三、电力					
全年用电量	万千瓦时	1483888	913463		—
其中：工业用电	万千瓦时	1022958	636443		12341
城乡居民生活用电	万千瓦时	256801	147390		—

和电力情况

淮安区	淮阴区	清浦区	开发区	涟水县	洪泽县	盱眙县	金湖县
2081	2111	483		2532	1465	2675	1387
1965	1876	483		2278	1357	2674	1212
87	85	31		41	34	117	8
53	94	56		122	37	60	61
			594	1396	594	1143	743
			380	1165	380	1108	203
994	991	1891	654	692	654	382	994
					2		
				498	1549	320	254
				7.74	3.29	4.12	6.34
				33.42	10.89	5.83	31.80
					29		
				15.33	47.66	7.82	9.86
45528	48980	31150	17399	42725	15200	28056	15690
40472	43220	25262	12234	36581	12325	21784	12605
32	27			35	14	23	25
46966	38221	2650	1866	39921	19078	32564	21740
169848	120254	7025	5944	120258	59552	91284	61065
				85321	24542	52202	25079
493837	469911	40967	28358	441564	218384	372727	223548
135479	121201	16394	11638	107532	64176	86683	68258
85904	69050	10712	6042	56351	41270	52122	41259
171545	138315	—	—	148626	166000	150966	104833
92933	74969	22319	99724	88726	135474	90021	72294
50290	38346	—	—	38686	18248	33140	19337

9

批发零售贸易、住宿餐饮业和对外经济

本篇编辑：陆建国　张永松　李　元

社 会 消 费 品 零 售 总 额

	社会消费品零售总额	按销售所在地分			按行业分	
		城镇	#城区	乡村	批发和零售业	住宿和餐饮业
全　　市	**7212158**	**6405802**	**3854701**	**806356**	**6483561**	**728597**
按季度分						
一季度	1786886	1630154	991634	156732	1603577	183309
二季度	1672457	1401323	879587	271135	1486874	185584
三季度	1734426	1551475	916400	182951	1554549	179877
四季度	2018389	1822851	1067080	195539	1838562	179828
按地区分						
清河区	1149881	1149881	1149881		1049560	100321
淮安区	1111535	1059243	749686	52292	967269	144267
淮阴区	758561	708738	619128	49823	718889	39672
清浦区	776935	728339	609362	48596	660009	116926
开发区	185793	185793	185291		177284	8509
涟水县	736005	618675	118706	117330	644764	91241
洪泽县	669638	496623	21635	173015	594948	74690
盱眙县	716596	486601	56737	229995	627054	89542
金湖县	634504	591300	63668	43204	566854	67651

	法人单位数（个）	年末从业人员数（人）	商品购进总额	#进口额
总计	927	29880	5544598	32396
（一）批发业	445	11455	2874149	26858
其中：国有控股	73	1747	648375	6355
1. 按登记注册类型分组				
内资企业	437	11123	2799594	26858
#国有企业	65	1551	541175	6355
集体企业	3	44	14632	
股份合作企业				
有限责任公司	99	2847	714810	5164
国有独资公司	3	30	20084	
其他有限责任公司	96	2817	694726	5164
股份有限公司	13	451	99050	
私营企业	253	6169	1412177	15339
#私营独资公司	19	500	69912	
私营有限责任公司	223	4927	1181567	15339
私营股份有限公司	11	742	160697	
其他企业	4	61	17750	
港、澳、台商投资企业	6	308	74536	
#港、澳、台商独资经营企业	6	308	74536	
外商投资企业	2	24	20	
#外资企业	2	24	20	
2. 按国民经济行业分组				
农、林、牧产品批发	86	1718	339028	6355
食品、饮料及烟草制品批发	33	2454	552370	
纺织、服装及家庭用品批发	50	1246	208500	3642
文化、体育用品及器材批发	11	207	64956	2576
医药及医疗器材批发	14	899	137584	
矿产品、建材及化工产品批发	117	2229	713004	5783
机械设备、五金产品及电子产品批发	67	1465	318244	2747
贸易经纪与代理	15	262	62326	1889
其他批发业	52	975	478138	3867

法人企业商品购销存

单位：万元

商品销售总额	批发额	#出口额	零售额	年末商品库存总额	年末零售营业面积（平方米）
6262028	**3424900**	**173646**	**2837129**	**435551**	**964552**
3335927	3193326	173422	142601	264786	154901
729768	716553		13215	128544	35334
3241992	3100569	173422	141423	262509	152831
630584	619742		10842	100127	31134
14209	12859		1351	881	100
956654	912208	36047	44446	87404	36386
17911	17911			2173	2000
938743	894297	36047	44446	85231	34386
106938	91327		15611	8136	9166
1513578	1447169	137376	66409	61262	74834
72304	64273	10910	8030	5079	4593
1246211	1191914	110438	54298	50527	64796
195064	190982	16027	4082	5657	5445
20029	17264		2764	4699	1211
93920	92747		1173	2277	150
93920	92747		1173	2277	150
15	10		5		1920
15	10		5		1920
355338	336330		19008	102127	45845
839588	812741	1497	26848	70702	15960
223906	201219	30546	22687	16005	20754
82523	80085	60824	2438	833	2187
142911	130159		12751	14618	6418
726242	702554	9570	23688	39429	30769
375326	349647	15301	25679	10230	17013
84302	79786	51474	4517	3023	3250
505790	500805	4211	4985	7821	12705

	法人单位数（个）	年末从业人员数（人）	商品购进总额	#进口额
3. 按经营方式分组				
独立门店	355	8655	1786230	19349
连锁门店	3	37	10981	
其他	87	2763	1076938	7509
4. 按单位规模分				
大型	3	1352	401213	
中型	53	3263	898089	8811
小型	337	6430	1374229	18048
微型	52	400	161498	
（二）零售业	482	18425	2670448	5538
其中：国有控股	16	2745	803020	
1. 按经济注册类型分组				
内资企业	475	17337	2620986	5538
#国有企业	7	390	28631	
集体企业	9	93	21139	
股份合作企业	2	84	2396	3
有限责任公司	121	5043	1105144	132
#其他有限责任公司	120	3880	664170	132
股份有限公司	16	3239	563339	
私营企业			896210	5403
私营独资公司	61	846	128010	4750
私营合伙企业	8	111	16316	
私营有限责任公司	219	6406	583662	653
私营股份有限公司	26	914	168223	
其他企业	6	211	4128	
港、澳、台商投资企业	4	736	40795	
#港、澳、台商独资经营企业	2	612	9517	
外商投资企业	3	352	8667	
#中外合资经营企业	2	51	3009	

法人企业商品购销存(续一)

单位：万元

商品销售总额	批发额	#出口额	零售额	年末商品库存总额	年末零售营业面积(平方米)
1924236	1820810	155752	103426	145540	113590
11353	9140		2213	730	1500
1400337	1363376	17671	36961	118516	39811
692827	676936		15891	56082	3415
951583	898028	81207	53556	82844	26755
1486944	1420017	90466	66927	101590	112139
157912	151685	1750	6227	24095	12592
2926102	231574	224	2694528	170765	809651
825491	162268		663223	30764	39100
2823114	231438	224	2591676	166502	781670
32920	2711		30208	9436	22479
23410	6905		16505	1979	6765
2731	11		2720	1421	3100
1155336	98094		1057243	47879	265748
714362	18719		695644	44447	262748
583579	86962		496618	23767	126328
1019172	36202	224	982970	81557	
164100	5671		158429	9580	41505
18610	107		18503	924	3938
631524	24256	224	607269	47075	255155
204938	6169		198769	23977	45512
5966	553		5413	466	11140
93189	136		93053	3552	23281
14875	136		14739	2165	9881
9799			9799	711	4700
4741			4741	111	1500

	法人单位数（个）	年末从业人员数（人）	商品购进总额	#进口额
2. 按国民经济行业分组				
综合零售	52	6872	438359	3
食品、饮料及烟草制品专门零售	47	801	41273	
纺织、服装及日用品专门零售	34	558	43202	
文化、体育用品及器材专门零售	18	491	43740	
医药及医疗器材专门零售	47	1978	255517	
汽车、摩托车、燃料及零配件专门零售	145	5048	1264122	5535
家用电器及电子产品专门零售	64	1480	173640	
五金、家具及室内装饰材料专门零售	44	704	313712	
货摊、无店铺及其他零售业	31	493	96886	
3. 按经营方式分组				
独立门店	444	13056	2096947	5538
连锁总店（总部）	1	886	25278	
连锁门店	13	3310	268742	
其他	24	1173	279483	
4. 按零售业态分组				
有店铺零售	481	18405	2669617	5538
食杂店	2	66	1965	
便利店	5	126	13426	
超市	30	1978	66325	3
大型超市	8	3218	155678	
百货店	25	1781	229387	
专业店	291	7797	1614071	4882
专卖店	96	2504	475065	
家居建材店	11	313	22544	
购物中心	2	368	73894	
厂家直销中心	11	254	17261	653
无店铺零售	1	20	832	
电话购物				
5. 按单位规模分				
大型	9	6826	1002291	
中型	56	5561	648852	3
小型	254	5008	790363	785
微型	163	996	228690	4750

法人企业商品购销存（续二）

单位：万元

商品销售总额	批发额	#出口额	零售额	年末商品库存总额	年末零售营业面积（平方米）
527624	2497	62	525128	40921	359972
43798	6905	162	36893	6220	16874
45055	9445		35610	5674	14223
52416	2711		49705	11106	14489
273349	64202		209146	20198	30667
1335280	120531		1214749	65143	241975
203426	10247		193179	9141	59451
345825	10286		335540	9178	29174
99329	4751		94579	3183	42826
2291198	150536	224	2140661	133893	560136
31731			31731	5972	5999
308435	20069		288367	15451	166185
294738	60969		233769	15449	77331
2925395	231574	224	2693822	170640	809651
1925			1925	744	589
14408	395		14013	643	2498
73628	3027	62	70601	10791	44479
186573	162		186411	15317	210944
277838	4962		272876	17401	107247
1774553	206021	162	1568532	83712	252302
470661	6646		464015	36950	139685
23318	8720		14598	3959	8380
83720			83720	236	31150
18772	1640		17132	887	12377
707			707	125	
1048574	99491		949083	25846	241512
786011	68141		717870	82483	203008
857488	49107	224	808381	46091	261030
233650	14835		218815	16186	102101

	法人企业数（个）	年初存货	流动资产合计	#应收账款	#存货
总计	**927**	**371452**	**1551749**	**297262**	**343968**
（一）批发业	445	211965	923773	217776	198319
其中：国有控股	73	116414	340378	31740	109536
1. 按登记注册类型分组					
内资企业	437	207767	893811	192856	194180
#国有企业	65	92724	275576	21657	81366
集体企业	3	2001	3146	151	2331
股份合作企业					
有限责任公司	99	49686	297692	63745	68933
国有独资公司	3	12	12112	3045	2097
其他有限责任公司	96	49674	285581	60700	66836
股份有限公司	13	6336	45670	19211	7598
私营企业	253	54191	259197	85058	33855
#私营独资公司	19	3161	23466	3022	2273
私营有限责任公司	223	48746	226855	80493	30308
私营股份有限公司	11	2284	8875	1542	1275
其他企业	4	2828	12530	3035	98
港、澳、台商投资企业	6	4196	29911	24900	4139
#港、澳、台商独资经营企业	6	4196	29911	24900	4139
外商投资企业	2	2	51	20	
#外资企业	2	2	51	20	
2. 按国民经济行业分组					
农、林、牧产品批发	86	89569	175627	26320	82888
食品、饮料及烟草制品批发	33	47977	318490	20093	56439
纺织、服装及家庭用品批发	50	15432	73695	24719	13896
文化、体育用品及器材批发	11	341	12066	6174	401
医药及医疗器材批发	14	11690	53898	25596	11042
矿产品、建材及化工产品批发	117	20714	131296	47911	15075
机械设备、五金产品及电子产品批发	67	14636	79346	42848	12661
贸易经纪与代理	15	4767	13760	2432	1020
其他批发业	52	6839	65594	21684	4897

法人企业主要财务状况（一）

单位：万元

固定资产合计	固定资产原价	累计折旧	#本年折旧	在建工程	资产总计	流动负债合计	#应付账款
513408	**643483**	**152777**	**50589**	**37625**	**2617436**	**1227268**	**264635**
197018	243261	58132	25080	4513	1525702	655785	150302
57532	86048	29016	12815	830	411897	203836	29246
186085	239161	57438	24795	4513	1484266	629536	133121
48419	75263	27104	11321	630	334141	148304	25330
1139	1292	255	92		4285	844	429
43800	49191	6656	3934	1162	496562	210325	39012
490	522	32	24		12601	8328	1728
43310	48669	6624	3911	1162	483961	201997	37285
13456	17297	3846	1336	5	132838	36059	13975
78895	95587	19424	8010	2715	503224	224566	54376
3912	4815	903	380	58	29831	15300	3156
69239	84500	17960	7392	2519	392630	158759	48832
5744	6272	561	238	138	80763	50507	2387
376	531	155	102		13216	9437	
10883	4100	694	285		41333	26250	17181
10883	4100	694	285		41333	26250	17181
51					103		
51					103		
48302	66810	19342	7245	770	236820	161147	30050
34663	51257	16753	9784	469	432526	173460	7806
21410	25869	5362	1866	1494	105070	62768	14024
1725	2020	336	163		14687	10423	5630
13497	15455	2835	1013	262	70828	51409	12219
27026	32686	6540	2487	116	360066	72854	26433
25255	20069	2711	1116	1402	113551	61013	33078
7544	8766	1322	379		31798	14023	3593
17599	20330	2931	1026		160357	48689	17470

	法人企业数（个）	年初存货	流动资产合计	#应收账款	#存货
3. 按经营方式分组					
独立门店	355	119977	415786	137476	95553
连锁门店	3	478	2078	951	678
其他	87	91509	505908	79349	102088
4. 按单位规模分					
大型	3	27631	275173	13444	44790
中型	53	76311	254724	90906	74400
小型	337	100114	330665	90514	74762
微型	52	7909	63211	22913	4367
（二）零售业	482	159488	627976	79486	145649
其中：国有控股	16	26615	94998	32430	26005
1. 按经济注册类型分组					
内资企业	475	158134	610443	79162	141120
#国有企业	7	5631	12816	678	5157
集体企业	9	1291	8377	2483	959
股份合作企业	2	1108	1197		1140
有限责任公司	121	48164	118128	14334	44575
#其他有限责任公司	120	43785	114194	14273	40792
股份有限公司	16	26640	257638	38088	24885
私营企业		74680	211114	23373	63577
私营独资公司	61	8044	18316	2795	7672
私营合伙企业	8	1392	5941	548	514
私营有限责任公司	、	48810	157470	16649	42707
私营股份有限公司	26	16434	29386	3382	12684
其他企业	6	622	1174	206	827
港、澳、台商投资企业	4	1119	12094	226	3569
#港、澳、台商独资经营企业	2	15	2772	40	2182
外商投资企业	3	234	5439	98	960
#中外合资经营企业	2	234	3647	18	360

法人企业主要财务状况（一）（续一）

单位：万元

固定资产合计	固定资产原价	累计折旧	#本年折旧	在建工程	资产总计	流动负债合计	#应付账款
133408	156382	34191	13652	3293	928529	369954	109615
179	326	147	131	19	2276	1227	422
63431	86552	23794	11296	1201	594897	284605	40265
20181	32561	12405	8551	344	370961	133642	1129
60909	68830	16820	5061	1398	332767	229086	53990
112300	137247	27862	11124	2770	566551	256900	78454
3628	4622	1045	344		255423	36158	16729
316390	400222	94645	25509	33112	1091735	571483	114333
50858	76105	29817	4335	16995	191200	85019	37849
280575	354905	85142	22777	32380	1034900	538572	103398
4804	9227	4423	235		20361	11920	7203
4395	5002	1606	328		12835	5706	997
72	133	62	10		1269	943	50
57372	83637	26838	5794	11466	230990	123282	10899
34596	47630	13607	4253	1579	177071	116639	10864
103945	121922	22591	4802	17883	384451	224628	50772
109649	134504	29482	11504	3031	383479	171201	32741
17298	20221	3132	1328		39786	14158	3151
4514	4983	564	227		12593	6620	1295
80569	96865	20558	7851	3031	272986	131378	24478
7268	12435	5228	2098		58114	19043	3817
338	480	141	104		1514	893	736
26486	35289	8803	2334	2	39431	21615	5958
2445	2901	457	351		5720	4267	222
9329	10029	700	398	731	17404	11296	4977
4446	4943	497	195	728	10643	6066	465

	法人企业数（个）	年初存货	流动资产合计	#应收账款	#存货
2. 按国民经济行业分组					
综合零售	52	39447	247164	6318	37447
食品、饮料及烟草制品专门零售	47	5877	16756	3863	4664
纺织、服装及日用品专门零售	34	7596	12243	3601	2101
文化、体育用品及器材专门零售	18	5962	21426	2281	6121
医药及医疗器材专门零售	47	18038	85306	36861	19482
汽车、摩托车、燃料及零配件专门零售	145	59525	165476	9427	56409
家用电器及电子产品专门零售	64	9278	42446	5583	9505
五金、家具及室内装饰材料专门零售	44	10130	16097	3535	4409
货摊、无店铺及其他零售业	31	3635	21063	8016	5510
3. 按经营方式分组					
独立门店	444	124698	490282	43498	105874
连锁总店（总部）	1	5669	8541	67	5972
连锁门店	13	14958	38217	1296	16110
其他	24	14163	90936	34625	17694
4. 按零售业态分组					
有店铺零售	481	159488	627596	79411	145524
食杂店	2	508	1294	277	491
便利店	5	591	2681	703	931
超市	30	13039	24757	1780	13454
大型超市	8	14306	40800	233	17824
百货店	25	17118	183029	4347	5706
专业店	291	75670	263377	62516	75930
专卖店	96	33085	85272	6756	28406
家居建材店	11	3833	4955	884	1535
购物中心	2	260	14710	497	236
厂家直销中心	11	1077	6721	1419	1010
无店铺零售	1		380	75	125
电话购物					
5. 按单位规模分					
大型	9	32731	225693	1829	27502
中型	56	65767	208332	45242	74225
小型	254	46751	154007	23166	33269
微型	163	14239	39945	9249	10653

法人企业主要财务状况（一）（续二）

单位：万元

固定资产合计	固定资产原价	累计折旧	#本年折旧	在建工程	资产总计	流动负债合计	#应付账款
112928	148927	36089	8710	5	374386	252611	46274
8492	10114	1778	489	590	26752	13110	2545
10030	11230	2381	866		24683	8962	1674
7400	13280	5903	751	94	31272	12174	6999
17468	16827	4170	1130	2948	106057	80608	32614
91471	127091	36354	9218	17204	366604	153062	9543
9385	11025	2207	883		54954	22989	4558
21533	20996	2550	2061		40061	10332	3393
37682	40735	3213	1401	12273	66967	17636	6732
255838	324638	74878	21194	14611	868299	448940	74429
782	1753	971	204		9752	6778	4870
24936	40795	15934	3434	4264	83721	49264	5801
34835	33037	2861	677	14238	129964	66501	29232
316363	400193	94643	25508	33112	1091327	571193	114333
199	308	111	9		1781	1799	126
2042	2174	132	78		4723	2255	623
13003	17552	4604	1479	3	39660	23676	11018
22580	34505	11926	3202	2	67961	59976	9377
80899	100940	20202	4185		272283	170042	25965
150880	187276	45658	10295	31928	494457	220678	57686
25742	34083	8833	4073	316	159221	80001	5733
14410	15153	1502	1470		19988	2196	1635
500	1174	674	117	136	15426	1753	484
6109	7029	1002	601	728	15828	8818	1687
27	29	2	2		408	290	
114054	156896	42842	8620	14151	389039	208893	30025
98192	121485	28060	7804	14740	343784	204329	54732
75834	89789	18959	7108	2666	280663	135065	21601
28309	32052	4784	1977	1556	78249	23195	7975

	非流动负债合计	负债合计	所有者权益合计		
				#实收资本	国家资本
总　　计	**171164**	**1472564**	**1144872**	**490575**	**37656**
（一）批发业	101666	807056	718646	266883	33429
其中：国有控股	11955	215792	196105	34377	32633
1. 按登记注册类型分组					
内资企业	101666	780776	703490	261126	33429
#国有企业	11712	160016	174125	20042	18797
集体企业		855	3430	462	
股份合作企业					
有限责任公司	4426	240063	256499	60548	13886
国有独资公司		8328	4273	1050	1050
其他有限责任公司	4426	231735	252226	59498	12836
股份有限公司	71318	109826	23012	8573	590
私营企业	13185	259555	243669	169051	156
#私营独资公司	64	15293	14538	13145	
私营有限责任公司	10003	189005	203626	149961	156
私营股份有限公司	3119	55258	25505	5946	
其他企业	1025	10462	2755	2450	
港、澳、台商投资企业		26250	15084	5758	
#港、澳、台商独资经营企业		26250	15084	5758	
外商投资企业		30	72		
#外资企业		30	72		
2. 按国民经济行业分组					
农、林、牧产品批发	14769	175928	60892	34579	25026
食品、饮料及烟草制品批发	1019	176832	255694	13182	2917
纺织、服装及家庭用品批发	839	67765	37304	20383	2530
文化、体育用品及器材批发	359	10781	3905	2324	
医药及医疗器材批发		56237	14591	10410	1000
矿产品、建材及化工产品批发	5437	114047	246018	130643	1176
机械设备、五金产品及电子产品批发	6687	67907	45644	26492	
贸易经纪与代理	1447	17666	14133	4755	20
其他批发业	71109	119893	40464	24115	760

法人企业主要财务状况（二）

单位：万元

集体资本	法人资本	个人资本	港澳台资本	外商资本	主营业务收入	主营业务成本	主营业务税金及附加	其他业务利润
4280	**114336**	**319870**	**9433**	**5001**	**5670875**	**4751733**	**63876**	**24079**
2133	36332	190225	4664	100	3012521	2443578	41624	7040
701	800	244			661106	547369	18827	2846
2133	35140	190225	99	100	2919097	2364532	41184	7040
701	300	244			532396	423782	18800	307
412	50				14194	11098	92	
520	11457	34486	99	100	840829	619188	7747	1925
					16488	14578	3	
520	11457	34486	99	100	824341	604610	7744	1925
490	5680	1813			96089	83390	396	0
10	15253	153632			1416000	1209645	13956	4807
	500	12645			66900	56647	493	1
10	12403	137391			1161248	995994	11878	4806
	2350	3596			187852	157004	1585	
	2400	50			19588	17429	193	
	1193		4565		93425	79016	440	
	1193		4565		93425	79016	440	
					0	30		
					0	30		
1123	2278	6152			345301	293309	2314	2764
	4375	5890			722956	462856	20531	-661
10	9323	8422	49	50	215926	190013	955	324
	600	1724			71311	55629	332	
	500	8910			133181	116103	1329	156
	10046	119021	400		638035	539316	6923	458
80	6862	15386	4165		351309	307891	1928	3969
10	30	4595	50	50	75532	60475	1256	14
910	2319	20126			458971	417987	6055	16

	非流动负债合计	负债合计	所有者权益合计	#实收资本	国家资本
3. 按经营方式分组					
独立门店	89425	503090	425439	218898	26098
连锁门店	682	1227	1048	550	
其他	11559	302739	292158	47435	7331
4. 按单位规模分					
大型		135275	235686	3841	1305
中型	12309	245339	87428	53439	15124
小型	88217	355791	210760	119493	16820
微型	1140	70652	184771	90110	180
（二）零售业	69499	665508	426226	223692	4227
其中：国有控股	8967	104031	87169	27479	4131
1. 按经济注册类型分组					
内资企业	69499	632598	402302	206922	4227
#国有企业	1380	13301	7061	3264	3139
集体企业	517	8223	4612	2836	
股份合作企业	82	1025	244	109	22
有限责任公司	2314	127696	103294	45445	600
#其他有限责任公司	2197	120936	56135	45445	600
股份有限公司	57253	292947	91504	38429	392
私营企业	7932	188492	194987	116370	74
私营独资公司	534	15262	24523	9387	
私营合伙企业		6981	5613	3963	
私营有限责任公司	5482	137529	135457	76476	72
私营股份有限公司	1917	28720	29393	26545	2
其他企业	20	913	601	469	
港、澳、台商投资企业		21615	17817	11769	
#港、澳、台商独资经营企业		4267	1454	402	
外商投资企业		11296	6108	5001	
#中外合资经营企业		6066	4577	3113	

法人企业主要财务状况（二）（续一）

单位：万元

集体资本	法人资本	个人资本	港澳台资本	外商资本	主营业务收入	主营业务成本	主营业务税金及附加	其他业务利润
2123	22741	163771	4115	50	1761287	1473797	16715	7291
	130	420			13067	12213	14	13
10	13461	26035	549	50	1238168	957568	24895	-264
	2306	230			595254	353557	19677	-729
	10802	24514	3000		868355	762169	3574	2808
2133	20573	78203	1664	100	1397819	1219345	14321	4941
	2652	87279			151093	108506	4052	20
2147	78004	129645	4769	4901	2658353	2308155	22252	17039
	23188	160			726502	682611	818	1425
2147	71004	129545			2567792	2232151	21332	11449
	125				29063	23061	102	787
2107	528	200			21946	18041	164	
	66	22			2341	1952	2	12
30	19071	25744			1074132	947026	5544	4669
30	19071	25744			697231	590610	5189	4604
	37227	810			496783	447506	1257	3487
9	13667	102620			937913	789997	14090	2494
	859	8528			142255	118261	2339	263
	1270	2693			12595	10515	155	9
7	10413	65984			586709	495838	6774	981
2	1125	25416			196354	165384	4821	1242
	320	149			5613	4569	173	
	7000		4769		80806	68726	808	5079
			402		13236	9611	158	
		100		4901	9755	7278	112	511
		100		3013	4697	3001	83	

	非流动负债合计	负债合计	所有者权益合计	#实收资本	国家资本
2. 按国民经济行业分组					
综合零售	52721	306259	68127	39636	122
食品、饮料及烟草制品专门零售	660	15054	11698	7207	351
纺织、服装及日用品专门零售	47	12546	12137	8126	
文化、体育用品及器材专门零售	2876	15073	16199	5249	3000
医药及医疗器材专门零售	736	82287	23770	10547	502
汽车、摩托车、燃料及零配件专门零售	9128	179779	186825	105444	250
家用电器及电子产品专门零售	1100	23162	31792	14746	2
五金、家具及室内装饰材料专门零售	1284	12424	27637	22574	
货摊、无店铺及其他零售业	947	18925	48042	10164	
3. 按经营方式分组					
独立门店	62682	528016	340283	182153	4127
连锁总店（总部）		6778	2974	1700	
连锁门店	6247	63039	20682	24690	100
其他	570	67676	62288	15149	
4. 按零售业态分组					
有店铺零售	69499	665219	426109	223592	4227
食杂店	4	1807	-26	401	351
便利店	126	2381	2342	655	
超市	332	24440	15219	9231	22
大型超市		59976	7985	5219	100
百货店	52489	223267	49016	28133	
专业店	13680	253737	240720	95798	3572
专卖店	1329	84917	74304	59260	110
家居建材店	175	2759	17229	16356	
购物中心	270	2022	13404	5220	
厂家直销中心	1096	9913	5915	3318	72
无店铺零售		290	118	100	
电话购物					
5. 按单位规模分					
大型	56560	275462	113578	37686	
中型	3867	211605	132179	80069	3243
小型	6111	149994	130668	81780	806
微型	2961	28448	49801	24157	178

法人企业主要财务状况（二）（续二）

单位：万元

					主营业务	主营业务	主营业务	其他业务
集体资本	法人资本	个人资本	港澳台资本	外商资本	收入	成本	税金及附加	利润
500	22883	9624	4619	1888	429865	355077	2586	13549
	1135	5721			40579	31178	1404	81
1100	310	6716			40075	30347	1017	1
30	355	1864			47956	37606	421	875
	5671	4374			236590	216470	1643	334
515	41596	62934	150		1251519	1129633	11400	2089
2	1679	13062			176641	153761	803	110
	300	22274			344887	280875	2097	
	4075	3076		3013	90241	73208	882	
2047	50012	117815	3252	4901	2078124	1782687	20026	9653
	605	1095			28160	24302	65	42
	21173	2050	1367		293032	262148	1254	7100
100	6214	8685	150		259038	239018	907	244
2147	78004	129545	4769	4901	2657647	2307680	22252	17039
		50			2118	1573	10	
		655			12329	11125	12	21
	3711	3611		1888	64338	53526	367	663
	2000	1500	1619		169846	141495	825	6630
500	17223	7410	3000		201899	164998	1994	6366
1639	46156	42168	150	2113	1643506	1465393	6399	2588
	8290	50860			451569	372717	11420	770
	50	16306			21752	19276	407	
		5220			71714	64526	192	
7	575	1764		900	18577	13051	626	1
		100			707	475		
	29724	6595	1367		894989	807522	1900	7630
	26661	45025	3252	1888	743314	660702	6683	8232
1809	18366	57786		3013	815603	672353	8485	1077
337	3253	20238	150		204447	167577	5184	100

	销售费用	管理费用	#税　金	#财务费用	#利息收入	#利息支出
总　　计	**228833**	**133961**	**6650**	**31741**	**5768**	**14694**
（一）批发业	113176	72241	4015	15933	5303	7761
其中：国有控股	11204	24572	668	1265	4029	3443
1. 按登记注册类型分组						
内资企业	112583	71376	3960	16010	5046	7805
#国有企业	9811	22251	413	－373	3848	1623
集体企业	132	476		41		
股份合作企业						
有限责任公司	58033	15440	1234	2742	1151	2612
国有独资公司	127	170		3		4
其他有限责任公司	57905	15270	1234	2739	1150	2608
股份有限公司	4171	1967	66	1174	5	869
私营企业	40210	30819	2248	12190	46	2698
#私营独资公司	2104	1461	36	474	5	377
私营有限责任公司	28206	23526	1901	7583	35	2288
私营股份有限公司	9900	5832	311	4133	6	34
其他企业	226	423		237	－4	3
港、澳、台商投资企业	583	855	55	－77	257	－45
#港、澳、台商独资经营企业	583	855	55	－77	257	－45
外商投资企业	10	10				
#外资企业	10	10				
2. 按国民经济行业分组						
农、林、牧产品批发	7566	10311	196	5319	21	2525
食品、饮料及烟草制品批发	57494	25493	354	－3105	4758	559
纺织、服装及家庭用品批发	8983	5283	374	1963	136	966
文化、体育用品及器材批发	2169	2264	7	700	3	128
医药及医疗器材批发	4150	2428	12	1424	39	1142
矿产品、建材及化工产品批发	12929	11087	2314	3306	52	1289
机械设备、五金产品及电子产品批发	7839	6599	336	756	270	359
贸易经纪与代理	4021	3053	322	648	5	24
其他批发业	8026	5724	101	4921	20	770

法人企业主要财务状况（三）

单位：万元

资产减值损失	投资收益	营业利润	补贴收入	营业外收入	利润总额	应交所得税	应付职工薪酬（本年贷方累计发生额）	应交增值税
38	**-75**	**478593**	**11224**	**13845**	**442317**	**69156**	**110745**	**166272**
17	64	327978	10935	12017	300495	54261	41529	106925
-32	60	61000	3568	4037	62123	16278	5703	14070
17	64	315370	10935	12017	287933	54071	40346	106487
-32	60	58686	3558	3896	59754	15947	4957	13841
		2355			2355	106	240	285
35	4	139424	3149	3542	129940	27352	11649	42766
		1638			1607	129	123	22
35	4	137786	3149	3542	128333	27224	11526	42744
		4992	39	40	1736	262	1378	4324
13		108832	4189	4539	93067	10210	21923	45094
		6247	22	89	6191	886	1997	1244
13		92597	4129	4412	78388	7661	17747	38280
		9989	38	38	8489	1663	2180	5570
		1081			1081	194	199	178
		12608			12563	190	1183	438
		12608			12563	190	1183	438
-31	60	28925	2683	2984	29044	2887	6947	3508
42		159325	875	1197	148041	39338	8705	37120
10		9606	42	56	8558	1120	4487	4939
		10217	10	15	9462	180	781	490
		7822		158	8121	127	3084	727
-5		62368	30	65	46046	5029	7898	11499
		26386	211	381	25248	1671	5334	4601
		6094	47	47	5113	719	1133	4732
	4	17235	7038	7115	20863	3189	3159	39309

	销售费用	管理费用	#税　　金	#财务费用	#利息收入	#利息支出
3. 按经营方式分组						
独立门店	51762	43083	3210	16152	524	4484
连锁门店	297	165	12	46	2	5
其他	61118	28993	794	-265	4777	3271
4. 按单位规模分						
大型	53258	21642	303	-4629	4742	
中型	23251	15600	261	9830	437	3840
小型	32146	30074	1561	10148	110	3454
微型	4521	4925	1890	584	13	468
（二）零售业	115657	61720	2635	15808	466	6934
其中：国有控股	24339	8220	273	1773	26	1533
1. 按经济注册类型分组						
内资企业	105528	59386	2366	15526	285	6799
#国有企业	2618	1558	98	9	-1	
集体企业	341	479	24	252		95
股份合作企业	261	100	1	2		2
有限责任公司	48207	22462	644	3976	120	1577
#其他有限责任公司	36887	18729	644	3688	120	1577
股份有限公司	24188	11174	799	3658	114	2826
私营企业	29615	23399	794	7599	46	2284
私营独资公司	4795	3311	79	1752	8	244
私营合伙企业	125	248	5	138		
私营有限责任公司	22356	16391	484	4645	18	1554
私营股份有限公司	2339	3450	227	1065	21	486
其他企业	298	215	5	30	6	15
港、澳、台商投资企业	8402	1954	258	230	155	68
#港、澳、台商独资经营企业	179	838	24	112		33
外商投资企业	1727	380	11	52	26	66
#中外合资经营企业	143	356	11	42	24	66

法人企业主要财务状况（三）（续一）

单位：万元

资产减值损失	投资收益	营业利润	补贴收入	营业外收入	利润总额	应交所得税	应付职工薪酬（本年贷方累计发生额）	应交增值税
2	4	161579	2942	3224	137422	12951	31151	38860
		344	39	39	385	83	120	342
15	60	166055	7953	8754	162688	41227	10258	67722
42		151010		321	139802	38333	5536	34756
		55978	955	1274	57300	4623	11115	9187
-18	64	92343	8612	9037	84008	9510	23707	55192
-7		28647	1368	1386	19386	1795	1172	7790
21	-138	150615	289	1828	141822	14895	69216	59347
549		9543		556	7824	561	11200	6015
21	-138	144144	227	1760	135272	13345	65931	57421
156		2344		133	577	29	1368	336
		2651			2488	432	401	491
		37			15		172	65
378	-240	50930		211	50509	2528	18040	18613
13	-240	46508		203	46079	2528	13821	15441
-963	49	13199	41	534	13206	2478	13400	6680
450	53	74612	186	882	68107	7833	32075	31090
450		11613	7	30	9714	1687	3629	4330
		1424			733	110	330	152
	21	42193	178	816	38491	5024	23430	23309
	32	19382		37	19169	1013	4686	3299
		370			370	44	476	146
		5766	62	65	5821	1300	2551	1860
		2338			2338	430	418	583
		706		3	728	250	734	66
		1061		2	1064	250	120	66

	销售费用	管理费用	#税　金	#财务费用	#利息收入	#利息支出
2. 按国民经济行业分组						
综合零售	43798	16828	1006	3976	313	1377
食品、饮料及烟草制品专门零售	1897	1401	28	700	20	505
纺织、服装及日用品专门零售	1518	1211	37	277	4	137
文化、体育用品及器材专门零售	3328	2746	142	－16	77	19
医药及医疗器材专门零售	7804	3962	131	1762	－37	1340
汽车、摩托车、燃料及零配件专门零售	29874	16663	555	5611	34	3014
家用电器及电子产品专门零售	8907	3200	231	797	28	364
五金、家具及室内装饰材料专门零售	15075	11796	271	1213		40
货摊、无店铺及其他零售业	3457	3914	232	1489	27	138
3. 按经营方式分组						
独立门店	73243	54984	2423	13541	329	4871
连锁总店（总部）	2558	1605		99		
连锁门店	31448	1962	88	639	174	771
其他	8409	3169	124	1529	－37	1292
4. 按零售业态分组						
有店铺零售	115474	61689	2635	15808	466	6934
食杂店	157	133		1		
便利店	409	137	17	84		57
超市	5578	3000	61	594	3	2
大型超市	23987	3486	30	876	162	59
百货店	14314	10501	906	2493	149	1271
专业店	54671	34791	963	8367	128	4097
专卖店	10468	7960	372	2930	5	1316
家居建材店	208	566	257	26		8
购物中心	5199	560	10	174	1	
厂家直销中心	483	557	20	264	17	123
无店铺零售	183	31				
电话购物						
5. 按单位规模分						
大型	54135	15995	700	3872	304	1780
中型	27722	15258	729	5081	4	3096
小型	26961	25146	1075	4446	132	1489
微型	6839	5320	131	2410	26	568

法人企业主要财务状况（三）（续二）

单位：万元

资产减值损失	投资收益	营业利润	补贴收入	营业外收入	利润总额	应交所得税	应付职工薪酬（本年贷方累计发生额）	应交增值税
-978	81	20849	238	730	19942	4600	22980	10689
		4118		52	3919	563	2429	1257
		5719		4	3979	566	1993	8656
164		4571		125	2470	253	2292	671
20		5361	21	393	4755	820	6162	2472
365	-219	59403	27	325	58278	4270	23697	28687
		9963	2	181	8384	1185	4799	2496
		33846			33440	1332	3140	1693
450		6786		17	6656	1305	1725	2725
-13	-138	141519	91	736	134406	12927	51993	51070
		-426	174	462	29	7	2315	428
14		2661	21	97	1655	657	9957	6587
20		6861	2	534	5733	1305	4950	1262
21	-138	150597	289	1828	141804	14895	69133	59347
		242		52	294	2	104	22
		584			368	105	320	156
		1861	174	462	1617	325	4861	1284
14		5793	2	151	5914	1737	9667	6506
-992	81	13748	62	116	13025	2555	8945	3137
549	-240	75383	51	750	69274	7044	29059	18737
450	21	46406		132	45800	1975	12388	28376
		1271			1270	173	1392	543
		1657		162	1819	432	1566	128
		3652		2	2422	547	830	458
		18			18		83	
-630	49	19728	198	840	20478	3244	24628	10800
193	-187	35214	62	694	32488	3677	21694	20674
8		78904	19	266	74083	5593	19483	11919
450		16769	10	28	14773	2381	3412	15953

	法人企业数（个）	年末从业人员数（人）	营业额	客房收入
一、合　　计	**166**	**10638**	**171417**	**40335**
（一）住宿业	56	4749	69513	30764
其中：国有控股	7	634	10650	3725
1. 按登记注册类型分组				
内资企业	54	4381	64353	27507
#国有企业	2	270	4268	1599
集体企业	2	117	916	196
联营企业				
#集体联营企业				
国有与集体联营企业				
有限责任公司	16	1351	22740	9736
#其他有限责任公司	13	1114	17918	8499
股份有限公司	5	694	9407	4908
私营企业	28	1904	26246	10673
#私营独资企业	6	248	4398	3300
私营有限责任公司	19	1234	16319	5640
私营股份有限公司	3	422	5529	1733
其他企业	1	45	777	395
港、澳、台商投资企业	1	88	1292	1186
#港澳台商合资经营企业				
外商投资企业	1	280	3868	2071
#外商投资股份有限公司	1	280	3868	2071
其他外商投资				
2. 按国民经济行业分组				
旅游饭店	45	4526	62511	26002
一般旅馆	10	200	6670	4430
其他住宿业	1	23	333	333
3. 按星级等级分组				
二星	3	133	1504	513
三星	18	1837	22602	6876
四星	8	1345	20867	8473
五星	2	568	8190	4019
其他	25	866	16351	10883
4. 按经营方式分组				
独立门店	49	4446	65756	28491
连锁门店	3	118	1212	957
其他	4	185	2545	1316
5. 按单位规模分				
中型	11	2538	37573	13254
小型	39	2027	29255	15304
微型	6	59	1535	1256

业法人企业经营情况

单位：万元

餐费收入	商品销售额	其他收入	客房数（间）	床位数（个）	餐位数（位）	年末餐饮营业面积（平方米）
119966	**3009**	**8108**	**7374**	**12397**	**57816**	**257258**
30591	1175	6984	5382	8881	17716	120829
4730	915	1280	682	1034	2475	13010
28867	1170	6809	4818	7955	16550	114988
2443	2	225	328	497	1250	3550
639		81	88	162	400	1000
10651	923	1430	1423	2336	3889	38966
9000	27	393	1262	2123	3034	33706
4328	82	89	759	1232	3270	19171
10426	163	4984	2180	3650	7675	51801
1098			334	542	1186	15308
5967	163	4549	1439	2378	4389	24130
3361		435	407	730	2100	12363
382			40	78	66	500
85	5	16	207	346	90	200
1638		160	357	580	1076	5641
1638		160	357	580	1076	5641
28752	1143	6615	4708	7760	17153	114419
1839	32	370	564	905	563	6410
			110	216		
686	33	272	106	203	800	6060
10809	139	4778	1499	2608	6859	45918
10421	952	1021	1209	2009	4922	30313
3882		289	614	929	2200	10854
4792	51	624	1954	3132	2935	27684
29362	1154	6750	4836	7998	16386	105174
219	17	18	295	434	200	2200
1010	4	216	251	449	1130	13455
17469	984	5867	2106	3391	9212	55662
12671	172	1110	2962	4951	8033	58864
251	19	8	290	497	351	5483

	法人企业数（个）	年末从业人员数（人）	营业额	客房收入
（二）餐饮业	110	5889	101904	9571
其中：国有控股	5	334	7075	793
1. 按登记注册类型分组				
内资企业	107	5659	97409	9496
#国有企业	1	26	1087	
集体企业				
有限责任公司	27	1518	22616	3750
国有独资公司	2	114	4104	497
其他有限责任公司	25	1404	18512	3253
股份有限公司	3	371	6745	2373
私营企业	75	3741	66925	3373
私营独资企业	25	880	16650	392
私营合伙企业	6	164	5198	289
私营有限责任公司	41	2574	43427	2499
私营股份有限公司	3	123	1650	193
其他企业	1	3	37	
港、澳、台商投资企业	3	230	4495	75
#港澳台商合作经营企业	2	172	1416	75
港、澳、台商独资经营企业	1	58	3079	
2. 按国民经济行业分组				
正餐服务	103	5303	95010	9571
快餐服务	2	50	572	
饮料及冷饮服务	2	41	711	
其他餐饮业	3	495	5612	
3. 按经营方式分组				
独立门店	103	5024	93082	8796
连锁门店	2	378	2539	10
其他	5	487	6284	765
4. 按单位规模分组				
大型				
中型	3	1068	12766	2373
小型	96	4630	84437	6669
微型	11	166	3982	457

业法人企业经营情况（续）

单位：万元

餐费收入	商品销售额	其他收入	客房数（间）	床位数（个）	餐位数（位）	年末餐饮营业面积（平方米）
89375	1835	1124	1992	3516	40100	136429
5742	64	476	72	126	1620	9756
84956	1835	1124	1892	3376	38450	130229
1087					200	3456
18120	269	477	1014	1727	8353	29625
3066	64	476	40	80	820	2200
15054	204	0	974	1647	7533	27425
4342	30	0	293	560	1880	5020
61369	1536	647	585	1089	27837	91928
15817	315	126	32	63	8812	35688
4799	110		77	121	1980	3940
39368	1061	499	439	786	16529	48700
1386	50	22	37	119	516	3600
37					180	200
4419			100	140	1650	6200
1341			100	140	1200	4800
3079					450	1400
82481	1835	1124	1992	3516	38955	130609
572					191	1800
711					288	2000
5612					666	2020
81530	1718	1038	1719	2990	35883	122109
2445	84		12	30	1795	6200
5401	33	86	261	496	2422	8120
10372	21		293	560	2766	9700
74882	1762	1124	1596	2755	35396	116020
3491	34		50	110	1588	9709

	法人企业数（个）	年初存货	流动资产合计	#应收账款
一、合计	**166**	**6020**	**130997**	**11940**
（一）住宿业	56	2654	72484	5283
其中：国有控股	7	212	3527	395
1. 按登记注册类型分组				
内资企业	54	2472	70726	5176
#国有企业	2	156	2156	196
集体企业	2	112	785	232
联营企业				
#集体联营企业				
国有与集体联营企业				
有限责任公司	16	571	25456	590
#其他有限责任公司	13	525	24155	394
股份有限公司	5	536	3927	942
私营企业	28	1097	38401	3216
#私营独资企业	6	174	2036	338
私营有限责任公司	19	554	26277	1731
私营股份有限公司	3	369	10089	1148
其他企业	1			
港、澳、台商投资企业	1	19	627	143
#港澳台商合资经营企业				
外商投资企业	1	164	1131	-36
#外商投资股份有限公司	1	164	1131	-36
其他外商投资				
2. 按国民经济行业分组				
旅游饭店	45	2383	71046	4735
一般旅馆	10	271	1426	547
其他住宿业	1	1	12	1
3. 按星级等级分组				
二星	3	149	1159	213
三星	18	882	29476	2367
四星	8	433	32293	861
五星	2	505	4948	923
其他	25	685	4608	919
4. 按经营方式分组				
独立门店	49	2433	69701	4975
连锁门店	3	66	481	3
其他	4	155	2302	305
5. 按单位规模分				
中型	11	1282	54224	2734
小型	39	1365	17585	1977
微型	6	8	676	572

法人企业主要财务状况（一）

单位：万元

#存货	固定资产合计	固定资产原价	累计折旧	#本年折旧	在建工程	资产总计
8560	**173851**	**220794**	**48086**	**10011**	**3409**	**354387**
2581	129843	169102	39722	7126	2014	240844
197	19444	25782	6384	1209	33	29960
2420	93136	123806	31132	4655	2014	191984
149	17195	21807	4612	874		20925
105	163	295	132	16	38	984
450	20158	25306	5494	3310	966	57367
406	18656	23153	4797	3143	933	54538
644	41864	52225	10362	-796	1010	57644
1071	13757	24172	10533	1250		55065
196	2488	4239	1751	131		5064
492	7985	11371	3504	823		35279
383	3285	8563	5278	297		14722
15	8297	9401	1104	960		14577
147	28409	35895	7486	1512		34283
147	28409	35895	7486	1512		34283
2306	125256	163867	38775	6538	1975	234016
275	4544	5183	940	582	39	6772
1	44	51	7	7		56
170	1423	2324	947	164	33	2644
975	11526	20019	8493	910	39	49158
389	30073	41853	11780	4189	880	78254
497	51934	61401	9467	-403	1010	64602
550	34887	43504	9035	2267	53	46187
2233	125909	162154	36691	6857	2014	232235
47	395	759	381	44		2231
301	3539	6189	2650	225		6379
1272	108541	138716	30175	4518	1890	185921
1256	19089	28078	9153	2265	124	51941
52	2214	2307	394	344		2983

	法人企业数（个）	年初存货	流动资产合计	#应收账款
（二）餐饮业	110	3366	58513	6657
其中：国有控股	5	328	27870	1625
1. 按登记注册类型分组				
内资企业	107	3350	51229	6626
#国有企业	1	21	55	
集体企业				
有限责任公司	27	955	34857	3119
国有独资公司	2	75	525	154
其他有限责任公司	25	880	34332	2965
股份有限公司	3	256	1673	310
私营企业	75	2118	14583	3197
私营独资企业	25	612	5489	846
私营合伙企业	6	167	205	97
私营有限责任公司	41	1303	8074	2209
私营股份有限公司	3	36	815	45
其他企业	1		61	0
港、澳、台商投资企业	3	17	7284	30
#港澳台商合作经营企业	2	16	5698	30
港、澳、台商独资经营企业	1	1	1586	
2. 按国民经济行业分组				
正餐服务	103	3210	57269	6531
快餐服务	2	20	284	94
饮料及冷饮服务	2	18	311	37
其他餐饮业	3	117	650	-5
3. 按经营方式分组				
独立门店	103	3262	56377	6334
连锁门店	2	73	310	256
其他	5	32	1827	67
4. 按单位规模分组				
大型				
中型	3	273	2372	423
小型	96	3034	54954	6039
微型	11	59	1188	195

法人企业主要财务状况（一）(续)

单位：万元

#存　货	固定资产合　计	固定资产原　价	累计折旧	#本年折旧	在建工程	资产总计
5980	44008	51692	8365	2885	1396	113543
2348	1334	1789	499	107	10	30551
5906	43437	50147	7212	2798	1217	105566
	185	186	45	16		292
3208	9995	11285	1296	417	10	46423
84	144	192	48	21		669
3124	9851	11093	1248	396	10	45754
246	702	1138	436	59		2425
2392	32473	37455	5434	2306	1207	56283
813	10178	11277	1173	591	9	16269
40	1119	1210	91	30		1442
1508	20855	24643	4118	1641	1198	37135
30	320	325	53	45		1437
61	83	83				144
74	571	1545	1153	87	179	7977
74	362	235	52	22	179	6181
	209	1311	1102	64		1796
5759	43322	50599	7957	2796	1396	111611
24	53	86	33	9		339
34	342	377	35	22		653
163	291	631	340	58		941
5903	39550	45144	6274	2417	1387	102006
54	2378	2592	214	93		2692
23	2079	3956	1877	374	8	8845
406	3236	4189	953	191		5607
5395	40231	46921	7365	2678	1396	106044
179	541	583	47	16		1891

	流动负债合计	#应付账款	非流动负债合计	负债合计	所有者权益合计
一、合　　计	**193922**	**15228**	**74010**	**220112**	**134276**
（一）住宿业	153849	7727	70676	175874	64970
其中：国有控股	18830	1091	303	19133	10826
1. 按登记注册类型分组					
内资企业	141060	7603	67176	159585	32399
#国有企业	14708	757	0	14708	6217
集体企业	1960	56		1960	-977
联营企业					
#集体联营企业					
国有与集体联营企业					
有限责任公司	31611	1614	14025	45819	11548
#其他有限责任公司	30528	1450	13925	44635	9903
股份有限公司	58367	2491	50350	58570	-927
私营企业	34414	2685	2800	38528	16537
#私营独资企业	3700	326		3700	1364
私营有限责任公司	23149	1877	262	24225	11054
私营股份有限公司	7565	482	2538	10603	4119
其他企业					
港、澳、台商投资企业	364	13	3500	3864	10714
#港澳台商合资经营企业					
外商投资企业	12425	111		12425	21857
#外商投资股份有限公司	12425	111		12425	21857
其他外商投资					
2. 按国民经济行业分组					
旅游饭店	152069	7069	70476	173711	60306
一般旅馆	1755	658	200	2137	4635
其他住宿业	26			26	30
3. 按星级等级分组					
二星	1526	149		2231	414
三星	32824	2764	411	33734	15424
四星	39778	3076	19915	59694	18560
五星	63932	1372	50147	63932	670
其他	15789	366	203	16284	29903
4. 按经营方式分组					
独立门店	148328	7272	70473	169446	62789
连锁门店	1270	129	203	1473	758
其他	4251	325		4956	1422
5. 按单位规模分					
中型	128839	5244	66510	145202	40718
小型	24476	2194	4166	29933	22009
微型	534	289		740	2243

法人企业主要财务状况（二）

单位：万元

#实收资本	国家资本	集体资本	法人资本	个人资本	港澳台资本	外商资本
140408	**36150**	**298**	**13705**	**43659**	**15847**	**30749**
79745	15884	288	7580	13057	12187	30749
15854	15854					
36809	15884	288	7580	13057		
11450	11450					
78		78				
10534	3834	210	6125	365		
9094	2394	210	6125	365		
1640	600		1040			
13107			415	12692		
2222				2222		
7105			415	6690		
3780				3780		
12187					12187	
30749						30749
30749						30749
76772	15854	278	7300	10404	12187	30749
2873	30	10	180	2653		
100			100			
934	740			194		
11666	3814		780	7072		
20325	200		5925	2013	12187	
10000	10000					
36820	1130	288	875	3778		30749
75932	15284	88	6780	10844	12187	30749
1200	600	200	300	100		
2613			500	2113		
53109	10200		5880	6280		30749
24786	5654	278	1640	5027	12187	
1850	30	10	60	1750		

	流动负债合计	#应付账款	非流动负债合计	负债合计	所有者权益合计
（二）餐饮业	40073	7501	3334	44237	69306
其中：国有控股	13561	766	251	13812	16739
1. 按登记注册类型分组					
内资企业	35555	7439	3334	39719	65847
#国有企业	32		146	178	114
集体企业					
有限责任公司	20086	2233	1395	21969	24455
国有独资公司	322	151	105	426	243
其他有限责任公司	19765	2082	1290	21542	24212
股份有限公司	225	56	22	246	2179
私营企业	15210	5147	1771	17324	38959
私营独资企业	5435	912	1074	6511	9758
私营合伙企业	387	3	8	395	1047
私营有限责任公司	9251	4174	915	10495	26640
私营股份有限公司	136	58	-225	-77	1514
其他企业	3	3		3	141
港、澳、台商投资企业	4518	62		4518	3459
#港澳台商合作经营企业	4056	62		4056	2125
港、澳、台商独资经营企业	463			463	1334
2. 按国民经济行业分组					
正餐服务	40025	7259	3312	44168	67443
快餐服务	184	173		184	154
饮料及冷饮服务	138	24		138	515
其他餐饮业	-275	45	22	-253	1194
3. 按经营方式分组					
独立门店	35806	6970	3328	39965	62042
连锁门店	1669	425		1669	1023
其他	2598	106	6	2604	6241
4. 按单位规模分组					
大型					
中型	1416	401		1416	4192
小型	38283	6928	3498	42611	63433
微型	374	173	-164	210	1681

法人企业主要财务状况（二）（续）

单位：万元

#实收资本	国家资本	集体资本	法人资本	个人资本	港澳台资本
60663	20266	10	6125	30602	3660
20612	20216		396		
57001	20266	10	6122	30602	
114	114				
26849	20102		1894	4853	
150	102		48		
26699	20000		1846	4853	
2075		10	1500	565	
27775	50		2729	24997	
6272			810	5462	
717				717	
19276	50		919	18308	
1510			1000	510	
188				188	
3662			3		3660
2999			3		2997
663					663
60020	20266	10	6125	29960	3660
130				130	
338				338	
175				175	
52986	20266	10	6125	23588	2997
1020				1020	
6657				5994	663
3110			1500	1610	
55913	20266	10	3575	28403	3660
1640			1050	590	

	主营业务收入	主营业务成本	主营业务税金及附加	其他业务利润	销售费用	管理费用
一、合计	**158528**	**90542**	**7637**	**610**	**30080**	**25680**
（一）住宿业	63543	26868	3360	579	18705	18150
其中：国有控股	10147	4492	462		1957	3363
1. 按登记注册类型分组						
内资企业	58384	26048	3072	579	15579	15491
#国有企业	4268	1109	236		1190	2416
集体企业	916	624	34		261	148
联营企业						
#集体联营企业						
国有与集体联营企业						
有限责任公司	20511	10723	964	294	3578	4672
#其他有限责任公司	16097	7831	829	294	3195	3890
股份有限公司	9350	3981	545	48	2877	3753
私营企业	23338	9611	1293	237	7673	4503
#私营独资企业	2500	1601	146		354	343
私营有限责任公司	15309	5923	857	216	5342	2981
私营股份有限公司	5529	2087	290	21	1978	1178
其他企业						
港、澳、台商投资企业	1292	143	72		893	195
#港澳台商合资经营企业						
外商投资企业	3868	677	217		2232	2465
#外商投资股份有限公司	3868	677	217		2232	2465
其他外商投资						
2. 按国民经济行业分组						
旅游饭店	57185	22446	3089	522	18298	17589
一般旅馆	6025	4421	253	57	85	524
其他住宿业	333	1	19		322	38
3. 按星级等级分组						
二星	1284	590	83	216	417	364
三星	19886	8748	1012	73	6481	3248
四星	19362	7865	1010	285	5432	5643
五星	8410	2223	468		3254	4915
其他	14601	7443	787	5	3120	3980
4. 按经营方式分组						
独立门店	60265	25284	3124	362	17831	17253
连锁门店	1018	264	77		386	433
其他	2260	1321	159	216	488	465
5. 按单位规模分						
中型	37218	12392	1924	285	13632	13801
小型	25299	13979	1377	289	4994	4099
微型	1026	497	59	5	78	251

法人企业主要财务状况（三）

单位：万元

#税　金	财务费用	#利息收入	#利息支出	营业利润	补贴收入	营业外收入	利润总额	应交所得税	应付职工薪酬（本年贷方累计发生额）
1021	5217	91	2553	2199	10	964	2280	1862	31669
741	4388	42	2268	-4915		552	-3962	494	13857
171	549	6	533	-608		306	1413	112	2089
738	4130	22	2028	-3188		542	-1704	494	12654
164	526		525	-1209		300	805	12	958
	3			-153		3	-151	2	320
97	2852	6	997	204		141	82	163	3906
90	2833		988			136	-126	88	3278
87	95			-1785		8	-1917	25	2426
391	654	16	506	-244		91	-524	291	5044
21	18	3	14			30		41	273
336	324	12	242	50		60	-42	186	3560
34	312		251	-294			-482	64	1211
3	253		240				-539		321
	5	20		-1727		9	-1718		882
	5	20		-1727		9	-1718		882
703	4311	39	2251	-5529		410	-4560	397	13191
38	77	3	17	661		142	645	97	600
				-47			-47		67
30	39	2		6		6	-101	1	390
326	352	12	229	-11		142	-117	141	4660
195	3306	1	1477	-1105		36	-1748	120	4024
164	549		525	-2999		302	-984		2195
27	141	27	38	-807		66	-1011	232	2589
715	4333	42	2255	-4831		524	-3759	479	13058
3	18		10	-91		26	-198	4	331
23	37		3	8		1	-5	11	468
397	3834	32	1990	-5842		344	-4112	148	8292
342	549	10	274	786		207	78	326	5388
3	5		3	141			73	20	177

限额以上住宿和餐饮业

	主营业务收入	主营业务成本	主营业务税金及附加	其他业务利润	销售费用	管理费用
（二）餐饮业	94985	63673	4277	31	11376	7530
其中：国有控股	6752	4114	357		1954	994
1. 按登记注册类型分组						
内资企业	90490	61129	4025	31	10728	6748
#国有企业	1087	805	55		46	40
集体企业						
有限责任公司	20947	13611	955		3699	2198
国有独资公司	3780	2647	161		413	411
其他有限责任公司	17166	10963	794		3286	1787
股份有限公司	6178	4533	178		837	193
私营企业	62241	42162	2834	31	6123	4318
私营独资企业	14836	9824	640		1455	1379
私营合伙企业	4686	3204	180		78	116
私营有限责任公司	41359	28336	1995	31	4587	2804
私营股份有限公司	1360	799	20		3	19
其他企业	37	18	4		23	
港、澳、台商投资企业	4495	2545	252		647	782
#港澳台商合作经营企业	1416	796	79		365	148
港、澳、台商独资经营企业	3079	1749	172		282	634
2. 按国民经济行业分组						
正餐服务	88410	60181	3937	31	9925	6987
快餐服务	572	414	33		58	27
饮料及冷饮服务	671	432	10		15	138
其他餐饮业	5332	2647	297		1378	378
3. 按经营方式分组						
独立门店	87113	59446	3880	31	9323	6199
连锁门店	2226	986	128		1449	159
其他	5647	3241	269		604	1172
4. 按单位规模分组						
大型						
中型	11971	6973	472		3559	597
小型	79510	53898	3749	31	7674	6815
微型	3503	2802	57		142	118

法人企业主要财务状况（三）（续）

单位：万元

#税金	财务费用	#利息收入	#利息支出	营业利润	补贴收入	营业外收入	利润总额	应交所得税	应付职工薪酬（本年贷方累计发生额）
280	830	49	285	7113	10	412	6241	1368	17812
110	149	32	155	-800			-846	54	1206
280	822	49	279	6852	10	412	5983	1307	16808
	22		22	120			120		104
144	196	35	162	293	8	400	-45	277	5326
18	18			148			139	10	386
126	179	35	162	145	8	400	-185	267	4939
6	50	6	5	388			363	53	1072
130	553	9	90	6060	2	12	5554	976	10286
37	136	6	43	1403		9	1177	133	2228
5	11			1096			994	113	410
88	403	3	48	3032	2	3	2854	726	7283
0	4			529			529	5	365
				-9			-9		20
	8		6	261		1	258	61	1004
	8		6	20		1	17	1	865
				241			241	60	139
271	787	42	263	6408	10	412	5536	1131	16819
1	3			37			37	11	151
2	15	1	16	61			61	13	114
6	24	6	5	608			608	213	727
278	749	49	284	7330	10	403	6448	1240	14865
	19			-515		10	-506		1248
2	62		1	299			299	129	1699
	44			326			327	213	2644
276	782	49	285	6388	10	412	5570	1117	14781
4	3			399			344	38	387

外贸、外资、外经情况

	进出口总额（万美元）	出口（万美元）	进口（万美元）	新批外资协议项目（个）
全市	**360122**	**278165**	**81955**	**143**
清河区	23372	19077	4295	8
淮安区	29075	27888	1187	18
淮阴区	45678	30778	14900	15
清浦区	12475	11517	958	13
开发区	141610	88570	53040	23
工业园区	771.5	733.3	38.1	1
涟水县	26332	22225	4107	5
洪泽县	20198	15824	4375	7
盱眙县	35677	31119	4559	33
金湖县	30933	30436	497	18

	注册外资实际到帐（万美元）	协议注册外资额（万美元）	外经合作完成营业额（万美元）
全市	**130219**	**153311**	**8688**
清河区	10817	11911	1406
淮安区	18885	8774	2818
淮阴区	6773	10473	—
清浦区	11054	15193	1530
开发区	30397	55554	530
工业园区	1276	500	—
涟水县	2619	2506	1200
洪泽县	17521	7414	—
盱眙县	18933	21602	—
金湖县	10045	12663	1204

注：本表数据为市商务局提供。

人民币对主要外币年平均汇价

（中间价）　　　　单位：人民币元

年　　份	100 美元	100 日元	100 港元	100 欧元
1985	293.66	1.2457	37.57	—
1986	345.28	2.0694	44.22	—
1987	372.21	2.5799	47.74	—
1988	372.21	2.9082	47.70	—
1989	376.51	2.7360	48.28	—
1990	478.32	3.3233	61.39	—
1991	532.33	3.9602	68.45	—
1992	551.46	4.3608	71.24	—
1993	576.20	5.2020	74.41	—
1994	861.87	8.4370	111.53	—
1995	835.10	8.9225	107.96	—
1996	831.42	7.6352	107.51	—
1997	828.98	6.8600	107.09	—
1998	827.91	6.3488	106.88	—
1999	827.83	7.2932	106.66	—
2000	827.84	7.6864	106.18	—
2001	827.70	6.8075	106.08	—
2002	827.70	6.6237	106.07	800.58
2003	827.70	7.1466	106.24	936.13
2004	827.68	7.6552	106.23	1029.00
2005	819.17	7.4484	105.30	1019.53
2006	797.18	6.8570	102.62	1001.90
2007	760.40	6.4632	97.46	1041.75
2008	694.51	6.7427	89.19	1022.27
2009	683.10	7.2986	88.12	952.70
2010	676.95	7.7279	87.13	897.25
2011	645.88	8.1050	82.97	900.11
2012	631.25	7.9037	81.38	810.67
2013	619.32	6.3323	79.85	822.19

10

服务业

本篇编辑：董务君　孙　茜　王炎研

	单位个数	年初存货	固定资产原价	本年折旧
总计	**954**	**924394**	**3548936**	**293483**
按国民经济行业分组				
交通运输、仓储和邮政业	309	103408	817129	75549
信息传输、软件和信息技术服务业	39	10086	970993	73381
房地产业（物业管理、房地产中介服务）	63	7440	60295	4660
租赁和商务服务业	276	792299	1303248	99753
科学研究和技术服务业	121	5353	75538	7871
水利、环境和公共设施管理业	19	735	78495	1923
居民服务、修理和其他服务业	45	2869	30296	3635
教育	29	340	88414	9773
卫生和社会工作	16	961	76668	10609
文化、体育和娱乐业	37	904	47861	6328

单位主要财务状况（一）

单位：万元、个

资产总计	负债合计	所有者权益	#实收资本	营业收入	#主营业务收入	营业成本	#主营业务成本
7370993	**3331173**	**4039820**	**517203**	**3816487**	**3745247**	**2690880**	**2635885**
1390858	663925	726933	120807	1331801	1299754	1043588	1030103
522830	374727	148103	19960	385098	377983	203233	196370
99748	48472	51276	14921	96873	91433	69955	48536
4628628	1891749	2736879	259113	1244709	1223217	851338	841917
227103	101367	125736	32209	323758	323447	226794	226733
168059	76861	91198	48890	91129	91122	65660	65407
59306	29260	30046	4697	90025	90025	56984	56984
132296	57050	75246	10916	127762	126650	95336	94724
76716	52971	23745	2020	50506	48814	35760	33039
65449	34791	30658	3671	74827	72802	42232	42072

	营业税金及附加	#主营业务税金及附加	销售费用	管理费用	#税金
总计	**123479**	**113457**	**159280**	**262560**	**8813**
按国民经济行业分组					
交通运输、仓储和邮政业	24027	21301	25961	66783	3926
信息传输、软件和信息技术服务业	11177	9765	81802	27623	495
房地产业（物业管理、房地产中介服务）	3721	3215	2727	23019	277
租赁和商务服务业	53789	52734	26078	65806	2866
科学研究和技术服务业	14620	10504	8509	37287	503
水利、环境和公共设施管理业	4524	4415	2072	6319	76
居民服务、修理和其他服务业	5540	5508	4283	9035	251
教育	3092	3092	565	11960	163
卫生和社会工作	33	31	1567	8718	37
文化、体育和娱乐业	2956	2893	5715	6010	219

单位主要财务状况（二）

单位：万元、个

财务费用	#利息收入	#利息支出	投资收益	营业利润	利润总额	应交所得税	本年应付职工薪酬	应交增值税
45120	**2896**	**17510**	**9282**	**526037**	**530504**	**56277**	**322145**	**61519**
15120	1422	5332	6032	146839	149521	20452	133522	38554
2156	91	1133	35	61628	62155	2162	33611	6265
1082	368	589		12924	15016	1878	13976	688
21902	788	8653	1990	211569	213962	19831	51355	9831
1773	24	867	891	36269	36345	5955	31724	3317
1175	8	13		10441	10441	903	7737	1031
641	141	438		15369	14761	1732	9273	1007
702	44	264	241	12855	8965	847	24450	278
85	1			5142	5019	338	9502	31
485	9	222	93	13001	14322	2180	6996	517

旅　游　业　情　况

	单　位	2013 年	比上年±%
一、旅游总收入	亿元	204.37	14.8
旅游外汇收入	万美元	887.64	6.5
二、接待国内外游客	万人次	1834	13.6
国内旅客	万人次	1833	13.8
入境过夜游客	人次	10565	4.8
台湾同胞	人次	4401	8.6
香港同胞	人次	307	-4.4
澳门台胞	人次	24	100.0
外国人	人次	5833	2.4
全市4A级以上景区接待人数	万人次	988.6	4.0
三、通过旅行社出境旅游总人数	人次	3267	17.3
四、旅游景点数	个	32	3.2
五、旅行社个数	个	100	12.4
其中：国际旅行社	个	2	100.0
拥有处境旅游经营权旅行社	个	2	100.0
六、持有导游资格证书的人员	人	3686	7.5
七、旅游投资总额	亿元	65	5.2

服　务　业　贷　款　余　额

单位：万元

	2013年	比年初增加额
总　　计	**395.66**	**49.73**
1. 农、林、牧、渔服务业	26.49	-0.43
2. 交通运输、仓储和邮政业	16.91	-0.83
3. 信息传输、计算机服务和软件业	1.09	0.16
4. 批发和零售业	114.56	9.38
5. 住宿和餐饮业	8.66	0.61
6. 金融业	0.37	-0.63
7. 房地产业	86.50	19.06
8. 租赁和商务服务业	32.24	1.54
9. 科学研究和技术服务业	0.74	0.54
10. 水利、环境和公共设施管理业	61.52	19.07
11. 居民服务、修理和其他服务业	4.13	1.39
12. 教育	22.11	2.15
13. 卫生和社会工作	15.87	2.15
14. 文化、体育和娱乐业	1.59	0.28
15. 公共管理和社会组织	2.88	-4.72

服务业实际到帐注册外资

单位：万美元

	2013 年	比上年 ± %
总　　计	**20868**	**-27.9**
#农、林、牧、渔服务业	3124	-21.4
批发和零售业	2664	8.1
住宿和餐饮业	1286	-40.7
房地产业	8977	-36.1
租赁和商务服务业	—	—
居民服务和其他服务业	2997	-18.0

服务业税收收入

单位：万元

	2013 年	比上年 ± %
总　　计	**1865617**	**23.9**
#交通运输、仓储及邮政业	45040	9.6
信息传输、计算机服务和软件业	14978	5.4
批发和零售业	343619	34.2
金融业	145371	27.9
房地产业	822788	11.1
租赁和商务服务业	217185	67.7

11

财政、金融

本篇编辑：孙永军　罗　劼　张　怡　姚云聪

	淮安市	市区	市直	清河区	淮安区
财政预算内总收入	**4946032**	**3424895**	**1284555**	**409771**	**429864**
上划中央收入	1457752	1135903	784531	63110	73008
增值税（75%）	532736	350087	169345	27663	46628
消费税	626123	601904	600336	1177	202
企业所得税（60%）	194745	117076	5640	27052	17702
个人所得税（60%）	104148	66836	9210	7218	8476
公共财政预算收入	2714195	1801459	261786	308668	280120
#税收收入	2213851	1436095	178338	253900	234909
#增值税（25%）	214795	139948	53902	13110	18740
营业税	848877	543036	21380	90970	89286
企业所得税（40%）	129830	78052	3760	18035	11801
个人所得税（40%）	69432	44556	6140	4812	5650
社保基金收入	663773	415486	200137	29953	67158
政府性基金收入（不含土地出让金）	110312	72047	38101	8040	9578
土地出让金收入	641813	336388	216651	8834	80389
地方财政支出	4591495	2695729	748259	233838	509309
公共财政预算支出	3850537	2276911	521972	195898	490916
#一般公共服务	487718	283796	67129	21537	69474
科学技术	732505	423578	55986	58471	138038
教育	88813	56807	20111	5400	3591
文化体育与传媒	50816	35900	21973	1773	6249
社会保障和就业	332873	183301	33034	24839	59637
医疗卫生	256438	140496	25177	9240	53362
节能环保	79878	49104	20110	3075	7390
城乡社区事务	541938	488863	54848	40443	16078
交通运输	86710	61945	47372	0	5491
农林水事务	528549	264015	60821	6560	62682
住房保障	50393	33617	17699	388	5375
社会保险基金支出	581136	333356	187310	31670	0
政府性基金支出（不含土地出让金）	159822	85462	38977	6270	18393
土地出让金支出	644770	339008	217644	8827	83515

基　本　情　况

单位：万元

淮阴区	清浦区	开发区	工业园区	涟水县	洪泽县	盱眙县	金湖县
491970	**284764**	**516308**	**7663**	**451951**	**317464**	**426068**	**325654**
92345	44603	77389	917	117222	54815	62077	87735
49959	21113	34941	438	46377	37372	30729	68171
185	1	3	0	24136	6	47	30
19345	12275	34831	231	26123	13388	25427	12731
22856	11214	7614	248	20586	4049	5874	6803
338875	213719	391620	6671	257388	201353	271299	182696
281263	175317	305813	6555	220192	169280	225541	162743
27101	11035	15907	153	20026	17701	11973	25147
92586	111946	133667	3201	110308	55298	82002	58233
12897	8184	23221	154	17415	8925	16951	8487
15237	7476	5075	166	13724	2700	3916	4536
52429	22521	43288	0	66664	54185	79321	48117
8321	3921	4011	75	10677	7111	13371	7106
1605	13909	15000	0	96205	25506	155184	28530
550035	276097	370164	8027	575875	383593	557623	378675
486749	251700	321709	7967	486171	312074	456832	318549
81487	19191	24178	800	68887	39254	50372	45409
108277	25715	37013	78	117939	60477	70458	60053
15396	5338	6971	0	9168	6568	9618	6652
4802	711	372	20	5644	1987	3675	3610
41854	13892	9146	899	45220	29594	42535	32223
37771	8625	5884	437	48958	17640	34033	15311
11710	2793	2256	1770	5593	13240	5462	6479
51615	119526	205056	1297	7040	16187	16522	13326
6613	2469	0	0	7492	4543	8473	4257
91854	40155	1413	530	74661	49585	86523	53765
7027	1046	2082	0	3271	2455	7377	3673
52429	18400	43547	0	66664	54185	78814	48117
10857	5997	4908	60	23040	17334	21977	12009
500	13522	15000	0	96205	25746	155622	28189

	全市	市区
一、年末金融机构各项存款余额（本外币）	17370701	10701470
1.单位存款	7739440	4942990
#活期存款	3934075	2348111
定期存款	1249138	791826
2.个人存款	9470550	5671620
#储蓄存款	9343049	5568923
二、年末金融机构各项贷款余额（本外币）	13974912	8750864
1.境内贷款	13974330	8750458
#短期贷款	6566671	3860959
中长期贷款	6994436	4619849
2.境外贷款	582	406
三、年末金融机构各项存款余额（人民币）	17212966	10559624
1.单位存款	7607073	4822266
#活期存款	3873070	2292612
定期存款	1185666	734451
2.个人存款	9445539	5650785
#储蓄存款	9318062	5548112
四、年末金融机构各项贷款余额（人民币）	13751470	8532243
1.境内贷款	13750889	8531837
#短期贷款	6348495	3647594
中长期贷款	6989170	4614593
2.境外贷款	582	406

注：市区部分包括清河区、清浦区、淮阴区、淮安区、开发区和工业园区。

基　本　情　况

单位：万元

涟　水　县	洪　泽　县	盱　眙　县	金　湖　县
2063986	1182614	1988072	1434558
825938	574565	885580	510366
374141	381345	545746	284733
127491	67929	138519	123373
1214630	585308	1096658	902334
1210821	581641	1087791	893874
1350176	931714	1751617	1190541
1350176	931714	1751617	1190365
585911	416051	987772	715979
737060	447835	750891	438801
			175
2061226	1174850	1986341	1430923
824298	567801	884938	507770
372500	380678	545103	282178
127491	61832	138519	123373
1213511	584308	1095588	901346
1209702	580641	1086721	892886
1347431	931124	1750725	1189947
1347431	931124	1750725	1189772
583166	415461	986889	715385
737060	447835	750881	438801
			175

金 融 业 财 务 状 况（一）

（执行金融业会计制度银行业单位）　　　　单位：万元

	2013年		2013年
一、年末资产负债		利息支出	682687
资产总计	18420710	其中：吸收存款利息支出	291221
货币资金	1401476	手续费及佣金净收入	109595
其中：现金	142842	手续费及佣金收入	120210
银行存款	1230548	手续费及佣金支出	10615
其他金融资产合计	5479173	投资收益	-986
其中：债券	-1361	其中：股权投资收益	65
应收利息	27569	公允价值变动收益	-68
长期股权投资	300	汇兑收益	1274
投资性房地产		其他业务收入	42573
固定资产合计	187689	营业支出	489469
其中：固定资产原价	214717	营业税金及附加	49020
减：累计折旧	91524	业务及管理费	260730
在建工程	64157	其中：税金	1977
无形资产	29623	财产保险费	258
递延所得税资产	12303	差旅费	4439
其他资产	6550853	会议费	1685
负债合计	17902836	工会经费	1414
其他金融负债合计	6780190	监管费	88
其中：债券		资产减值损失	138210
代理买卖证券款（证券业填报）		其他业务成本	41510
代理承销证券款（证券业填报）		营业利润	318377
应付利息	193565	利润总额	304881
应付债券		减：所得税费用	49657
其他负债	6138622	三、其他资料	
所有者权益合计	517875	职工工资	85973
其中：实收资本	140535	职工福利费	12252
1. 国家资本	12705	职工教育经费	1816
2. 集体资本		应付利润	13750
3. 法人资本	87043	固定资产折旧	23344
其中：国有法人资本	1595	社会保险费	24761
4. 个人资本	40787	劳动保护费	3883
5. 港澳台资本		住房公积金和住房补贴	10904
6. 外商资本		代收代缴证券交易印花税	30
二、利润及分配		从业人员平均人数（人）	8595
营业收入	807847	四、上市公司填写	
利息净收入	655458	境内股市本年筹资额	
利息收入	1338145	境外股市本年筹资额	
其中：发放贷款和垫款利息收入	1183394		

金 融 业 财 务 状 况（二）

（执行金融业会计制度证券业单位） 单位：万元

	2013年		2013年
一、年末资产负债		利息支出	121
资产总计	49088	其中：吸收存款利息支出	
货币资金	28478	手续费及佣金净收入	7261
其中：现金		手续费及佣金收入	8421
银行存款	28478	手续费及佣金支出	1160
其他金融资产合计	3925	投资收益	
其中：债券		其中：股权投资收益	
应收利息		公允价值变动收益	
长期股权投资		汇兑收益	
投资性房地产		其他业务收入	22
固定资产合计	408	营业支出	4301
其中：固定资产原价	1153	营业税金及附加	445
减：累计折旧	745	业务及管理费	3776
在建工程		其中：税金	4
无形资产	18	财产保险费	30
递延所得税资产		差旅费	31
其他资产	9730	会议费	8
负债合计	45414	工会经费	22
其他金融负债合计	1031	监管费	4
其中：债券		资产减值损失	
代理买卖证券款（证券业填报）	43334	其他业务成本	80
代理承销证券款（证券业填报）		营业利润	3386
应付利息	2	利润总额	3627
应付债券		减：所得税费用	80
其他负债	1047	三、其他资料	
所有者权益合计	3674	职工工资	1254
其中：实收资本	2500	职工福利费	81
1. 国家资本		职工教育经费	8
2. 集体资本		应付利润	
3. 法人资本	2500	固定资产折旧	220
其中：国有法人资本	1500	社会保险费	260
4. 个人资本		劳动保护费	21
5. 港澳台资本		住房公积金和住房补贴	101
6. 外商资本		代收代缴证券交易印花税	
二、利润及分配		从业人员平均人数（人）	119
营业收入	7686	四、上市公司填写	
利息净收入	404	境内股市本年筹资额	
利息收入	524	境外股市本年筹资额	
其中：发放贷款和垫款利息收入			

金 融 业 财 务 状 况（三）

（执行保险业会计制度单位） 单位：万元

	2013年		2013年
一、年末资产负债		公允价值变动收益	
资产总计	768427	汇兑收益	11
货币资金	6005	其他业务收入	2066
其中：现金		营业支出	363854
银行存款	6005	赔付支出	136609
其他金融资产合计	6309	减：摊回赔付支出	5134
其中：债券		提取未决赔款准备金	10053
应收利息	500	减：摊回未决赔款准备金	120
应收保费	10582	提取寿险责任准备金	85285
定期存款		减：摊回寿险责任准备金	20
持有至到期投资		提取长期健康险责任准备金	1321
长期股权投资		减：摊回长期健康险责任准备金	
投资性房地产		手续费及佣金支出	26800
固定资产合计	9946	分保费用	
其中：固定资产原价	15704	退保金	51562
减：累计折旧	6873	保单红利支出	5652
在建工程	1107	营业税金及附加	8162
无形资产	1116	业务及管理费	43761
递延所得税资产	17	其中：税金	506
其他资产	611833	财产保险费	41
负债合计	872042	差旅费	359
其他金融负债合计	632673	会议费	1150
其中：债券		工会经费	340
长期借款		监管费	271
应付债券		减：摊回分保费用	4443
其他负债	-100939	其他业务成本	4373
所有者权益合计	-103615	资产减值损失	-5
其中：实收资本	2326	营业利润	-19451
1. 国家资本		利润总额	-19253
2. 集体资本		减：所得税费用	17
3. 法人资本	2326	三、其他资料	
其中：国有法人资本		职工工资	13202
4. 个人资本		职工福利费	748
5. 港澳台资本		职工教育经费	113
6. 外商资本		应付利润	-18606
二、利润及分配		固定资产折旧	2344
营业收入	344404	社会保险费	2446
已赚保费	341107	劳动保护费	122
保险业务收入	366759	住房公积金和住房补贴	721
减：分出保费	9821	从业人员平均人数（人）	2489
提取未到期责任准备金	15831	四、上市公司填写	
投资收益	1219	境内股市本年筹资额	
其中：股权投资收益		境外股市本年筹资额	

金　融　业　财　务　状　况（四）

（执行企业会计制度单位）　　　　　　　　　　单位：万元

	2013年		2013年
一、年初存货		营业税金及附加	447
二、年末资产负债		其中：主营业务税金及附加	447
流动资产合计	124063	主营业务利润	10031
其中：货币资金	54243	其他业务利润	
其中：现金	1592	营业费用	2143
银行存款	52650	管理费用	2448
短期投资	30390	其中：税金	37
应收账款（净额）	11567	财产保险费	9
存货	3	差旅费	31
长期投资合计	2376	工会经费	
其中：长期股权投资	900	财务费用	－19
长期债权投资		其中：利息收入	421
固定资产合计	1126	利息支出	11
其中：固定资产原价	1137	营业利润	5459
减：累计折旧	494	投资收益	
在建工程	484	其中：股权投资收益	
无形资产	378	补贴收入	33
资产总计	127944	利润总额	3772
流动负债合计	17517	应交所得税	566
长期负债合计	2008	四、其他资料	
其中：应付债券	8	应付工资总额（贷方累计发生额）	1284
负债合计	18481	职工福利费	160
所有者权益合计	109462	应交增值税	
其中：实收资本	100708	应付利润	27
1. 国家资本	1600	固定资产折旧	184
2. 集体资本	1500	社会保险费	49
3. 法人资本	60458	劳动保护费	10
其中：国有法人资本	2500	住房公积金和住房补贴	28
4. 个人资本	37150	从业人员平均人数（人）	187
5. 港澳台资本		五、执行2006年《企业会计准则》企业填写	
6. 外商资本		资产减值损失	
三、利润及分配		公允价值变动收益	
营业收入	11721	六、上市公司填写	
其中：主营业务收入	11721	境内股市本年筹资额	
营业成本	1254	境外股市本年筹资额	
其中：主营业务成本	1243		

金 融 业 财 务 状 况（五）

（执行行政事业会计制度单位）　　单位：万元

	2013年		2013年
一、年末资产负债		其中：取暖费（降温费）	19
资产合计	1173227	劳务费	115
其中：货币资金	47	差旅费	493
其中：现金		出国费	
银行存款	47	工会经费	34
有价证券		福利费	312
对外投资		对个人和家庭的补助	551
固定资产合计	15946	其中：抚恤金	
固定资产原价	15946	生活补助	
负债合计	1171196	救济费	
二、收入和支出		助学金	
上年结余		退职（役）费	
收入合计	3236	经营支出	
其中：财政拨款	793	收支结余	-13962
事业收入		三、其他资料	
经营收入		经营税金	
上级补助收入		利息收入	2416
支出合计	17198	利息支出	11306
其中：工资福利支出	2367	从业人员平均人数（人）	536
商品和服务支出	1848		

12

物　价

本篇编辑：张　浩　王凤怀　娄长青

市区居民消费价格指数

（以上年同期为100）

	2013年		2013年
居民消费价格总指数	**102.2**	（2）家庭设备	101.2
一、食品	103.9	2. 室内装饰品	99.8
1. 粮食	104.3	3. 床上用品	106.7
2. 淀粉及制品	100.2	4. 家庭日用杂品	100.3
3. 干豆类及豆制品	107.4	5. 家庭服务及加工维修服务	103.4
4. 油脂	93.7	五、医疗保健和个人用品	99.9
5. 肉禽及其制品	105.2	1. 医疗保健	99.6
（1）食用畜肉及副产品	106.5	（1）医疗器具及用品	103.7
（2）禽	99.8	（2）中药材及中成药	99.6
（3）加工肉禽	103.9	（3）西药	99.5
6. 蛋	105.6	（4）保健器具及用品	98.9
7. 水产品	104.1	（5）医疗保健服务	100.0
（1）鱼	106.7	2. 个人用品及服务	100.4
（2）其他水产品	100.1	（1）化妆美容用品	101.4
8. 菜	106.2	（2）清洁类化妆品	102.3
9. 调味品	109.1	（3）个人饰品	92.0
10. 糖	96.6	（4）个人服务	101.9
11. 茶及饮料	101.4	六、交通和通信	99.3
（1）茶叶	100.5	1. 交通	98.7
（2）饮料	101.8	（1）交通工具	100.1
12. 干鲜瓜果	106.1	（2）车用燃料及零配件	99.0
13. 糕点饼干面包	100.0	（3）车辆使用及维修费	100.0
14. 液体乳及乳制品	103.7	（4）市区公共交通费	87.9
15. 在外用膳食品	102.4	（5）城市间交通费	96.8
16. 其他食品	91.2	2. 通信	100.3
二、烟酒	97.3	（1）通信工具	102.6
1. 烟草	100.4	（2）通信服务	99.9
2. 酒	94.9	七、娱乐教育文化用品及服务	102.1
三、衣着	103.5	1. 文娱用耐用消费品及服务	99.7
1. 服　　装	103.3	2. 教育	102.5
（1）男式服装	103.2	（1）教材及参考书	99.9
（2）女式服装	103.6	（2）教育服务	102.5
（3）儿童服装	102.5	3. 文化娱乐类	100.9
2. 衣着材料	110.9	（1）文化娱乐用品	99.9
3. 鞋袜帽	103.5	（2）书报杂志	100.5
（1）鞋	103.4	（3）文娱费	101.6
（2）袜子	103.1	4. 旅游	104.9
（3）帽子	107.1	八、居住	101.9
4. 衣着加工服务费	109.8	1. 建房及装修材料	102.2
四、家庭设备用品及维修服务	101.5	2. 住房租金	102.5
1. 耐用消费品	101.2	3. 自有住房	102.0
（1）家　　具	101.1	4. 水、电、燃料	101.0

市区商品零售价格指数

（以上年同期为100）

	2013年		2013年
商品零售价格总指数	**101.6**	3. 专业音像器材	100.4
一、食品	103.9	六、文化办公用品	100.1
1. 粮食	104.3	七、日用品	100.9
2. 淀粉及制品	100.2	1. 日用百货	100.3
3. 干豆类及豆制品	107.4	2. 日用杂品	100.8
4. 油脂	93.7	3. 洗涤用品	102.2
5. 肉禽及其制品	105.2	4. 其他日用品	99.9
6. 蛋	105.6	八、体育娱乐用品	100.6
7. 水产品	104.1	1. 体育用品	101.7
8. 菜	106.2	2. 娱乐用品	100.1
9. 调味品	109.1	九、交通、通信用品	100.9
10. 糖	96.6	1. 交通运输机械	100.3
11. 干鲜瓜果	106.1	2. 通信器材	102.4
12. 糕点饼干面包	100.0	十、家具	101.1
13. 液体乳及乳制品	103.7	十一、化妆品	102.2
14. 在外用膳食品	102.4	十二、金银珠宝	88.7
15. 其他食品	91.2	十三、中西药品及医疗保健用品	99.7
二、饮料、烟酒	98.6	1. 医疗器具及用品	103.7
1. 茶及饮料	101.4	2. 中药材及中成药	99.6
2. 烟草	100.4	3. 西药	99.6
3. 酒	94.9	4. 保健器具及用品	99.6
三、服装、鞋帽	103.3	十四、书报杂志及电子出版物	100.3
1. 服装	103.3	1. 教材及参考书	99.9
2. 鞋袜帽	103.5	2. 书报杂志	100.5
3. 其他	100.0	3. 电子音像制品	99.5
四、纺织品	105.6	十五、燃料	98.9
1. 衣着材料	110.9	1. 煤炭及制品	100.0
2. 床上用品	104.7	2. 石油及制品	98.9
五、家用电器及音像器材	100.8	十六、建筑材料及五金电料	101.3
1. 家庭设备	101.3	1. 建筑装璜材料	101.0
2. 文娱用耐用消费品	100.0	2. 五金电料	101.9

工 业 品 出 厂 价 格 指 数

（以上年同期为100）

	2013年
工业生产者出厂价格总指数	**99.9**
1. 非金属矿采选业	96.6
2. 农副食品加工业	100.7
3. 食品制造业	102.1
4. 饮料制造业	100.5
5. 纺织业	100.2
6. 纺织服装、鞋、帽制造业	102.9
7. 皮革、毛皮、羽毛（绒）及其制品业	101.7
8. 木材加工及木、竹、藤、棕、草制品业	90.4
9. 家具制造业	101.3
10. 造纸及纸制品业	98.2
11. 文教体育用品制造业	100.3
12. 石油加工、炼焦及核燃料加工业	97.3
13. 化学原料及化学制品制造业	101.4
14. 医药制造业	101.5
15. 化学纤维制造业	100.1
16. 橡胶制品业	97.5
17. 塑料制品业	101.1
18. 非金属矿物制品业	89.5
19. 黑色金属冶炼及压延加工业	95.5
20. 有色金属冶炼及压延加工业	96.4
21. 金属制品业	100.9
22. 通用设备制造业	100.7
23. 专用设备制造业	100.2
24. 交通运输设备制造业	100.4
25. 电气机械及器材制造业	96.2
26. 通信设备、计算机及其他电子设备制造业	115.1
27. 仪器仪表及文化、办公用机械制造业	106.6
28. 电力、热力的生产和供应业	100.0
29. 燃气生产和供应业	102.3
30. 水的生产和供应业	100.0

13

社会事业

本篇编辑：孙永军　罗　劼　张　怡　姚云聪

教　育

	单位	全市	市区	清河区	淮安区
一、学校总数	个	497	255	17	119
普通高校	个	6	6		
普通中等专业学校	个	14	11		2
普通中学	个	175	95	9	34
职业高中	个	2	1		1
技工学校	个	6	4		1
小学	个	284	134	7	79
特殊学校	个	7	3	1	1
成人中专	个	3	1		1
二、毕业生总数	人	186903	105344	5082	33858
普通高校	人	19415	19415		
普通中等专业学校	人	29615	15158		7771
普通中学	人	85750	44246	3135	17141
职业高中	人	1556			
技工学校	人	3541	2019		214
小学	人	46754	24274	1911	8548
特殊学校	人	103	63	36	15
成人中专	人	169	169		169
三、招生总数	人	181792	102374	5351	27855
普通高校	人	19703	19703		
普通中等专业学校	人	21390	10735		3779
普通中学	人	72563	38892	2945	14133
职业高中	人	934	248	248	
技工学校	人	5388	2670		53
小学	人	61633	29963	2122	9775
特殊学校	人	79	61	36	13
成人中专	人	102	102		102

情 况

淮阴区	清浦区	开发区	涟水县	洪泽县	盱眙县	金湖县
61	22	14	107	28	67	40
2	1		1		1	1
32	12	5	33	10	26	11
				1		
	1			1	1	
26	8	9	72	15	37	26
1			1	1	1	1
					1	1
22385	8019	2354	35244	10207	26992	9116
3161	700		5736		6765	1956
12215	4577	1052	18723	5051	13049	4681
				1556		
				309	1213	
6997	2742	1302	10779	3284	5955	2462
12			6	7	10	17
24579	6626	3610	36553	10221	25278	7366
3230			5730		3461	1464
10561	4057	1422	14966	4870	10116	3719
				686		
				1261	1457	
10776	2569	2188	15850	3404	10244	2172
12			7			11

	单位	全市	市区	清河区	淮安区
四、在校生总数	人	710267	403089	21352	121668
普通高校	人	66876	66876		
普通中等专业学校	人	72442	42279		19276
普通中学	人	227130	121066	9199	44260
#女生	人	104659	55238	4529	19759
职业高中	人	3360	842		842
技工学校	人	13989	5993		246
小学	人	325370	165267	11971	56541
#女生	人	150334	74261	5462	24727
特殊学校	人	725	391	182	128
成人中专	人	375	375		375
五、专任教师总数	人	45887	26112	2377	8370
普通高校	人	3378	3378		
普通中等专业学校	人	2694	1930		494
普通中学	人	19354	10414	1505	3966
职业高中	人	140	22		22
技工学校	人	629	358		29
小学	人	19457	9869	823	3784
特殊学校	人	195	101	49	35
成人中专	人	40	40		40
六、幼儿园数	个	263	149	23	52
七、在园幼儿数	人	166885	90362	10882	31490
八、学龄儿童入学率	%	100.0		100.0	96.0
九、初中毕业生升学率	%	97.8		100.0	96.0
十、成人高等学校在校生	人	10493	10493		

情　　况（续）

	淮阴区	清浦区	开发区	涟水县	洪泽县	盱眙县	金湖县
	100766	26950	14532	140442	39059	96336	31341
	10423			14084		11213	4866
	34181	12414	3521	46892	14571	32643	11958
	16176	5923	1522	20635	7124	15755	5907
					2518		
					3049	4947	
	56081	14536	11011	79374	18861	47431	14437
	26216	6168	4741	36718	8988	23491	6876
	81			92	60	102	80
	6678	2407	976	7887	2728	6994	2166
	624			282		316	166
	3130	1543	270	3422	1246	3265	1007
					118		
		11			24	247	
	2907	853	706	4155	1319	3134	980
	17			28	21	32	13
	44	19	11	43	20	35	16
	32436	9113	6441	34395	8692	26671	6765
	98.0	99.0		97.0	98.0	96.0	98.0
	98.0	100.0		96.0	99.0	96.0	100.0

科技、文化、卫生

	单位	全市	市区	市直	清河区
一、科技					
全年专利申请数	件	12075	6130		1351
二、文化					
剧场、影剧院数	个	16	8	6	
公共图书馆	个	8	4	1	1
公共图书馆图书总藏量	千册、件	2081	1461	831	193
广播覆盖率	%	100			
电视覆盖率	%	100			
三、卫生					
卫生机构数	个	2153	1091		207
#医院	个	49	31		15
卫生院	个	130	53		3
疾病预防控制中心（防疫站）	个	9	5		2
妇幼保健院（所、站）	个	9	5		1
卫生机构床位数	张	23467	13945		2381
#医院	张	14324	8378		1960
卫生院	张	7357	4083		171
卫生工作人员	人	35716	21096		3810
卫生技术人员	人	27799	17112		3151
#执业（助理）医师	人	11186	6528		1118
注册护士	人	12042	7714		1446
#卫生防疫人员	人	435	265		144
医院、卫生院技术人员	人	20830	12443		1840
#执业（助理）医师	人	7269	4223		535
注册护士	人	10010	6161		973
5 岁以下儿童死亡率	‰	2.9	1.2		2.5
婴儿死亡率	‰	3.8	1.2		2.8
产妇住院分娩比例	%	100.0	100.0		100.0
四、社会福利					
城镇职工基本养老保险参保人数	人	834607	523927	160615	47736
城镇基本医疗保险参保人数	人	1580645	992811	259519	140830
#城镇职工	人	808972	487137	259519	25544
失业保险参保人数	人	610947	382074	130100	21550
工伤保险参保人数	人	452573	296538	172805	20624
生育保险参保人数	人	410018	275892	171145	20039
社会福利收养性单位数	个	196	81	2	5
社会福利收养性单位床位数	张	19078	9809	1212	147
社区服务设施数	个	792	419		57
城镇居民最低生活保障人数	人	35163	27449		6982
农村居民最低生活保障人数	人	153146	79767		
新型农村合作医疗参保人数	人	3577178	1757059		
新型农村养老保险参保人数	人	1311532	680370		2583

注：卫生类指标中，开发区统计在清河区内，市直按属地原则统计在各市辖区内。

与社会福利情况

淮安区	淮阴区	清浦区	开发区	工业园区	涟水县	洪泽县	盱眙县	金湖县
1581	1540	566	1092		1093	1608	2142	1102
1	1				2	2	2	2
1	1				1	1	1	1
315	122				128	219	91	182
467	302	115			462	132	334	134
6	4	6			6	2	8	2
26	20	4			33	12	21	11
1	1	1			1	1	1	1
1	1	2			1	1	1	1
3798	5211	2555			3721	1450	3064	1287
1810	3038	1570			2020	910	2036	980
1770	1862	280			1531	440	1008	295
6221	7230	3835			5627	2273	4589	2131
4546	6075	3340			3941	1700	3388	1658
1908	2310	1192			1863	683	1432	680
1796	2858	1614			1572	655	1403	698
34	65	22			76	35	33	26
3623	5049	1931			3014	1051	2911	1411
1293	1818	577			1174	293	1084	495
1593	2547	1048			1396	456	1337	660
2.5	3.5	3.6			3.3	4.6	1.2	5.1
3.8	4.6	3.6			4.3	5.3	2.0	6.5
100.0	100.0	100.0			100.0	100.0	100.0	100.0
83989	85291	46551	99745		83689	77067	85930	63994
227181	195452	117759	52070		167314	128540	184849	107131
94640	80332	27102			89848	68459	92775	70753
72586	61977	22456	73405		66187	48339	69526	44821
51111	39833	12165			46016	42388	36462	31169
37066	36057	11585			47021	32417	27503	27185
30	32	6	6		42	12	28	33
4225	3162	350	713		3573	1143	3205	1348
116	150	87	9		22	108	179	64
10886	2228	6962	331	60	2676	2338	1510	1190
49639	20415	5377	3450	886	39658	10688	15216	7817
870741	651174	119297	115847		822617	235220	540214	222068
347532	252918	42950	24232	10155	290934	85589	159158	95481

公 用 事 业 和 环

	单位	全市	市区	市直	清河区
建成区面积	平方公里	243	140		
供水综合生产能力（包括自备水源）	万吨/日	104	70		
供水总量	万吨	29005	19366		
#居民家庭用水	万吨	10041	6911		
用水人口	万人	210	136		
公共汽（电）车运营车辆数	辆	1287	991		
公共汽（电）车客运总量	万人次	19898	15220		
出租汽车数	辆	2431	1373		
液化石油气供气总量	吨	60169	37551		
#家庭用量	吨	52811	31269		
液化石油气用气人口	万人	122	70		
道路面积	万平方米	4045	2810		
排水管道长度	公里	3040	1970		
建成区绿化覆盖面积	公顷	9998	5703		
绿地面积	公顷	9261	5258		
公园绿地面积	公顷	2678	1823		
生活垃圾无害化处理率	%	68.3	62.2		
自然保护区个数	个	5			
自然保护区面积	公顷	70906			
工业废水排放量	万吨	8348	4035		354
工业二氧化硫去除量	吨	82295	80050		
工业二氧化硫排放量	吨	44907	31811		
化学需氧量排放量	吨	71810	43691		5683
工业烟尘去除量	吨	1719501	1644160		
工业烟尘排放量	吨	20886	13845		
工业固体废物综合利用率	%	97.7	99.3		82.8

境保护情况

淮安区	淮阴区	清浦区	开发区	涟水县	洪泽县	盱眙县	金湖县
				33	18	32	21
				12	7	9	7
				2511	2263	2506	2360
				1352	460	723	595
				25	14	22	13
				90	74	86	46
				813	885	2089	891
				265	100	546	147
				7130	714	9001	5773
				7010	632	9000	4900
				18	10	15	11
				411	205	384	235
				316	208	271	276
				1380	694	1318	903
				1307	636	1256	804
				346	101	269	139
				100.0	88.5	0.0	100.0
				1	1	2	1
				3433	54000	7673	5800
1956	561	436	729	578	2075	1197	463
1988	38805	37750	1507	267	1664	258	56
7253	9798	12281	2478	3016	6209	2405	1466
13491	13878	5996	4642	9681	5494	9272	3672
163208	783011	665371	32569	7708	36654	10715	20264
2864	5901	3335	1745	2156	1433	1739	1713
99.9	100.0	99.3		63.4	82.1	100.0	99.5

14

居民生活

本篇编辑：杜建祥　陈　靓　丁　毅　陈　青

城市居民家庭抽样调查基本情况

	单　　位	2013 年	2012 年
一、调查户数	户	221	200
二、家庭人口	人	672	550
#退休人口	人	86	114
三、就业人口	人	367	284
1. 国有经济	人	117	68
2. 集体经济	人		8
3. 其他经济	人	250	208
四、期末主要消费品拥有量			
摩托车	辆/百户	7	6
助力车	辆/百户	136	120
家用汽车	辆/百户	22	15
洗衣机	台/百户	101	100
电冰箱	台/百户	99	95
彩色电视机	台/百户	167	162
家用电脑	台/百户	101	91
组合音响	套/百户	2	10
空调器	台/百户	179	153
健身器材	套/百户	3	7
普通电话	部/百户	44	66
移动电话	部/百户	250	204
五、人均住房建筑面积	平方米	37.1	35.64

城市居民家庭人均现金收支情况

单位：元

	2013 年	2012 年
一、年初手存现金	6315	3670
二、家庭总收入	27334	24828
#可支配收入	25456	22995
1. 工资性收入	16799	14917
2. 经营净收入	3921	3690
3. 财产性收入	296	255
4. 转移性收入	6317	5965
三、出售财物收入	12	4
四、借贷收入	4223	3521
五、家庭总支出	22879	20159
1. 消费性支出	16920	14863
2. 财产性支出	54	51
3. 转移性支出	2986	2541
4. 社会保障支出	1818	1649
5. 购建房支出	1101	1054
六、借贷支出	7730	5229
七、期末手存现金	2171	6758

城市居民家庭人均购买食品情况

	消费数量(千克)		消费金额(元)	
	2013年	2012年	2013年	2012年
食品	—	—	6108.1	5597.9
一、粮食	109.3	94.6	525.9	471.6
二、淀粉及薯类	6.7	14.7	38.0	71.5
三、干豆类及豆制品	—	—	89.4	104.3
四、油脂类	12.1	10.6	153.6	134.7
五、肉类	38.0	36.8	1167.0	1077.9
1. 猪肉	28.1	25.8	758.0	685.0
2. 牛肉	3.2	3.4	154.4	119.5
3. 羊肉	0.9	0.9	47.4	35.5
4. 其他肉及制品	5.9	6.6	207.2	237.8
六、禽类	7.8	11.1	192.8	265.5
1. 鸡	4.8	7.5	119.6	179.3
2. 鸭	1.3	1.3	26.0	22.1
3. 其他禽类及制品	1.7	2.4	47.2	64.1
七、蛋类	10.3	13.8	108.0	138.3
#鲜蛋	9.6	12.7	97.8	121.3
八、水产品类	—	—	308.5	322.4
#1. 鱼	9.7	10.5	171.2	180.9
2. 虾	2.2	2.6	96.9	100.4
九、菜类	—	—	749.2	644.7
十、糖类	—	—	36.4	32.9
十一、烟草类	—	—	299.6	195.9
十二、酒类	—	—	304.1	253.7
十三、饮料	—	—	89.9	61.4
十四、干鲜瓜果类	—	—	343.1	378.6
#1. 鲜果	39.3	32.0	205.2	201.6
2. 鲜瓜	6.9	16.7	36.2	47.1
十五、糕点	5.1	4.1	96.5	78.9
十六、奶及奶制品	—	—	276.6	278.9
#鲜乳品	23.3	22.2	156.5	190.7
十七、其他食品	—	—	129.4	113.5
十八、在外用餐	—	—	1133.4	908.8

城市居民家庭主要商品人均消费情况

单位：元

	2013 年	2012 年
一、衣着	1855.8	1612.9
#1. 服装	1415.3	1201.1
2. 衣着材料	11.3	5.2
3. 鞋类	379.2	351.1
二、居住	1159.3	1122.0
#1. 住房	511.8	386.6
2. 水电燃料及其他	593.8	655.0
三、家庭设备用品及服务	1134.4	1000.0
#1. 耐用消费品	540.6	417.2
2. 室内装饰品	48.4	9.6
3. 床上用品	129.5	103.8
四、医疗保健	968.9	835.6
#1. 医疗费	445.4	372.6
2. 药品费	338.5	307.2
五、交通及通讯	1801.6	1582.2
#1. 交通	1468.3	897.0
2. 通信	333.2	685.1
#电信费	189.5	479.3
六、教育文化娱乐服务	3251.9	2509.8
1. 文化娱乐用品	513.8	518.9
2. 文化娱乐服务	1369.0	894.4
3. 教育	1369.2	1096.7
七、其他商品和服务	639.5	602.7
#1. 金银珠宝饰品	226.1	133.2

农村住户抽样调查基本情况

项　　目	单　　位	2013年	2012年
一、调查户数	户	830	920
二、平均每户常住人口	人	3.9	4.1
三、平均每户整半劳动力	人	2.83	2.86
五、人均经营耕地面积	亩	1.68	1.97
六、年末生产性固定资产原值	元/人	4095	3130
七、新建（购）房面积	平方米/人	1.84	1.10
八、年末人均住房面积	平方米	46.44	43.30
九、粮食收支平衡			
（一）收入原粮合计	公斤/人	1608	1725
#家庭经营生产	公斤/人	1504	1638
（二）支出原粮合计	公斤/人	1649	1423
#生活用粮	公斤/人	162	157
出售	公斤/人	1392	1173
饲料	公斤/人	58	39

农村住户年人均总收入

单位：元

	2013年	2012年
一、全年总收入	14682	12259
（一）工资性收入	6549	5427
（二）家庭经营收入	7025	6090
1. 第一产业	5226	4775
#种植业收入	4292	4217
牧业收入	562	346
2. 第二三产业	1799	1315
（三）转移性及财产性收入	1108	741
二、全年纯收入	11045	9838
工资性收入	6263	5427
家庭经营纯收入	3991	3748
#农林牧渔业纯收入	2762	2717
转移性及财产性收入	791	663

农 村 住 户 年 人 均 总 支 出

单位：元

	2013 年	2012 年
全年总支出	**10937**	**9534**
一、家庭经营费用支出	2761	2119
#种植业支出	1507	1575
牧业支出	484	246
二、生产性固定资产支出	82	112
三、建造生产性固定资产雇工支出	4	—
四、税费支出	12	15
五、生活消费支出	7373	6493
1. 食品	2670	2409
2. 衣着	406	326
3. 居住	1086	1060
4. 家庭设备用品及服务	395	333
5. 交通和通讯	693	573
6. 文化娱乐	1380	1194
7. 医疗保健	573	460
8. 其它商品和服务	170	139
六、财产性和转移性支出	705	795

农村住户年人均现金收支

单位：元

	2013 年	2012 年
一、年内现金收入合计	14201	11183
（一）工资性收入	6533	5432
（二）家庭经营现金收入	6568	4949
1. 第一产业现金收入	4769	3634
2. 二三产业现金收入	1799	1315
（三）转移性和财产性现金收入	1100	801
二、非收入所得	1491	771
三、期内现金支出合计	10304	8876
1. 家庭经营费用支出	2721	2008
#种植业现金支出	1484	1797
牧业现金支出	471	221
2. 生产性固定资产支出	80	112
3. 建造生产性固定资产雇工支出	4	—
4. 税费支出	12	15
5. 生活消费支出	6782	5951
6. 财产性和转移性支出	705	790
四、非消费性现金付出	3991	1825

农村住户主要商品购买量

	单　　位	2013年	2012年
每百户平均耐用消费品			
自行车	辆	21	22
电风扇	台	11	10
电视机	台	9	9
洗衣机	台	7	3
每百户平均建材			
水泥	吨	28	25
钢材	吨	2	1
每人平均生产资料			
化肥	公斤	297	266
饼肥	公斤	7	1
农用簿膜	公斤	0	0
燃料	公斤	8	12
每百户平均生产资料			
小型和手扶拖拉机	台	1	2
水泵	台	2	2

农村住户主要实物消费量和耐用物品年末拥有量

	单位	2013年	2012年
每人平均全年消费			
蔬菜	公斤	93.9	105.9
植物油	公斤	11.4	6.8
猪肉	公斤	16.2	11.6
家禽	公斤	5.3	3.4
蛋类	公斤	6.3	5.6
鱼虾	公斤	9.3	6.4
食糖	公斤	0.7	0.8
卷烟	盒	28.4	22
酒	公斤	9.8	9.4
水果	公斤	8.6	8.4
每百户平均年末拥有量			
电冰箱	台	94	85
电视机	台	147	132
#彩电	台	147	129
电话	台	308	283
洗衣机	台	97	90

农民人均纯收入

单位：元

	2013年	2012年
全市	11045	9838
淮安区	11240	10035
淮阴区	10345	9195
清浦区	14041	12526
涟水县	10333	9185
洪泽县	12160	10838
盱眙县	11255	10031
金湖县	11931	10624

15

附　录

本篇编辑： 杨益浪　穆如标　杨长峰
孙永军　罗　劼　张　怡　姚云聪

淮安市2013年国民经济和社会发展统计公报

淮安市统计局　国家统计局淮安调查队

2014年4月20日

2013年，在市委、市政府的正确领导下，全市上下紧紧围绕加快全面建设小康社会和苏北重要中心城市目标，全力聚焦“五大突破”，大力实施“十大行动计划”、“十项重点工程”，全市经济社会保持平稳健康发展，呈现出稳中有进、质态提升、后劲增强、民生改善的向好态势。

一、综　　合

经济保持平稳较快增长。全市实现地区生产总值2155.86亿元，按照可比价格计算，比上年增长12.0%。其中，第一产业增加值增长3.3%，第二产业增加值增长13.2%，第三产业增加值增长13.3%。经济结构进一步优化，三次产业比例由上年的12.9:46.3:40.8调整为12.6:45.6:41.8。人均GDP44774元，按年平均汇率折算为7230美元。

小康建设取得重大突破。至2013年底，全面小康社会监测四大类18项25个指标中，有24个指标达到或超过省定标准，其中核心指标全部达标。淮安以市为单位达到省定2003版全面小康社会标准。

居民消费价格基本稳定。全年居民消费价格比上年上涨2.4%，其中食品类上涨3.9%，衣着类上涨3.5%，家庭设备用品及维修服务类上涨1.5%，娱乐教育文化用品及服务类上涨2.1%，居住类上涨1.9%，烟酒类下降2.7%，医疗保健和个人用品类下降0.1%，交通和通信类下降0.7%。全市共建成农副产品平价店142家，完成平价商店建设任务目标。

就业形势保持稳定。全市城镇新增就业6.73万人，下岗失业人员再就业5.94万人，其中困难群体再就业9785人。年末城镇登记失业率2.2%，保持较低水平。新增转移农村劳动力3.4万人。城乡劳动者职业技能培训5.36万人。全市城乡新成长劳动力培训1.41万人。全市开展创业培训2.67万人，扶持农民自主创业1.16万人。

城市化进程进一步加快。全市年末城市化水平55.1%，比上年提高1.6个百分点。

全市经济社会发展中仍存在一些问题和矛盾，如产业集聚度需进一步提高，科技支撑能力有待加强，转型升级任重道远。二元体制矛盾依然存在，县域经济发展不够充分，统筹城乡发展步伐有待加快。空气污染指数时有反弹，保护生态环境的措施亟待加强等。

二、农林牧渔和水利业

农业生产稳定发展。粮食连续十年丰收，全年粮食总产量461.02万吨，比上年增加4.91万吨，增长1.1%。其中夏粮172.77万吨，增长5.6%；秋粮288.25万吨，下降1.4%。全年粮食种植面积986.47万亩，增加5.97万亩。其中油料面积51.33万亩，减少2.61万亩，蔬菜面积141.95万亩，增加6.54万亩。全年完成造林面积8.3万亩，其中成片林4.8万亩。全年肉类总产量32.18万吨，增长0.5%，其中猪牛羊肉产量21.07万吨，减少1.3%；禽肉产量11.04万吨，增长3.9%。禽蛋总产量12.97万吨，减少1.8 %。牛奶总产量3.17万吨，减少3.8%。全年水产品总产量25.93万吨，增长3.0%。年末农业机械总动力518.40万千瓦，增长12.6 %。

水利建设取得新突破。全年完成水利总投资33.70亿元，“十二五”以来累计完成投资97.50亿元。全力实施淮河入江水道整治、洪泽湖大堤加固、分淮入沂整治等国家重点工程，完成头溪河等5条中小河流治理工程，完成堂子巷控制、古黄河水利枢纽等7项中心城市重点工程。农村水利实施完成灌区节水改造、规模化节水、小型水利重点县等工程，疏浚县乡河道312条，整治村庄河塘1239面，新开及整治渠道462公里，整治排水河道403公里，增加引水能力184立方米/秒，增加蓄水能力595万立方米；新建防渗渠道143.95公里，新、改建渠系建筑物3117座，排水涵闸等建筑物529座，灌溉泵站115座装机7922千瓦，排涝泵站9座装机220千瓦，发展管道灌溉示范片2300亩，实现新增和改善灌溉面积83.94万亩，年节水8725万立方米。完成盱眙、淮安、洪泽3个县区农村饮水安全工程，解决13.56万人不安全饮水问题。洪金灌区、金湖县荷花荡创成省级水利风景区，12个水管单位创成省市级水利工程管理单位，全市共创成省级节水型学校4个、节水型企业4家、节水型社区16个、“雨水收集利用”节水示范项目8个，市级节水型学校16个。

三、工业和建筑业

工业经济较快增长。完成规模以上工业增加值1133.89亿元，比上年增长13.5%。其中国有工业增加值116.20亿元，增长7.1%；集体工业增加值4.12亿元，增长10.6%；股份制工业增加值591.60亿元，增长13.2%；外商港澳台投资工业增加值300.98亿元，增长16.5%。大中型工业企业增加值556.00亿元，增长10.9%。轻工业企业增加值490.39亿元，增长12.6%；重工业企业增加值643.50亿元，增长14.1%。

转型升级加速推进。全年“4+2”优势特色产业实现产值2334.56亿元，比上年增长16.5%。其中，盐化新材料、特钢、电子信息、食品四大主导产业实现产值2164.26亿元，增长15.5%，占规模以上工业产值比重达45.1%；高端装备制造、新能源汽车及零部件等两大战略性新兴产业实现产值170.31亿元，比上年增长30.7%。高新技术产业实现产值1130亿元，占规模工业产值比重24%。节能降耗成效明显，单位GDP综合能耗下降3.8%，完成省定目标。

骨干企业支撑有力。全市销售百亿元以上企业3户，50亿元以上企业8户，30亿元以上企业13户，10亿元以上企业46户。全市百户重点企业实现销售、利税、利润占全市比重分别为38.0%、48.0%和38.5%。全年规模以上工业企业实现主营业务收入4731.24亿元，比上年增长20.1%；利税413.23亿元，增长19.4%；利润218.77亿元，增长21.8%。

建筑业平稳发展。全市具有资质等级的总承包和专业承包建筑业企业661户。全年完成建筑业增加值163.55亿元，增长7.6%。完成建筑业总产值1032.10亿元，比上年增长23.0%，其中建筑工程产值981.65亿元，增长27.5%。

四、固定资产投资

固定资产投资较快增长。完成规模以上固定资产投资1453.05亿元，比上年增长22.1%。其中工业投资804.24亿元，增长22.4%；房地产开发投资312.22亿元，增长11.3%。民间投资894.07亿元，增长26.0%，占全市规模以上投资61.5%。2013年，全市在建亿元项目551个，计划总投资达1439.39亿元，比上年增长16.1%；完成投资821.89亿元，增长29.8%，增速快于规上固定资产投资7.7个百分点。

五、国内贸易

消费品市场运行平稳。全年实现社会消费品零售总额721.22亿元，比上年增长13.9%。按经营地统计，城镇消费品零售额640.58亿元，增长14.6%，其中城区消费品零售额385.47亿元，增长9%；乡村消费品零售额80.64亿元，增长8.3%。按消费形态统计，批发零售业完成零售额648.36亿元，增长14.2%；住宿餐饮业实现零售额72.86亿元，增长11%。

部分消费热点持续活跃。限额以上单位实现社会消费品零售额259.80亿元，比上年增长19.1%。其中粮油类增长19.8%，烟酒类增长22%，金银珠宝类增长25.5%，五金电科类增长48.4%，家具类增长17.9%，石油及制品类增长10.7%，建筑及装潢材料类增长19.1%，机电产品及设备类增长36%，汽车类增长28.2%。

六、开放型经济

对外贸易保持顺差。完成进出口总额36亿美元，比上年下降15.1%。其中，出口总额27.8亿美元，下降17.4%；进口总额8.2亿美元，下降6.2%；贸易顺差19.60亿美元，比上年减少5.30亿美元。全市累计进出口超5000万美元、1000万美元、500万美元企业分别达17户、62户和112户。全年新培育进出口超亿美元企业2户、超千万美元企业15户。内资生产企业实现进出口6.30亿美元，比上年增长28.5%，其中出口增长15.7%、进口增长58.8%。

外资利用质态提升。全年新批外资项目143个，其中总投资9000万美元以上5个、3000万美元以上31个。协议外资15.30亿美元，实际到账13亿美元，其中工业到账外资8.40亿美元。新世代半导体、惠浦OLED液晶显示屏等一批投资超5亿美元外资项目和奔驰系列商用客车等一批终端产品项目成功引进。新批台资项目66个，到账台资4.80亿美元；落户台资产业（科技）园台资项目21个，其中竣工投产17个。总投资15亿美元的实联化工纯碱、总投资1.78亿美元的液化空气等一批重点项目竣工投产。全年完成外经营业额8688.1万美元，比上年增长15.6%。

七、交通、邮电和旅游

交通运输业稳步增长。全年完成公路、水路客运量0.83亿人次、周转量88.58亿人公里，比上年分别增长5.2%和6.0%。货运总量1.03亿吨、增长11.96%，货运周转量311.57亿吨公里、增长14.0%。集装箱吞吐量6.84万标箱，增长23.9%。港口货物吞吐量6598万吨，增长15.8%。年末公路总里程达1.29万公里，比上年增加126公里，高速公路里程403公里，一级公路516.8公里。淮安涟水机场航班通达13个国内城市和香港。全市拥有省级重点物流企业、物流基地17家。完成交通基础设施建设投资36.46亿元。宿淮铁路全面建成，现代有轨电车建设一期工程强力推进，连淮扬镇铁路获国家发改委立项，铁路综合客运枢纽完成选址。金马高速建成通车；盐河航道整治扫尾工程全面完成；205国道淮安西绕城段、工业园区通用码头主体建成；新改建农村公路636公里、桥梁90座；完成水门桥改造工程。高良涧船闸扩容工程、淮海路盐河桥、承德路京杭运河桥等相继开工建设。

邮电通讯业平稳发展。全年邮电业务收入26.00亿元，比上年增长5.8%。其中，电信业务收入22.09亿元，增长5.1%；邮政业务收入3.91亿元，增长10.1%。全市年末固定电话（含小灵通）用户87.53万户，下降3.1%。全年移动电话用户294.69万户，增长6.3%；年末互联网注册用户52.65万户，增长15.9%。

旅游业快速发展。全年接待国内外旅游者1834.26万人次，比上年增长13.6%，其中接待国内游客1833.2万人次，增长13.8%；入境游客1.06万人次，增长4.8%。入境游客中外国人5833人次，香港、澳门、台湾同胞4731人次。全年旅游总收入204.37亿元，比上年增长15.9%，其中国内旅游收入200.12亿元，增长15.9%；旅游外汇收入887.64万美元，增长6.5%。年末全市共有国家A级旅游景区32家，其中：AAAA级旅游景区10家，星级乡村旅游点30家，省级自驾游基地3家，省级旅游度假区1家，省级生态旅游区1家。星级旅游饭店44家，其中五星级旅游饭店1家。旅行社100家，其中四星级旅行社2家，出境社2家。持证导游3686人。

八、财政、金融

财政收入较快增长。全年财政总收入494.60亿元，比上年增长12.8%。其中上划中央四税收入145.78亿元，增长6.2%；公共财政预算收入271.42亿元，增长16.2%；社保基金收入54.22亿元，增长22.4%。

金融市场运行平稳。年末金融机构本外币存款余额1737.07亿元，比年初增加216.27亿元、增长14.2%；本外币贷款余额1397.43亿元，比年初增加207.03亿元、增长17.4%。储蓄存款934.30亿元，比年初增加125.34亿元、增长15.5%。保险业保费收入42.8亿元，比上年增长17.6%。其中财产险增长21.1%，人身险增长12.3%，意外险增长27.9%，健康险增长64%。全年保险赔款和给付支出14.7亿元，其中财产险7.7亿元，寿险6.2亿元，意外险0.27亿元，健康险0.58亿元。

九、科学技术和教育

科技创新能力增强。全年R&D（研究与试验发展）经费支出32.30亿元。全市创新型企业累计达452家，其中创新型领军企业10家。新增省级高新技术企业57家，新认定市级高新技术企业62家。新开发市级以上新产品1033个，新认定市级高新技术产品161个、省级143个。全年专利申请12075件，增长29.5%；专利授权4573件，增长45.6%。每万人发明专利拥有量1.58件。

科技创新载体建设稳步推进。新获批国家级现代农业科技园1个、国家火炬计划特色产业基地1个、省级大学科技园1个。全市省级以上孵化器孵化面积超过85万平方米，在孵化企业455家。组织签订大院名校科技合作交流项目79项，新设立知名高校院所重大产学研创新机构8个。新获认定省级企业院士工作站、工程技术研究中心等“两站三中心”21家，新建市级“两站三中心”73家，全市累计建成“两站三中心”515家。

教育事业协调发展。全市共有基础教育及中等职业教育学校748所，在校生80.42万人。其中：幼儿园263所，在园幼儿16.76万人；小学284所，在校生32.54万人；初中146所，在校生14.05万人；普通高中29所，在校生8.66万人；中等职业学校19所，在校生8.24万人；特殊教育学校7所，在校生0.17万人。普通高等学校6所，在校生6.69万人。学前教育毛入园率100.0%；小学巩固率89.2%；初中巩固率95.1%（省新口径）；初中毕业生升学率101.4%，比上年提高3.4个百分点；高中阶段教育毛入学率98.0%。

十、文化、卫生和体育

文化事业繁荣发展。清河区及8个乡镇入选省级公共文化服务体系示范县区和乡镇创建名单。万人拥有公共文化设施面积达1460.52平方米，有线电视用户入户率91.0%，有线电视村民小组接通率100%。全市新增有线数字电视用户16.20万户，有线数字电视总用户49.20万户，城区有线数字电视整转率92.2%。实现乡镇电影固定放映点全覆盖。公共文化服务设施覆盖率达90.4%，人均公共图书馆总藏量0.62册。新建30个社区文化活动中心。全年送戏下乡213场，送电影下乡2.51万场，送书8多万册，送展览25个。7个项目获得省文化产业引导资金资助，涟水云锦成为我市首家省级文化产业示范基地。成功举办2013淮安（杭州）文化产业招商推介会，集中签约26个文化产业合作项目。启动第一次全国可移动文物普查，新增月塔、第一山题刻等5处全国重点文物保护单位。全市拥有一级文物226件，二级文物370件，三级文物1971件。

卫生服务体系健全。全市共有各类卫生机构（不含村卫生室）710个，其中：疾病预防控制机构9个，卫生监督机构10个，综合医院32个，专科医院11个，中医院6个，妇幼卫生保健机构9个，卫生院129个。各类卫生机构实有病床23467张，其中医院14324张、卫生院7357张；卫生技术人员2.78万人，其中执业（助理）医师11186人，注册护士12042人；疾病预防控制机构卫生技术人员432人，卫生监督机构卫生技术人员209人，妇幼卫生保健机构卫生技术人员1182人。组织开展“淮医国际周”活动，与英国信诺医疗投资有限公司等签订六国8项国际合作协议。建成淮医首个院士工作站。

体育事业蓬勃发展。全年承办全国比赛5项、省级比赛11项；获得省赛金牌115.5枚、奖牌294.5枚。向省队和“八一队”输送运动员28人。举办群众性体育活动和比赛逾430项次，参与活动和竞赛群众约240万人次。连续八年荣获国家体育总局授予“全民健身优秀组织奖”。获省体育局“承办全国体育竞赛最佳赛区”和“承办省级体育竞赛最佳赛区”表彰。“韩信杯“象棋国际名人赛、“武林大会走进淮安”等已成为国内外知名赛事。全年销售体育彩票7.23亿元。

十一、环境保护

环境保护能力提高。全市设立自然保护区5个，其中省级自然保护区2个，自然保护区面积7.09万公顷。全市环境质量综合指数89.5%，市区空气质量优良天数274天，优良率74.9%；城市水域功能区水质优良率94.7%，集中式饮用水源地水质达标率100%；市区区域环境噪声平均等效声级54.3分贝，声环境质量等级较好；市区交通噪声平均等效声级67.1分贝，声环境质量等级为好。化学需氧量和二氧化硫排放量分别比上年削减0.245万吨和0.186万吨。

生态文明建设成效明显。科学划定生态红线，扎实推进国家生态市创建，投入6.6亿元建成一批乡镇污水、垃圾等处理设施，新增成片林4.3万亩，金湖、清浦在苏北率先创成省级生态县区并通过国家级技术评估，新增14个国家级生态乡镇和286个市级以上生态村。

十二、人口、居民生活和社会保障

人口规模小幅增长。年末户籍总人口552.96万人，比上年增加6.15万人，增长1.1%。年末常住总人口482.69万人，比上年增加2.39万人，增长0.5%。城镇常住人口265.77万人，农村常住人口216.92万人。常住人口出生率12.36‰，死亡率7.39‰，自然增长率4.97‰。

居民收入稳步提高。城镇居民人均可支配收入25456元，比上年增长10.7%；人均消费性支出16919元，增长13.8%。农民人均纯收入11045元，比上年增长12.3%；人均生活消费支出7373元，增长13.6%。城市居民人均住房面积37.1平方米，农村居民人均住房面积46.4平方米。居民恩格尔系数35.3%，其中城镇34.3%、农村36.2%。

社会保障体系不断完善。全市参加企业养老保险职工83.46万人，比上年增加12.82万人。参加城镇职工基本医疗保险80.82万人，比上年增加4.22万人；参加工伤保险45.26万人，增加1.02万人；参加生育保险41万人，增加1.13人；参加失业保险61.1万人，增加3.98万人。城镇居民基本医疗保险参保人数达77.17万人，参保率95%。农村养老保险参保人数131.15万人，参保率99.1%。企业离退休人员养老金按时足额100%社会化发放，支付20.63万名企业离退休人员养老金37.08亿元。20.53万名企业退休人员纳入社区管理服务，管理率100%。为企业退休人员累计提供37.8万人次免费体检。累计办理助保1.6万人次，发放贷款1.1亿元，2250名助保人员顺利退休。

注释：

（1）公报中部分指标为初步统计数，最终数据以《淮安统计年鉴－2013》公布为准。

（2）五大突破：优势特色产业做大做强、县域经济加速跨越崛起、对内对外开放全面扩大、区域创新能力大幅提升、新型城镇化高水平建设。

（3）十大行动计划：转型升级行动计划、科技创新行动计划、中心城市建设行动计划、农业现代化行动计划、文化繁荣发展行动计划、民生幸福行动计划、生态文明建设行动计划、县域经济跨越发展行动计划、社会管理创新行动计划、党建工作创新行动计划。

（4）十项重点工程：铁路规划建设工程、省运会场馆及环境建设工程、盐化新材料产业发展工程、金融中心规划建设工程、白马湖保护与开发工程、中心城市道路通达工程、西南化工区搬迁工程、淮安综合大市场建设工程、里运河文化长廊规划建设工程、科教产业园规划建设工程。

（5）“4＋2”优势特色产业：盐化新材料、特钢、电子信息、食品四大主导产业和高端装备制造、新能源汽车及零部件两大战略性新兴产业。

江苏省2013年国民经济和社会发展统计公报

江苏省统计局　国家统计局江苏调查总队

（2014年2月20日）

2013年，面对复杂多变的宏观经济环境，全省上下认真贯彻落实中央和省委、省政府决策部署，紧扣主题主线，坚持稳中求进，以提高经济发展质量和效益为中心，深入实施六大战略，全面推进八项工程，着力抓好十项举措，扎实做好稳增长、调结构、抓创新、促改革、惠民生各项工作，经济社会发展稳中有进、稳中向好，“两个率先”建设迈出新步伐。

一、综　　合

经济保持稳定增长，转型升级取得新进展。全年实现地区生产总值59161.8亿元，比上年增长9.6%。其中，第一产业增加值3646.1亿元，增长3.1%；第二产业增加值29094.0亿元，增长10.0%；第三产业增加值26421.7亿元，增长9.8%。全省人均生产总值74607元，比上年增长9.3%。全社会劳动生产率稳步提高，全年平均每位从业人员创造的增加值达124297元，比上年增加10703元。产业结构不断优化。三次产业增加值比例调整为6.1：49.2：44.7。全年实现高新技术产业产值超过5万亿元，比上年增长15%；占规模以上工业总产值比重达38.5%，同比提高1个百分点。新兴产业销售收入比上年增长18%。现代服务业发展加快。全年实现服务业增加值26596.0亿元，比上年增长9.8%；占GDP比重为45.0%，同比提高1.2个百分点。经济活力持续增强。全年非公有制经济增加值39756.7亿元，比上年增长10.4%；占GDP比重达67.2%，其中私营个体经济比重为42.3%，分别比上年提高0.5个和0.6个百分点。年末全省工商部门登记的私营企业达145.1万户，比上年增长10.5%，注册资本47568.1亿元，增长12.4%；个体户379.4万户。新型城镇化和城乡一体化扎实推进。年末城镇化率为64.1%，比上年提高1.1个百分点。区域经济协调发展。苏南转型升级步伐加快，创新发展能力和国际竞争力进一步增强；苏中、苏北大部分指标增幅继续高于全省平均水平，对全省经济总量的贡献率达44.2%，比上年提高0.7个百分点；顺利完成沿海开发五年推进计划第一阶段任务，沿海地区生产总值达到10299.8亿元，比上年增长12.0%，对全省经济增长贡献率达18.5%。

居民消费价格涨幅有所回落。全年居民消费价格比上年上涨2.3%，涨幅同比回落0.3个百分点。其中，城市上涨2.3%，农村上涨2.5%。分类别看，食品上涨4.1%，烟酒下跌1.3%，衣着上涨3.2%，家庭设备用品及维修服务上涨2.2%，医疗保健和个人用品上涨1.1%，交通和通信下跌0.3%，娱乐教育文化用品及服务上涨1.3%，居住上涨2.5%。在食品中，粮食上涨3.0%，油脂下跌1.8%，肉禽及其制品上涨3.1%，鲜菜上涨7.2%，水产品上涨5.5%，蛋上涨4.4%。工业生产者价格低位运行。全年工业生产者出厂价格比上年下降2.0%，其中纺织业下降0.5%，化学原料及化学制品业下降3.0%，医药制造业下降0.8%，化学纤维制造业下降3.7%，黑色金属冶炼及压延加工业下降7.3%，有色金属冶炼及压延加工业下降4.9%，电气机械及器材制造业下降2.9%；工业生产者购进价格下降2.9%；农业生产资料价格上涨2.4%。

表1　居民消费价格指数及其构成情况（以上年为100）

指　　标	全　省	城　市	农　村
居民消费价格	102.3	102.3	102.5
食品	104.1	104.2	104.0
#粮食	103.0	103.7	102.2
烟酒	98.7	98.6	99.0
衣着	103.2	102.8	104.2
家庭设备用品及服务	102.2	102.4	101.8
医疗保健及个人用品	101.1	100.8	102.1
交通和通信	99.7	99.7	100.0
娱乐教育文化用品及服务	101.3	101.4	101.0
居住	102.5	102.4	102.6

全省经济社会发展中仍存在一些问题和矛盾，如产业结构不够合理，自主创新能力还不强，消

费增长动力不足，出口产品竞争力需要提升；部分企业经营比较困难，部分行业产能过剩矛盾比较突出；资源环境约束加剧，大气污染治理、水污染治理等任务繁重；民生工作还存在不少薄弱环节，城乡居民增收难度加大等。

二、农林牧渔业

农业生产形势较好。粮食连续十年增产，全年总产量达3423.0万吨，比上年增产50.5万吨，增长1.5%。其中，夏粮1195.8万吨，增长4.6%；秋粮2227.2万吨，基本持平。全年粮食播种面积536.1万公顷，比上年增加2.4万公顷；棉花面积15.5万公顷，减少1.5万公顷；油料面积51.8万公顷，减少0.9万公顷。新增设施农业面积90.4万亩。

林牧渔业发展稳定。全年成片造林面积6.8万公顷；猪牛羊禽肉产量372.8万吨，比上年下降3.4%；禽蛋总产量197.9万吨，增长0.3%；牛奶总产量59.9万吨，下降2.3%；水产品总产量508.8万吨，增长3.0%，其中淡水产品358.2万吨，海水产品150.6万吨，分别增长3.7%和1.4%。

农村生活生产条件显著改善。新一轮农村实事工程进展顺利，解决了310万农村居民饮水安全问题，行政村客运班车基本全覆盖，完成6.3万个村庄的环境整治任务。全省农田有效灌溉面积达396.4万公顷，新增有效灌溉面积3.5万公顷，新增节水灌溉面积14.1万公顷；年末农业机械总动力4405.8万千瓦，比上年末增长4.5%。

表2　主要农产品产量情况

产品名称	产量（万吨）	比上年增长（%）
粮食	3423.0	1.5
棉花	20.9	-5.0
油料	150.4	2.3
#油菜籽	113.3	3.8
花生	35.3	-2.0
蚕茧	6.0	-12.7
茶叶	1.4	-9.8
水果（含瓜果类）	833.1	4.7
猪牛羊禽肉	372.8	-3.4
水产品	508.8	3.0

三、工业和建筑业

工业生产稳步增长。全年规模以上工业增加值比上年增长11.5%，其中轻、重工业分别增长10.5%和11.9%。分经济类型看，国有工业增长7.6%，集体工业增长1.1%，股份制工业增长13.7%，外商港澳台投资工业增长8.8%。在规模以上工业中，国有控股工业增长9.0%，私营工业增长15.1%。

企业效益持续改善。全年规模以上工业企业实现主营业务收入132270.4亿元，比上年增长10.8%；利税12946.7亿元，增长15.5%；利润7834.1亿元，增长14.5%。企业亏损面13.0%，比上年末下降0.1个百分点；亏损企业亏损额507.9亿元，下降7.9%。规模以上工业企业总资产贡献率、成本费用率分别由一季度的12.9%、5.1%提高至全年的16.0%和6.3%。

表3　主要工业产品产量情况

产品名称	单位	产量	比上年增长（%）
纱	万吨	483.3	5.9
布	亿米	81.1	1.6
化学纤维	万吨	1296.3	0.9
卷烟	亿支	1021.3	1.5
彩色电视机	万台	1059.0	-11.4
家用电冰箱	万台	1063.1	-3.8
房间空调器	万台	270.9	-2.8
发电量	亿千瓦时	4272.0	4.2
粗钢	万吨	9286.2	14.4
钢材	万吨	12398.0	12.8
十种有色金属	万吨	52.9	-7.6
水泥	万吨	17991.9	8.7
硫酸	万吨	370.7	-6.0
纯碱	万吨	325.4	-3.8
乙烯	万吨	145.9	7.4
化肥（折100%）	万吨	246.9	-6.3
汽车	万辆	107.2	6.5
#轿车	万辆	63.2	10.1
发电设备	万千瓦	422.4	-35.1
集成电路	亿块	285.6	14.7
程控交换机	万线	5.2	12.4
微型电子计算机	万台	7520.7	-8.8
移动通讯基站设备	信道	1171574	-35.8

先进制造业增势较好。在规模以上工业中，汽车制造业产值5765.7亿元，比上年增长25.0%；医药制造业产值2768.3亿元，增长19.8%；专用设备制造业产值5028.1亿元，增长12.4%；电气机械及器材制造业产值14621.4亿元，增长12.8%；通用设备制造业产值7201.4亿

元，增长9.3%；计算机、通信和其他电子设备制造业产值17323.2亿元，增长5.1%。产品结构继续优化，实现工业新产品产值11742亿元，比上年增长2.9%。

建筑业加快发展。全年共完成建筑业总产值21712.2亿元，比上年增长17.9%；竣工产值16495.0亿元，增长19.0%，竣工率达76.0%；全省建筑企业实现利税总额1554.9亿元，增长19.9%。建筑业劳动生产率为28.3万元/人，比上年增长7.5%。建筑业企业房屋建筑施工面积192982万平方米，比上年增长15.7%；竣工面积67932万平方米，增长10.9%，其中住宅竣工面积48110万平方米，增长11.8%。

四、固定资产投资

固定资产投资平稳较快增长。全年完成固定资产投资35982.5亿元，比上年增长19.6%。其中，国有及国有经济控股投资7546.2亿元，增长18.3%；外商港澳台投资3910.5亿元，增长8.1%；民间投资24525.8亿元，增长20.1%，占固定资产投资比重达68.2%，比上年提高1个百分点。

投资结构优化改善。第一产业投资198.6亿元，比上年增长9.4%；第二产业投资18425.9亿元，增长17.2%；第三产业投资17358.0亿元，增长22.3%。第二产业投资中，工业投资18387.5亿元，增长17.5%，其中制造业投资17337.3亿元，增长17.5%；高新技术产业投资6426.2亿元，增长14.6%，占工业投资比重达34.9%。主要工业行业中，化学原料及化学制品制造业投资1644.8亿元、通用设备制造业1885.1亿元、电气机械及器材制造业1670.1亿元，分别增长4.7%、32.1%、12.7%。第三产业中，房地产业投资8857.2亿元，增长17.4%；水利、环境和公共设施管理业2573.6亿元，增长31.1%；交通运输仓储和邮政业投资1676.3亿元，增长28.3%。

重点项目建设加快推进。全年新开工项目32315个，其中亿元项目4638个，完成投资18549.2亿元，比上年分别增长12.5%、8.3%和17.3%。省级200个重大项目有序推进，境内南水北调工程全线通水，宁杭城际铁路通车运行，临海高等级公路基本建成，连盐铁路开工建设，禄口机场二期主体工程完工，南京博物院二期建成开放等等。

五、国内贸易

消费品市场增长平稳。全年实现社会消费品零售总额20656.5亿元，比上年增长13.4%。按经营单位所在地分，城镇市场实现零售额18564.4亿元，增长13.4%；乡村市场实现零售额2092.1亿元，增长13.6%。按消费形态分，批发和零售业零售额18694.8亿元，增长13.7%；住宿和餐饮业零售额1961.7亿元，增长11.0%。

大众类消费增长较快。在限额以上批发和零售业主要经营类别中，汽车类零售额2897.5亿元，比上年增长12.8%；石油及制品类零售额1070.7亿元，增长12.0%；粮油、食品、饮料、烟酒类零售额1009.6亿元，增长7.6%；服装、鞋帽、针纺织品类零售额859.9亿元，增长7.0%；中西药品类零售额624.6亿元，增长24.9%；家用电器和音像器材类零售额583.3亿元，增长8.5%；金银珠宝类零售额275.8亿元，增长26.7%；建筑及装潢材料类零售额272.6亿元，增长31.6%。

六、开放型经济

外贸进出口规模保持稳定。全年进出口总额5508.4亿美元，比上年增长0.5%。其中，出口3288.5亿美元，增长0.1%；进口2219.9亿美元，增长1.1%。

贸易自主能力不断增强。一般贸易出口额1455.3亿美元，比上年增长4.3%；加工贸易出口额1500.6亿美元，下降6.4%。出口结构进一步优化。机电产品、高新技术产品出口额分别为2142.6亿美元和1279.7亿美元，占出口总额比重为65.2%和38.9%。其中，计算机与通信技术产品出口693.2亿美元，占高新技术产品出口额的54.2%。贸易主体更趋内生化。外商投资企业出口额1942.2亿美元，比上年下降5.1%，占出口总额的59.1%；私营企业出口额996.8亿美元，增长11.9%，占出口总额的30.3%，比重较上年同期提高3.2个百分点。对欧盟、美国、日本、香港特别行政区出口额分别为571.2亿美元、654.3亿美元、312.4亿美元和368.3亿美元，比上年分别增长-9.7%、2.6%、1.3%和9.2%；对东盟、韩国、台湾省出口额分别为334.4亿美元、167.5亿美元和119.7亿美元，分别增长9.0%、2.1%和13.2%；对拉丁美洲、非洲、俄罗斯出口额分别为198.2亿美元、93.0亿美元和49.3亿美元，分别下降9.6%、6.0%和9.9%。

表 4　进出口贸易主要分类情况

指　　标	绝对数（亿美元）	比上年增长（%）
出口总额	3288.5	0.1
#一般贸易	1455.3	4.3
加工贸易	1500.6	-6.4
#工业制成品	3194.0	0.1
初级产品	52.6	-4.2
#机电产品	2142.6	-1.5
#高新技术产品	1279.7	-2.7
#外商投资企业	1942.2	-5.1
国有企业	287.6	4.3
进口总额	2219.9	1.1
#一般贸易	876.9	10.0
加工贸易	835.9	-3.0
#工业制成品	1831.5	0.8
初级产品	346.2	5.0
#机电产品	1288.2	0.0
#高新技术产品	930.1	0.9
#外商投资企业	1451.4	-5.3

利用外资规模继续保持全国领先。全年新批外商投资企业 3453 家，新批协议外资 472.7 亿美元；实际使用外资 332.6 亿美元，比上年增长 1.0%。新批及净增资 9000 万美元以上项目 250 个。对外投资增势良好。全年新批境外投资项目 605 个，比上年增长 5.8%；中方协议投资 61.4 亿美元，增长 21.8%。

开发区继续在开放型经济中发挥主导作用。全省开发区实现进出口总额 4488.0 亿美元，其中出口总额 2642.0 亿美元，分别比上年增长 2.7% 和 3.3%，占全省总量的 81.5% 和 80.4%。

七、交通运输、邮政电信业和旅游业

交通运输业基本平稳。全年旅客运输量、货物运输量分别比上年增长 4.0% 和 8.8%，旅客周转量、货物周转量分别增长 5.7% 和 12.2%。完成港口货物吞吐量 21.4 亿吨，比上年增长 9.7%。其中，外贸货物吞吐量 3.5 亿吨，增长 12.9%；集装箱吞吐量达 1662.5 万标准集装箱，增长 3.9%。年末全省公路里程 15.6 万公里，新增 1976 公里，其中高速公路里程 4443.0 公里，新增 71.5 公里。铁路营业里程 2554.1 公里，铁路正线延展长度 4125.5 公里。年末民用汽车保有量 954.4 万辆，净增 141.3 万辆，分别增长 17.4% 和 13.3%。年末私人汽车保有量 790.1 万辆，净增 132.9 万辆，分别增长 20.2% 和 15.0%。其中，私人轿车保有量 554.6 万辆，净增 98.7 万辆，分别增长 21.6% 和 14.4%。

表 5　各种运输方式完成运输量

	货物周转量		货运量		旅客周转量		客运量	
	绝对数（亿吨公里）	比上年增长（%）	绝对数（万吨）	比上年增长（%）	绝对数（亿人公里）	比上年增长（%）	绝对数（万人）	比上年增长（%）
总　计	9504.7	12.2	251690.9	8.8	2061.9	5.7	279024.3	4.0
铁　路	373.2	-4.7	6806.2	-5.8	505.9	13.3	13434.9	14.3
公　路	1653.5	13.8	168613.0	9.7	1461.2	3.0	264416.0	3.5
水　路	6857.7	13.3	63648.0	8.5	0.8	-39.5	443.9	-25.3
民　航	1.0	5.1	6.7	-0.3	94.0	12.5	729.5	9.8
管　道	619.3	7.4	12617	7.6	—	—	—	—

邮政电信业较快发展。全年邮政电信业务总量 1252.2 亿元，比上年增长 11.6%。其中，邮政业务总量 269.6 亿元，电信业务总量 982.6 亿元，分别增长 31.0% 和 7.3%。邮政电信业务收入 1107.6 亿元，增长 10.7%。其中，邮政业务收入 233.1 亿元，电信业务收入 874.5 亿元，分别增长 30.4% 和 6.5%。年末局用交换机总容量 3346.3 万门。年末固定电话用户 2289.8 万户，比上年末减少 97.4 万户。其中，城市电话用户 1275.9 万户，乡村电话用户 1013.9 万户。年末移动电话用户 7942.0 万户，比上年末净增 470.6 万户。年末电话普及率达 130 部/百人，比上年末增加 5 部/百人。长途光缆线路总长度 3.6 万公里，新增 0.1 万公里。年末互联网用户 1431.4 万户，新增 103 万户。

旅游业发展加快。全年接待国内旅游人数5.2亿人次，比上年增长11.0%；实现国内旅游收入6940.1亿元，增长14.6%。全年入境旅游人数288万人次，比上年下降9.0%。其中，外国人193.4万人次，下降7.3%；港澳台同胞94.6万人次，下降12.3%。旅游外汇收入23.8亿美元，下降6.3%。

八、财政、金融业

财政收入稳定增长。全年公共财政预算收入6568.5亿元，比上年增长12.1%；基金预算收入5018.1亿元，比上年增长38.9%。

表6 财政收入分项情况

指标	绝对数（亿元）	比上年增长（%）
公共财政预算收入	6568.5	12.1
#增值税（25%）	859.3	4.5
营业税	1872.4	12.8
企业所得税（40%）	763.7	2.4
个人所得税（40%）	264.9	18.1
契税	383.7	15.3
上划中央四税	4167.0	6.2
#国内消费税	506.8	11.8
增值税（75%）	2178.1	4.7
基金预算收入	5018.1	38.9

财政支出结构持续优化。公共财政预算支出7731.2亿元，比上年增长10.0%；基金预算支出4940.5亿元，增长38.0%。全年教育支出1424.2亿元，增长5.5%；公共安全支出450亿元，增长10.4%；社会保障和就业支出636.7亿元，增长14.1%；城乡社区事务支出951.4亿元，增长10.9%；科学技术支出299.4亿元，增长16.4%。

金融市场规模进一步扩大。年末全省金融机构人民币存款余额85604.1亿元，比年初新增10094.1亿元，比上年末多增332.3亿元。其中，储蓄存款比年初新增3751.3亿元，同比少增391.1亿元；单位存款比年初新增5038.6亿元，同比多增198.3亿元。年末金融机构人民币贷款余额61836.5亿元，比年初新增7207.8亿元，比上年末多增652.1亿元。其中，短期贷款比年初新增2629.0亿元，同比少增1396.5亿元。

表7 金融机构人民币存贷款情况

指标	绝对数（亿元）	比年初增加（亿元）	比上年末增长（%）
各项存款余额	85604.1	10094.1	13.4
#单位存款	47175.2	5038.6	11.9
储蓄存款	33823.9	3751.3	12.5
各项贷款余额	61836.5	7207.8	13.6
#短期贷款	28177.4	2629.0	11.2
中长期贷款	31260.8	4197.9	15.5
#消费贷款	10443.6	1719.4	22.7
#个人住房贷款	9151.4	1674.1	22.5

证券交易市场稳定发展。全年证券市场完成交易额275120.2亿元。其中，证券经营机构股票交易额62452.2亿元，比上年增长49.1%；期货经营机构代理交易额212668亿元，增长7.9%。年末全省境内上市公司235家，在上海、深圳证券交易所筹集资金283.7亿元，比上年增加75.2亿元。江苏企业境内上市公司总股本1379.9亿股，比上年末增长9.5%；市价总值12787.2亿元，上升12.0%。年末全省共有证券公司6家，证券营业部540家；期货公司10家，期货营业部119家，证券投资咨询机构2家。

保险业稳步健康发展。全年保费收入1446.1亿元，比上年增长11.1%。其中，财产险收入518.6亿元，增长17.6%；寿险收入809.2亿元，增长5.7%；健康险和意外伤害险收入118.3亿元，增长25.2%。全年赔付额527.0亿元，比上年增长36.2%。其中，财产险赔付303.2亿元，增长26.3%；寿险赔付188.6亿元，增长58.5%；健康险和意外伤害险赔付35.2亿元，增长26.2%。

九、科学技术和教育

科技创新能力提升。区域创新能力连续五年保持全国第一。全省科技进步贡献率达57.5%，比上年提高1个百分点。全年授权专利24万件，其中发明专利1.7万件。全年共签订各类技术合同3.1万项，技术合同成交额达585.6亿元，比上年增长10.1%。全省企业共申请专利32.5万件，其中授权专利17.3万件。

高新技术产业保持较快发展势头。组织实施省重大科技成果转化专项资金项目144项，总投入117亿元。全省按国家新标准认定高新技术企业累计达6769家。2013年认定省级高新技术产品8827项，国家重点新产品190项。已建国家级高新技术特色产业基地121个。全省国家和省级高新技术产业开发区实现技工贸总收入达42503亿元，比上年增长18.9%。

科技研发投入比重稳步提升。全社会研究与发展（R&D）活动经费1430亿元，占地区生产总值的比重为2.42%。全省从事科技活动人员108.05万人，其中研究与发展（R&D）人员60.96万人。全省拥有中国科学院和中国工程院院士93人。全省各类科学研究与技术开发机构中，政府部门属独立研究与开发机构达148个。已建国家和省级重点实验室102个，科技服务平台303个，工程技术研究中心2480个，企业院士工作站337个，经国家认定的技术中心74家。

质量检验能力进一步增强。全省共有产品质量检验机构177个，国家检测中心39个；监督抽查产品365种，比上年增长5.8%。共有产品质量、体系认证机构4个，完成强制性产品认证的企业10145个；法定计量技术机构156个，强制检定计量器具735.2万台件；制定、修订地方标准305项，增长3.0%。

教育事业全面协调发展。全省共有普通高校131所，普通高等教育本专科招生43.95万人，在校生168.45万人，毕业生47.38万人；研究生教育招生4.8万人，在校研究生14.59万人，毕业生4.03万人。高等教育毛入学率达48.6%，比上年提高3.2个百分点。全省中等职业教育在校生达72.36万人（不含技工学校）。小学学龄儿童净入学率达100%，初中毕业生升学率达98.1%，基本普及高中阶段教育。特殊教育招生0.35万人，在校生2.31万人。全省幼儿园数为4722所，比上年增加330所；在园幼儿231.81万人，比上年增加11.36万人。

表8　各类教育招生和在校生情况

指　　标	招生数		在校生数		毕业生数	
	绝对数（万人）	比上年增长（%）	绝对数（万人）	比上年增长（%）	绝对数（万人）	比上年增长（%）
研究生教育	4.80	3.9	14.59	4.6	4.03	4.9
普通高等教育	43.95	1.0	168.45	0.8	47.38	0.7
普通高中教育	34.14	-9.4	110.99	-8.2	42.59	-4.2
普通初中教育	61.86	-3.4	185.75	-5.7	67.52	-10.2
小学教育	85.13	7.1	435.37	3.0	63.94	-0.9

十、文化、卫生和体育

公共文化服务水平提高。年末全省共有文化馆、群众艺术馆118个，公共图书馆113个，博物馆282个，美术馆17个，综合档案馆172个，向社会开放档案392万卷（件、册）。共有广播电台14座，中短波广播发射台和转播台21座，电视台14座，广播综合人口覆盖率和电视综合人口覆盖率分别达99.99%和99.88%。有线电视用户2244.6万户，比上年增长3.1%。生产故事影剧片21部。全年报纸出版28.6亿份，杂志出版1.2亿册，图书出版5.3亿册。

卫生事业快速发展。年末共有各类卫生机构31005个，其中医院、卫生院2556个，卫生防疫和防治机构172个，妇幼卫生保健机构110个。各类卫生机构拥有病床36.7万张，其中医院、卫生院病床34.1万张。共有卫生技术人员42.9万人，其中执业医师、执业助理医师16.96万人，注册护士17.44万人，卫生防疫和防治机构卫生技术人员7238人，妇幼卫生机构卫生技术人员7866人。城乡基层卫生服务网络更加健全。乡镇卫生院1064个，床位5.5万张，卫生技术人员5.89万人，乡村医生和卫生员3.99万人。新型农村合作医疗人口覆盖率达98%以上。县级公立医院综合改革全面启动。

体育事业持续发展。江苏体育健儿在重大国际比赛中获世界冠军5项，创全国纪录12项；在重大国内、国际比赛中，有187人次获金牌，143人次获银牌，107人次获铜牌。全民健身体系日趋完善。全省乡镇、街道均已建成体育健身活动中心。

十一、环境保护、节能降耗和安全生产

生态建设成效明显。加强生态文明制度建设，制定生态文明建设规划，划定全省生态红线保护区

域。年末全省设立自然保护区31个，其中国家级自然保护区3个，自然保护区面积56.6万公顷。加强大气污染防治，实施900项大气治理工程，完成2450千瓦发电机组脱硝改造，PM2.5监测实现县（市）全覆盖。深入开展重点流域治理，太湖流域水质持续改善，南水北调江苏段水质达标。加强城乡环境整治，完成6.3万个村庄环境整治任务。加强绿色江苏建设，林木覆盖率提高到21.9%，国家生态市（县、区）达到22个。

节能减排完成年度目标。大力实施节能减排重点工程，鼓励发展循环经济，严格控制高耗能项目，加快淘汰落后产能，推动重点耗能企业能效提升。全省电力行业淘汰落后产能50万千瓦。单位GDP能耗下降、化学需氧量、二氧化硫、氨氮、氮氧化物排放削减等均完成年度目标任务。

安全生产形势保持平稳。事故起数和死亡人数实现“双下降”，全年发生各类生产经营性事故3323起，死亡2052人，同比分别下降5.7%、2.1%。亿元GDP生产安全事故死亡人数为0.088人，同比下降11.1%。

十二、人民生活和社会保障

人口总量增长趋缓。年末全省常住人口7939.49万人，比上年末增加19.51万人，增长0.25%。在常住人口中，男性人口为3997.09万人，女性人口为3942.40万人；0—14岁人口为1036.80万人，15—64岁人口为5967.50万人，65岁及以上人口为935.19万人。全年人口出生率为9.44‰，与上年持平；人口死亡率为7.01‰，上升0.02个千分点；人口自然增长率为2.43‰，下降0.02个千分点。

城乡居民收入稳步增长。根据住户抽样调查，全年城镇居民人均可支配收入达32538元，比上年增加2861元，增长9.6%；城镇居民人均可支配收入中位数28654元，增长10.3%；人均消费性支出20371元，增长8.2%，其中食品支出占比为34.7%。全年农村居民人均纯收入达13598元，比上年增加1396元，增长11.4%；农村居民人均纯收入中位数11979元，比上年增长12.1%；人均生活消费支出9607元，增长11.0%，其中食品支出占比为36.3%。城乡居民居住条件有所改善，年末城镇居民人均居住房屋面积为36.8平方米，农村居民人均居住房屋面积为43.6平方米。

就业形势总体稳定。年末全省就业人口为4759.89万人，其中第一产业为956.74万人，第二产业为2041.99万人，第三产业为1761.16万人。城镇地区就业人口为2973.76万人，城镇登记失业率为3.03%；促进下岗失业人员再就业81.61万人，其中就业困难人员就业15.43万人；新增农村劳动力转移26.85万人。

社会保障水平稳步提高。城乡居民低保、医疗和养老保险实现全覆盖，社会保险主要险种覆盖率达95%以上。年末全省企业职工基本养老保险、城镇职工基本医疗保险、失业保险参保人数分别达2457.83万人（含参保离退休人员）、2274.73万人（含参保退休人员）和1389.34万人，分别比上年末增加149.78万人、119.26万人和57.16万人。年末享受企业职工基本养老保险离退休人员556.25万人，享受城镇职工基本医疗保险退休人员543.66万人。年末城乡居民社会养老保险参保人数1445.40万人，领取基础养老金人数933.15万人。年末城镇居民基本医疗保险参保人数为1150.78万人，比上年末增加29.31万人。保障性安居工程建设有序推进。全省新开工保障性住房26.21万套，基本建成23.92万套（户），分别完成年度目标的113.9%和132.9%。

注：

（1）本公报使用的数据为快报数。

（2）地区生产总值、规模以上工业增加值及其分类项目增长速度按可比价计算，为实际增长速度；其他指标除特殊说明外，按现价计算，为名义增长速度。

中华人民共和国
2013 年国民经济和社会发展统计公报[1]

中华人民共和国国家统计局

2014 年 2 月 24 日

2013 年，面对错综复杂的国内外形势，党中央、国务院团结带领全国各族人民深入贯彻落实党的十八大精神，坚持稳中求进工作总基调，坚持宏观政策要稳、微观政策要活、社会政策要托底的思路，统筹稳增长、调结构、促改革，探索创新宏观调控方式，经济社会发展稳中有进、稳中向好，实现了良好开局。

一、综　　合

年末全国大陆总人口为 136072 万人，比上年末增加 668 万人，其中城镇常住人口为 73111 万人，占总人口比重为 53.73%，比上年末提高 1.16 个百分点。全年出生人口 1640 万人，出生率为 12.08‰；死亡人口 972 万人，死亡率为 7.16‰；自然增长率为 4.92‰。全国人户分离的人口[2]为 2.89 亿人，其中流动人口[3]为 2.45 亿人。

表 1　2013 年年末人口数及其构成

单位：万人

指　　标	年末数	比重%
全国总人口	136072	100.0
其中：城镇	73111	53.73
乡村	62961	46.27
其中：男性	69728	51.2
女性	66344	48.8
其中：0－15 岁[4]（含不满 16 周岁）	23875	17.5
16－59 岁（含不满 60 周岁）	91954	67.6
60 周岁及以上	20243	14.9
其中：65 周岁及以上	13161	9.7

国民经济平稳较快增长。初步核算，全年国内生产总值[5] 568845 亿元，比上年增长 7.7%。其中，第一产业增加值 56957 亿元，增长 4.0%；第二产业增加值 249684 亿元，增长 7.8%；第三产业增加值 262204 亿元，增长 8.3%。第一产业增加值占国内生产总值的比重为 10.0%，第二产业增加值比重为 43.9%，第三产业增加值比重为 46.1%，第三产业增加值占比首次超过第二产业。

图1　2009-2013年国内生产总值及其增长速度

就业持续增加。年末全国就业人员 76977 万人，其中城镇就业人员 38240 万人。全年城镇新增就业 1310 万人。年末城镇登记失业率为 4.05%，略低于上年末的 4.09%。全国农民工[6]总量为 26894 万人，比上年增长 2.4%。其中，外出农民工 16610 万人，增长 1.7%；本地农民工 10284 万人，增长 3.6%。

图2　2009-2013年城镇新增就业人数

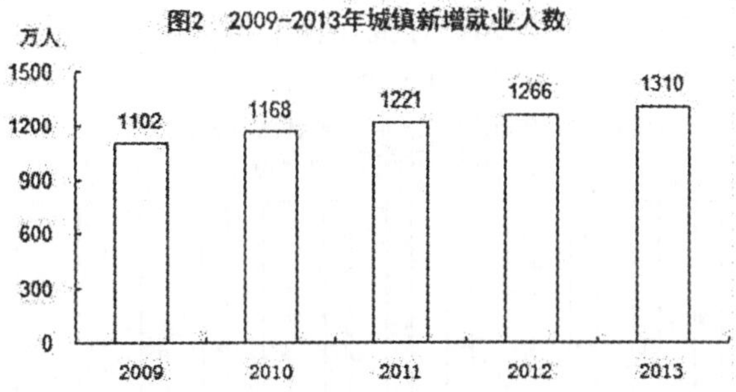

劳动生产率稳步提高。全年国内生产总值与全部就业人员的比率为 66199 元/人（以 2010 年不变价格计算），比上年提高 7.3%。

图3 2009-2013年国内生产总值与全部就业人员比率
（2010年不变价格）

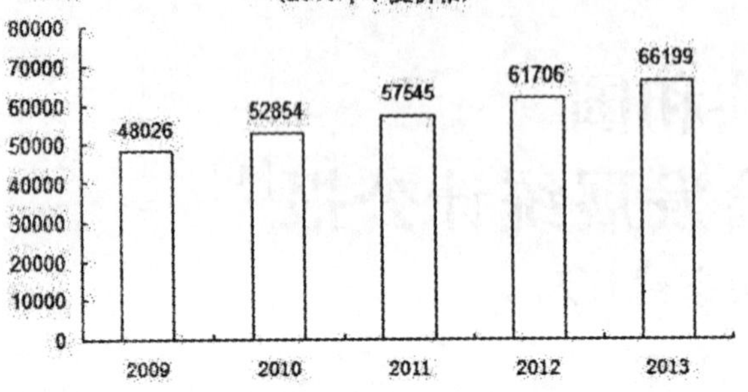

居民消费价格基本稳定。全年居民消费价格比上年上涨2.6%，其中食品价格上涨4.7%。固定资产投资价格上涨0.3%。工业生产者出厂价格下降1.9%。工业生产者购进价格下降2.0%。农产品生产者价格[7]上涨3.2%。

图4 2013年居民消费价格月度涨跌幅度

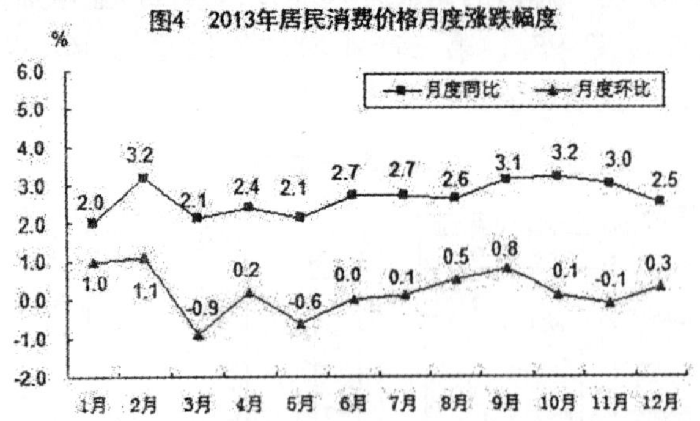

表2 2013年居民消费价格比上年涨跌幅度

单位：%

指　　标	全　国	城　市	农　村
居民消费价格	2.6	2.6	2.8
其中：食　品	4.7	4.6	4.9
烟酒及用品	0.3	0.1	0.8
衣　着	2.3	2.2	2.5
家庭设备用品及维修服务	1.5	1.5	1.3
医疗保健和个人用品	1.3	1.2	1.8
交通和通信	-0.4	-0.5	0.1
娱乐教育文化用品及服务	1.8	1.7	1.8
居　住	2.8	3.0	2.3

70个大中城市新建商品住宅销售价格月环比上涨的城市个数年末为65个。

图5 2013年新建商品住宅月环比价格下降、持平、上涨城市个数变化情况

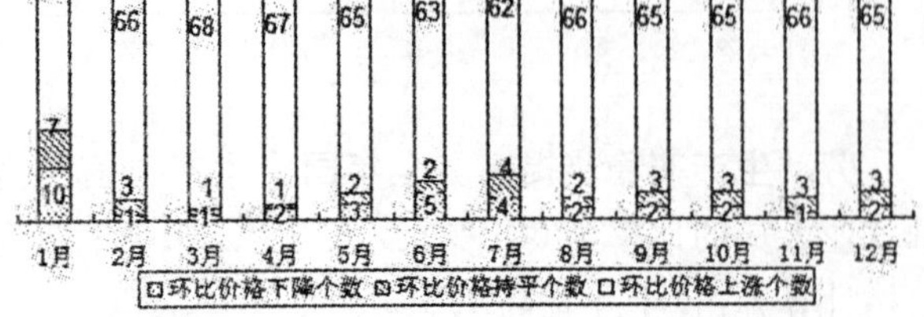

财政收入稳定增长。全年全国公共财政收入[8]129143亿元，比上年增加11889亿元，增长10.1%；其中税收收入110497亿元，增加9883亿元，增长9.8%。

图6 2009-2013年公共财政收入[9]

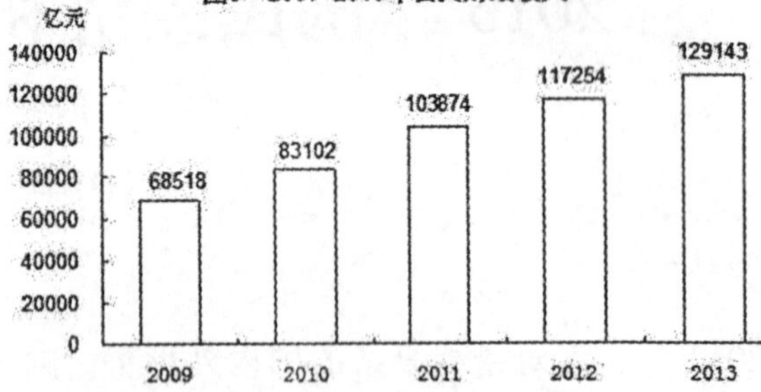

外汇储备继续增加。年末国家外汇储备38213亿美元，比上年末增加5097亿美元。年末人民币汇率为1美元兑6.0969元人民币，比上年末升值3.1%。

图7 2009-2013年年末国家外汇储备

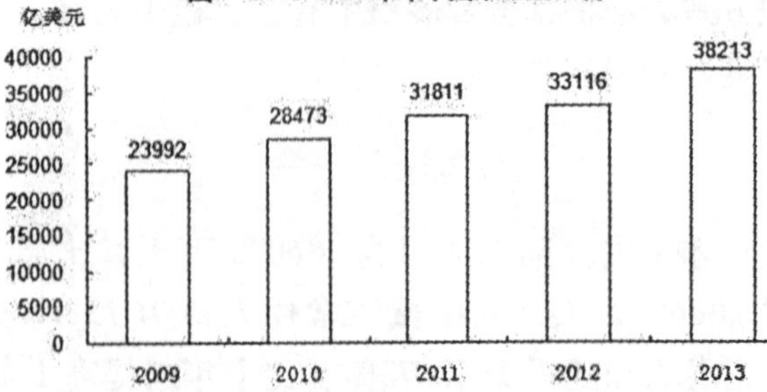

二、农　　业

全年粮食种植面积11195万公顷，比上年增加75万公顷；棉花种植面积435万公顷，减少34万公顷；油料种植面积1408万公顷，增加15万公顷；糖料种植面积199万公顷，减少4万公顷。

粮食再获丰收。全年粮食产量60194万吨，比上年增加1236万吨，增产2.1%。其中，夏粮产量13189万吨，增产1.5%；早稻产量3407万吨，增产2.4%；秋粮产量43597万吨，增产2.3%。其中，主要粮食品种中，稻谷产量20329万吨，减产0.5%；小麦产量12172万吨，增产0.6%；玉米产量21773万吨，增产5.9%。

图8 2009-2013年粮食产量

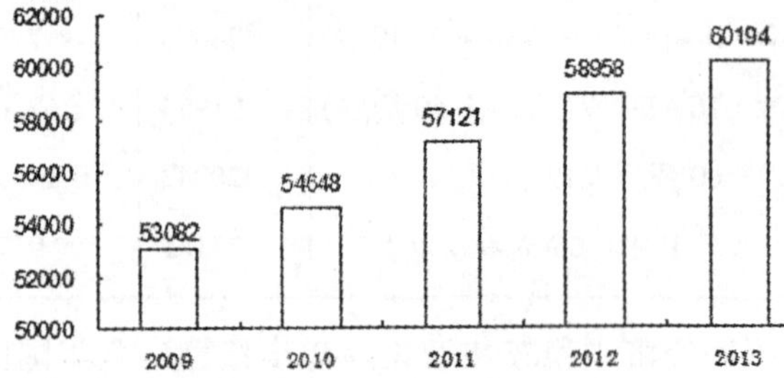

全年棉花产量631万吨，比上年减产7.7%。油料产量3531万吨，增产2.8%。糖料产量13759万吨，增产2.0%。茶叶产量193万吨，增产7.9%。

全年肉类总产量8536万吨，比上年增长1.8%。其中，猪肉产量5493万吨，增长2.8%；牛肉产量673万吨，增长1.7%；羊肉产量408万吨，增长1.8%；禽肉产量1798万吨，下降1.3%。年末生猪存栏47411万头，下降0.4%；生猪出栏71557万头，增长2.5%。禽蛋产量2876万吨，增长0.5%。牛奶产量3531万吨，下降5.7%。

全年水产品产量6172万吨，比上年增长4.5%。其中，养殖水产品产量4547万吨，增长6.0%；捕捞水产品产量1625万吨，增长3.5%。

全年木材产量8367万立方米，比上年增长2.3%。

全年新增有效灌溉面积129万公顷，新增节水灌溉面积211万公顷。

三、工业和建筑业

工业生产稳定增长。全年全部工业增加值210689亿元，比上年增长7.6%。规模以上工业增加值增长9.7%。在规模以上工业中，分经济类型看，国有及国有控股企业增长6.9%；集体企业增长4.3%，股份制企业增长11.0%，外商及港澳台商投资企业增长8.3%；私营企业增长12.4%。分门类看，采矿业[10]增长6.4%，制造业增长10.5%，电力、热力、燃气及水生产和供应业增长6.8%。

图9 2013年规模以上工业增加值增速(月度同比)

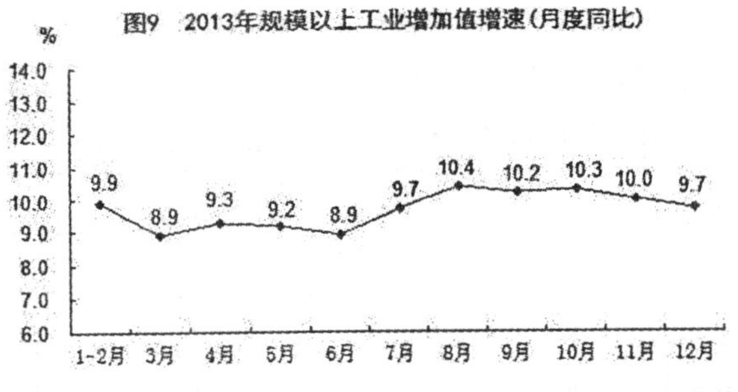

全年规模以上工业中，农副食品加工业增加值比上年增长9.4%，纺织业增长8.7%，通用设备制造业增长9.2%，专用设备制造业增长8.5%，汽车制造业增长14.9%，计算机、通信和其他电子设备制造业增长11.3%，电气机械和器材制造业增长10.9%。六大高耗能行业[11]增加值比上年增长10.1%，其中，非金属矿物制品业增长11.5%，化学原料和化学制品制造业增长12.1%，有色金属冶炼和压延加工业增长14.6%，黑色金属冶炼和压延加工业增长9.9%，电力、热力生产和供应业增长6.2%，石油加工、炼焦和核燃料加工业增长6.1%。高技术制造业增加值比上年增长11.8%。

表3 2013年主要工业产品产量及其增长速度

产品名称	单位	产量	比上年增长%
纱	万吨	3200.0	7.2
布	亿米	882.7	4.0
化学纤维	万吨	4121.9	7.4
成品糖	万吨	1589.7	12.8
卷烟	亿支	25604.0	1.8
彩色电视机	万台	12776.1	-0.4
其中：液晶电视机	万台	12290.3	4.5
家用电冰箱	万台	9261.0	9.9
房间空气调节器	万台	13057.2	5.3
一次能源生产总量	亿吨标准煤	34.0	2.4
原煤	亿吨	36.8	0.8
原油	亿吨	2.09	1.8
天然气[12]	亿立方米	1170.5	9.4
发电量	亿千瓦小时	53975.9	7.5
其中：火电	亿千瓦小时	42358.7	7.0
水电	亿千瓦小时	9116.4	5.6
核电	亿千瓦小时	1106.3	13.6
粗钢	万吨	77904.1	7.6
钢材[13]	万吨	106762.2	11.7
十种有色金属	万吨	4054.9	9.7
其中：精炼铜（电解铜）	万吨	649.0	12.7
原铝（电解铝）	万吨	2205.9	9.2
氧化铝	万吨	4437.2	17.7
水泥	亿吨	24.2	9.3
硫酸（折100%）	万吨	8122.6	3.1
纯碱	万吨	2434.9	1.6
烧碱（折100%）	万吨	2859.0	6.0
乙烯	万吨	1622.6	9.1
化肥（折100%）	万吨	7037.0	3.0
发电机组（发电设备）	万千瓦	12572.8	-3.3
汽车	万辆	2211.7	14.7
其中：基本型乘用车(轿车)	万辆	1210.4	12.4
大中型拖拉机	万台	58.7	11.4
集成电路	亿块	866.5	11.2
程控交换机	万线	3115.7	10.1
移动通信手持机	万台	145561.0	23.2
微型计算机设备	万台	33661.0	5.8

年末全国发电装机容量124738万千瓦，比上年末增长9.3%。其中，火电装机容量86238万千瓦，增长5.7%；水电装机容量28002万千瓦，增长12.3%；核电装机容量1461万千瓦，增长16.2%；并网风电装机容量7548万千瓦，增长24.5%；并网太阳能发电装机容量1479万千瓦，增长3.4倍。

全年规模以上工业企业实现利润62831亿元，比上年增长12.2%，其中国有及国有控股企业15194亿元，增长6.4%；集体企业825亿元，增长2.1%，股份制企业37285亿元，增长11.0%，外商及港澳台商投资企业14599亿元，增长15.5%；私营企业20876亿元，增长14.8%。

全年全社会建筑业增加值38995亿元，比上年增长9.5%。全国具有资质等级的总承包和专业承包建筑业企业实现利润5575亿元，增长16.7%，其中国有及国有控股企业1363亿元，增长20.1%。

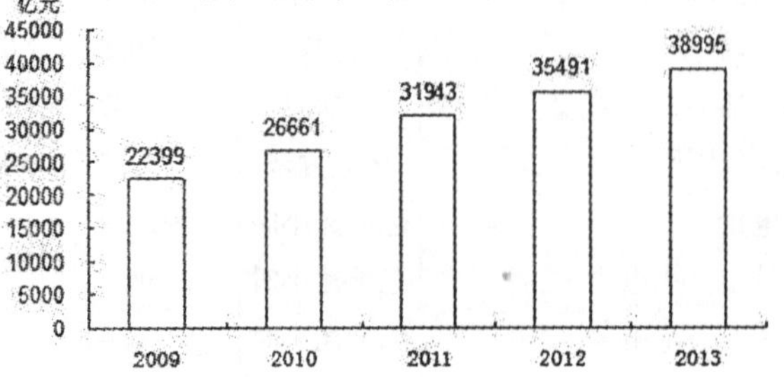

图10 2009-2013年建筑业增加值

四、固定资产投资

固定资产投资较快增长。全年全社会固定资产投资447074亿元，比上年增长19.3%，扣除价格因素，实际增长18.9%。其中，固定资产投资（不含农户）436528亿元，增长19.6%；农户投资10547亿元，增长7.2%。东部地区投资[14]179092亿元，比上年增长17.9%；中部地区投资105894亿元，增长22.2%；西部地区投资109228亿元，增长22.8%；东北地区投资47367亿元，增长18.4%。

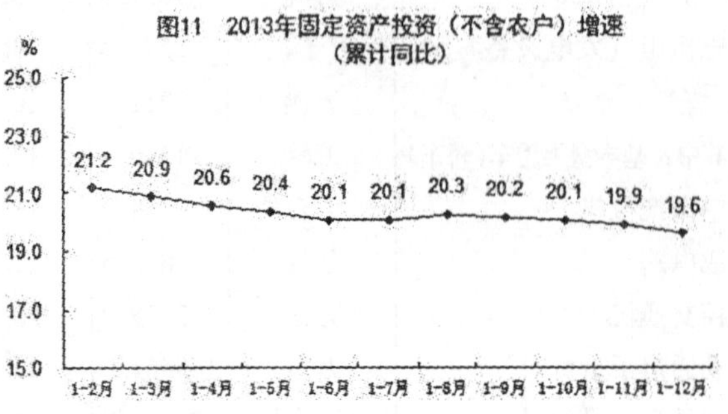

图11 2013年固定资产投资（不含农户）增速（累计同比）

表4 2013年分行业固定资产投资（不含农户）及其增长速度

单位：亿元

行业	投资额	比上年增长%
总计	**436528**	**19.6**
农、林、牧、渔业	11611	32.4
采矿业	14750	10.9
制造业	147370	18.5
电力、热力、燃气及水生产和供应业	19744	18.4
建筑业	3737	1.4
批发和零售业	12695	30.0
交通运输、仓储和邮政业	36194	17.2
住宿和餐饮业	6001	17.5
信息传输、软件和信息技术服务业	3216	19.5
金融业	1250	35.3
房地产业[15]	111424	20.3
租赁和商务服务业	5922	26.1
科学研究和技术服务业	3149	27.2
水利、环境和公共设施管理业	37598	26.9
居民服务、修理和其他服务业	2037	20.8
教育	5486	19.1
卫生和社会工作	3184	21.7
文化、体育和娱乐业	5251	23.0
公共管理、社会保障和社会组织	5908	-2.3

在固定资产投资（不含农户）中，第一产业[16]投资9241亿元，比上年增长32.5%；第二产业投资184804亿元，增长17.4%；第三产业投资242482亿元，增长21.0%。

表5 2013年固定资产投资新增主要生产能力

指标	单位	绝对数
新增220千伏及以上变电设备	万千伏安	19631
新建铁路投产里程	公里	5586
其中：高速铁路[17]	公里	1672
增建铁路复线投产里程	公里	4180
电气化铁路投产里程	公里	4810
新建公路里程	公里	70274
其中：高速公路	公里	8260
港口万吨级码头泊位新增吞吐能力	万吨	33119
新增光缆线路长度	万公里	266

全年房地产开发投资86013亿元，比上年增长19.8%。其中，住宅投资58951亿元，增长19.4%；办公楼投资4652亿元，增长38.2%；商业营业用房投资11945亿元，增长28.3%。

全年新开工建设城镇保障性安居工程住房666万套（户），基本建成城镇保障性安居工程住房544万套。

表6　2013年房地产开发和销售主要指标完成情况及其增长速度

指　　　　标	单　位	绝对数	比上年增长%
投资额	亿元	86013	19.8
其中：住宅	亿元	58951	19.4
其中：90平方米及以下	亿元	19446	15.8
房屋施工面积	万平方米	665572	16.1
其中：住宅	万平方米	486347	13.4
房屋新开工面积	万平方米	201208	13.5
其中：住宅	万平方米	145845	11.6
房屋竣工面积	万平方米	101435	2.0
其中：住宅	万平方米	78741	-0.4
商品房销售面积	万平方米	130551	17.3
其中：住宅	万平方米	115723	17.5
本年到位资金	亿元	122122	26.5
其中：国内贷款	亿元	19673	33.1
其中：个人按揭贷款	亿元	14033	33.3

五、国内贸易

市场销售平稳较快增长。全年社会消费品零售总额237810亿元，比上年增长13.1%，扣除价格因素，实际增长11.5%。按经营地统计，城镇消费品零售额205858亿元，增长12.9%；乡村消费品零售额31952亿元，增长14.6%。按消费形态统计，商品零售额212241亿元，增长13.6%；餐饮收入额25569亿元，增长9.0%。

图12　2013年社会消费品零售总额增速（月度同比）

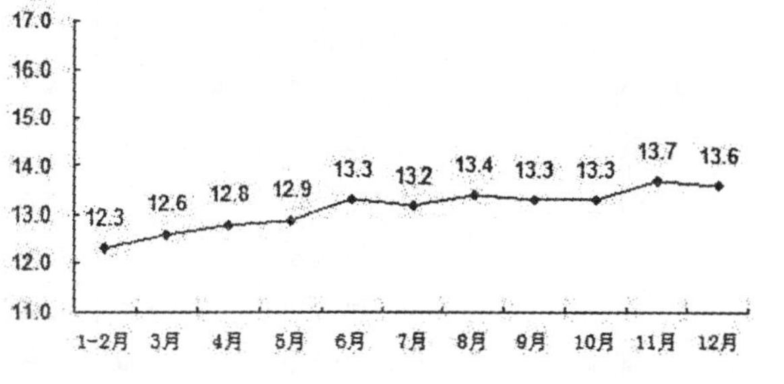

在限额以上企业商品零售额中，粮油、食品、饮料、烟酒类零售额比上年增长13.9%，服装、鞋帽、针纺织品类增长11.6%，化妆品类增长13.3%，金银珠宝类增长25.8%，日用品类增长14.1%，家用电器和音像器材类增长14.5%，中西药品类增长17.7%，文化办公用品类增长11.8%，家具类增长21.0%，通讯器材类增长20.4%，石油及制品类增长9.9%，汽车类增长10.4%，建筑及装潢材料类增长22.1%。

图13　2009-2013年货物进出口总额

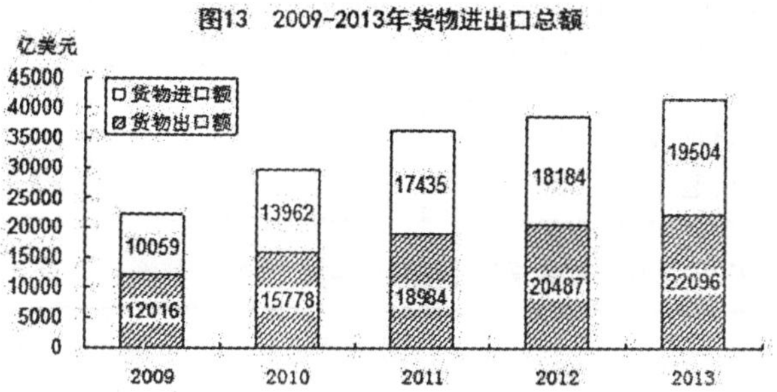

六、对外经济

进出口稳中有升。全年货物进出口总额258267亿元人民币，以美元计价为41600亿美元，比上年增长7.6%。其中，出口137170亿元人民币，以美元计价为22096亿美元，增长7.9%；进口121097亿元人民币，以美元计价为19504亿美元，增长7.3%。进出口差额（出口减进口）16072亿元人民币，比上年增加1514亿元人民币，以美元计价为2592亿美元，增加289亿美元。

表7　2013年货物进出口总额及其增长速度

单位：亿美元

指　　　　标	绝对数	比上年增长%
货物进出口总额	41600	7.6
货物出口额	22096	7.9
其中：一般贸易	10875	10.1
加工贸易	8605	-0.3
其中：机电产品	12652	7.3
高新技术产品	6603	9.8
货物进口额	19504	7.3
其中：一般贸易	11099	8.6
加工贸易	4970	3.3
其中：机电产品	8400	7.3
高新技术产品	5582	10.1
进出口差额（出口减进口）	2592	—

表8　2013年主要商品出口数量、金额及其增长速度

商品名称	单位	数量	比上年增长%	金额（亿美元）	比上年增长%
煤（包括褐煤）	万吨	751	-19.1	11	-33.1
钢材	万吨	6234	11.9	532	3.4
纺织纱线、织物及制品	—	—	—	1069	11.7
服装及衣着附件	—	—	—	1770	11.3
鞋类	—	—	—	508	8.4
家具及其零件	—	—	—	518	6.2
自动数据处理设备及其部件	万台	187050	2.0	1822	-1.7
手持或车载无线电话	万台	118582	16.9	951	17.3
集装箱	万个	270	8.8	79	-6.4
液晶显示板	万个	326577	3.1	359	-1.0
汽车（包括整套散件）	万辆	92	-6.7	120	-5.3

表9　2013年主要商品进口数量、金额及其增长速度

商品名称	数量（万吨）	比上年增长%	金额（亿美元）	比上年增长%
谷物及谷物粉	1458	4.3	51	6.6
大豆	6338	8.6	380	8.6
食用植物油	810	-4.2	81	-16.7
铁矿砂及其精矿	81931	10.2	1059	10.4
氧化铝	383	-23.7	14	-22.7
煤（包括褐煤）	32708	13.4	290	1.1
原油	28192	4.0	2196	-0.5
成品油	3959	-0.6	320	-3.2
初级形状的塑料	2462	3.9	491	6.3
纸浆	1685	2.4	114	3.7
钢材	1408	3.1	170	-4.3
未锻造的铜及铜材	453	-2.5	353	-8.5

表10　2013年对主要国家和地区货物进出口额及其增长速度

单位：亿美元

国家和地区	出口额（亿美元）	比上年增长%	进口额（亿美元）	比上年增长%
欧　盟	3390	1.1	2200	3.7
美　国	3684	4.7	1525	14.8
东　盟	2441	19.5	1996	1.9
中国香港	3848	19.0	162	-9.3
日　本	1503	-0.9	1623	-8.7
韩　国	912	4.0	1831	8.5
中国台湾	406	10.5	1566	18.5
俄罗斯	496	12.6	396	-10.2
印　度	484	1.6	170	-9.6

全年服务进出口（按国际收支口径统计，不含政府服务，下同）总额5396亿美元，比上年增长14.7%。其中，服务出口2106亿美元，增长10.6%；服务进口3291亿美元，增长17.5%。服务进出口逆差1185亿美元。

全年非金融领域新批外商直接投资企业22773家，比上年下降8.6%。实际使用外商直接投资金额1176亿美元，增长5.3%。

表11　2013年非金融领域外商直接投资及其增长速度

行业	企业数（家）	比上年增长%	实际使用金额（亿美元）	比上年增长%
总　计	**22773**	**-8.6**	**1175.9**	**5.3**
其中：农、林、牧、渔业	757	-14.2	18.0	-12.7
制造业	6504	-27.5	455.5	-6.8
电力、燃气及水的生产和供应业	200	7.0	24.3	48.2
交通运输、仓储和邮政业	401	1.0	42.2	21.4
信息传输、计算机服务和软件业	796	-14.0	28.8	-14.2
批发和零售业	7349	4.6	115.1	21.7
房地产业	530	12.3	288.0	19.4
租赁和商务服务业	3359	4.0	103.6	26.2
居民服务和其他服务业	166	-13.5	6.6	-43.6

全年非金融领域对外直接投资额902亿美元，比上年增长16.8%。

全年对外承包工程业务完成营业额1371亿美元，比上年增长17.6%；对外劳务合作派出各类劳务人员52.7万人，增长2.9%。

七、交通、邮电和旅游

交通运输平稳较快增长。全年货物运输总量451亿吨，比上年增长9.9%。货物运输周转量186478亿吨公里，增长7.3%。全年规模以上港口完成货物吞吐量106.1亿吨，比上年增长8.5%，其中外贸货物吞吐量33.1亿吨，增长9.2%。规模以上港口集装箱吞吐量18878万标准箱，增长6.7%。

表12　2013年各种运输方式完成货物运输量及其增长速度

指标	单位	绝对数	比上年增长%
货物运输总量	亿吨	450.6	9.9
铁路	亿吨	39.7	1.6
公路	亿吨	355.0	11.3
水运	亿吨	49.3	7.5
民航	万吨	557.6	2.3
管道[18]	亿吨	6.6	6.3
货物运输周转量	亿吨公里	186478.4	7.3
铁路	亿吨公里	29173.9	0.0
公路	亿吨公里	67114.5	12.7
水运	亿吨公里	86520.6	5.9
民航	亿吨公里	168.6	2.9
管道	亿吨公里	3500.9	9.0

全年旅客运输总量402亿人次，比上年增长5.6%。旅客运输周转量36036亿人公里，增长7.9%。

表13 2013年各种运输方式完成旅客运输量及其增长速度

指标	单位	绝对数	比上年增长%
旅客运输总量	亿人次	401.9	5.6
铁路	亿人次	21.1	10.8
公路	亿人次	374.7	5.3
水运	亿人次	2.6	1.8
民航	亿人次	3.5	10.9
旅客运输周转量	亿人公里	36036.0	7.9
铁路	亿人公里	10595.6	8.0
公路	亿人公里	19705.6	6.7
水运	亿人公里	76.3	-1.6
民航	亿人公里	5658.5	12.6

年末全国民用汽车保有量达到13741万辆（包括三轮汽车和低速货车1058万辆），比上年末增长13.7%，其中私人汽车保有量10892万辆，增长17.0%。民用轿车保有量7126万辆，增长19.0%，其中私人轿车6410万辆，增长20.8%。

全年完成邮电业务总量[19]16679亿元，比上年增长11.1%。其中，邮政业务总量2725亿元，增长33.8%；电信业务总量13954亿元，增长7.5%。邮政业全年完成邮政函件业务63.20亿件，包裹业务0.69亿件，快递业务量91.9亿件；快递业务收入1442亿元。电信业全年局用交换机容量减少2697万门，总容量41052万门；新增移动电话交换机容量[20]12522万户，达到196545万户。年末固定电话用户26699万户。新增移动电话用户11696万户，年末达到122911万户，其中3G移动电话用户[21]40161万户。电话普及率达到110.5部/百人。互联网上网人数6.18亿人，其中手机上网人数[22]5.0亿人。互联网普及率达到45.8%。

图14 2009-2013年年末电话用户数

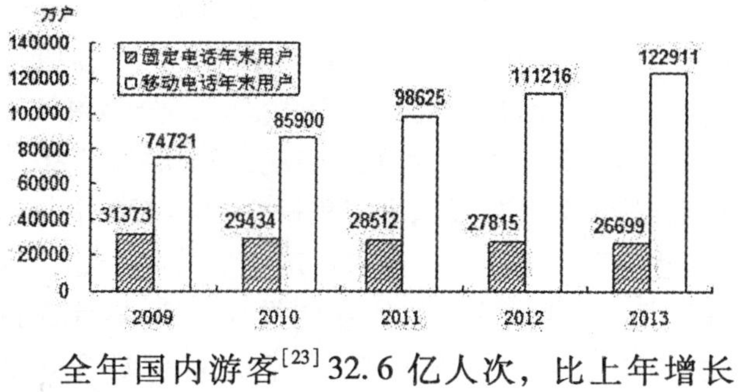

全年国内游客[23]32.6亿人次，比上年增长10.3%；国内旅游收入26276亿元，增长15.7%。入境游客12908万人次，下降2.5%。其中，外国人2629万人次，下降3.3%；香港、澳门和台湾同胞10279万人次，下降2.3%。在入境游客中，过夜游客5569万人次，下降3.5%。国际旅游外汇收入517亿美元，增长3.3%。国内居民出境9819万人次，增长18.0%。其中因私出境9197万人次，增长19.3%。

八、金　　融

金融市场运行总体平稳。年末广义货币供应量（M2）余额为110.7万亿元，比上年末增长13.6%；狭义货币供应量（M1）余额为33.7万亿元，增长9.3%；流通中现金（M0）余额为5.9万亿元，增长7.2%。

全年社会融资规模[24]为17.3万亿元，按可比口径计算，比上年多1.5万亿元。年末全部金融机构本外币各项存款余额107.1万亿元，比年初增加12.7万亿元，其中人民币各项存款余额104.4万亿元，增加12.6万亿元。全部金融机构本外币各项贷款余额76.6万亿元，增加9.3万亿元，其中人民币各项贷款余额71.9万亿元，增加8.9万亿元。

表14 2013年年末全部金融机构本外币存贷款余额及其增长速度

单位：亿元

指标	年末数	比上年末增长%
各项存款余额	1070588	13.5
其中：住户存款	465437	13.5
其中：人民币	461370	13.6
非金融企业存款	380070	10.1
各项贷款余额	766327	13.9
其中：境内短期贷款	311772	16.3
境内中长期贷款	410346	12.8

年末主要农村金融机构（农村信用社、农村合作银行、农村商业银行）人民币贷款余额91644亿元，比年初增加13324亿元。全部金融机构人民币消费贷款余额129721亿元，增加25401亿元。其中，个人短期消费贷款余额26558亿元，增加7198亿元；个人中长期消费贷款余额103163亿元，增加18203亿元。

全年上市公司通过境内市场累计筹资[25]6885亿元，比上年增加1044亿元。其中，A股再筹资（包括配股、公开增发、非公开增发[26]、认股权证）2803亿元，增加710亿元；上市公司通过发行可转债、可分离债、公司债筹资4082亿元，增加1369亿元。

全年发行公司信用类债券[27]3.67万亿元，比上年减少667亿元。

全年保险公司原保险保费收入[28]17222亿元，比上年增长11.2%，其中寿险业务原保险保费收入9425亿元；健康险和意外伤害险业务原保险保费收入1585亿元；财产险业务原保险保费收入6212亿元。支付各类赔款及给付6213亿元，其中寿险业务给付2253亿元；健康险和意外伤害险赔款及给付521亿元；财产险业务赔款3439亿元。

九、人民生活和社会保障

城乡居民收入继续增加。全年农村居民人均纯收入8896元，比上年增长12.4%，扣除价格因素，实际增长9.3%；农村居民人均纯收入中位数[29]为7907元，增长12.7%。城镇居民人均可支配收入26955元，比上年增长9.7%，扣除价格因素，实际增长7.0%；城镇居民人均可支配收入中位数为24200元，增长10.1%。根据从2012年四季度起实施的城乡一体化住户调查[30]，全国居民人均可支配收入18311元，比上年增长10.9%，扣除价格因素，实际增长8.1%。农村居民食品消费支出占消费总支出的比重为37.7%，比上年下降1.6个百分点；城镇为35.0%，下降1.2个百分点。

图15　2009-2013年农村居民人均纯收入

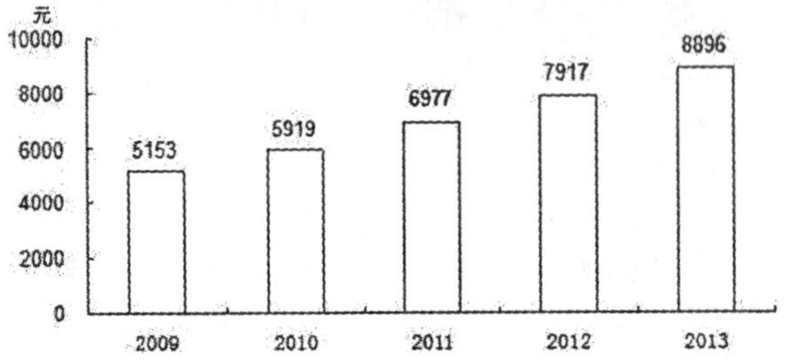

图16　2009-2013年城镇居民人均可支配收入

年末全国参加城镇职工基本养老保险人数32212万人，比上年末增加1785万人。参加城乡居民基本养老保险人数49750万人，增加1381万人。参加基本医疗保险人数57322万人，增加3680万人。其中，参加职工基本医疗保险人数27416万人，增加930万人；参加居民基本医疗保险人数29906万人，增加2750万人。参加失业保险人数16417万人，增加1192万人。年末全国领取失业保险金人数197万人。参加工伤保险人数19897万人，增加887万人，其中参加工伤保险的农民工7266万人，增加86万人。参加生育保险人数16397万人，增加968万人。年末，2489个县（市、区）实施了新型农村合作医疗制度，新型农村合作医疗参合率99.0%；1－9月新型农村合作医疗基金支出总额[31]为2067亿元。按照年人均纯收入2300元（2010年不变价）的农村扶贫标准计算，2013年农村贫困人口为8249万人，比上年减少1650万人。

十、教育、科学技术和文化

教育科技文化事业持续发展。全年研究生招生61.1万人，在学研究生179.4万人，毕业生51.4万人。普通本专科招生699.8万人，在校生2468.1万人，毕业生638.7万人。中等职业教育[32]招生698.3万人，在校生1960.2万人，毕业生678.1万人。普通高中招生822.7万人，在校生2435.9万人，毕业生799.0万人。初中招生1496.1万人，在校生4440.1万人，毕业生1561.5万人。普通小学招生1695.4万人，在校生9360.5万人，毕业生1581.1万人。特殊教育招生6.6万人，在校生36.8万人，毕业生5.1万人。幼儿园在园幼儿3894.7万人。

图17　2009-2013年高等教育、中等职业教育及普通高中招生人数

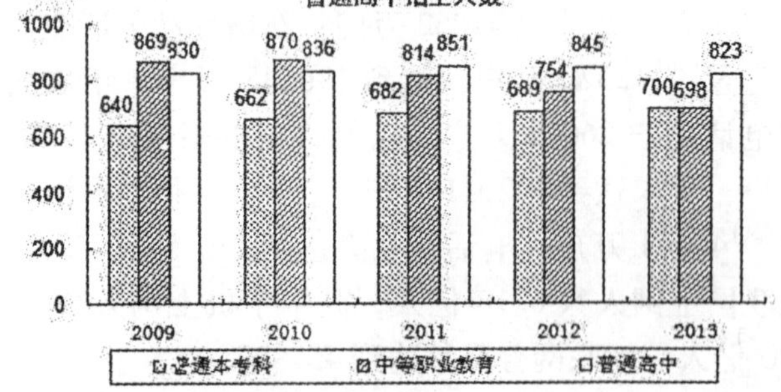

全年研究与试验发展（R&D）经费支出11906亿元，比上年增长15.6%，占国内生产总值的2.09%，其中基础研究经费569亿元。全年国家安排了3543项科技支撑计划课题，2118项“863”计划课题。累计建设国家工程研究中心132个，国家工程实验室143个，国家认定企业技术中心达到1002家。全年国家新兴产业创投计划[33]累计支持设立141家创业投资企业，资金总规模近390亿元，投资了创业企业422家。全年受理境内外专利申请237.7万件，其中境内申请221.0万件，占

93.0%。受理境内外发明专利申请82.5万件，其中境内申请69.3万件，占84.0%。全年授予专利权131.3万件，其中境内授权121.0万件，占92.2%。授予发明专利权20.8万件，其中境内授权13.8万件，占66.6%。截至年底，有效专利419.5万件，其中境内有效专利352.5万件，占84.0%；有效发明专利103.4万件，其中境内有效发明专利54.5万件，占52.7%。全年共签订技术合同29.5万项，技术合同成交金额7469.0亿元，比上年增长16.0%。

全年成功发射卫星14次。神舟十号载人飞船与天宫一号目标飞行器成功实施首次绕飞交会试验，嫦娥三号探测器顺利实现首次在地外天体软着陆和巡视勘查，“蛟龙号”载人潜水器实现从深潜海试到科学应用的跨越。

图18　2009-2013年研究与试验发展（R&D）经费支出

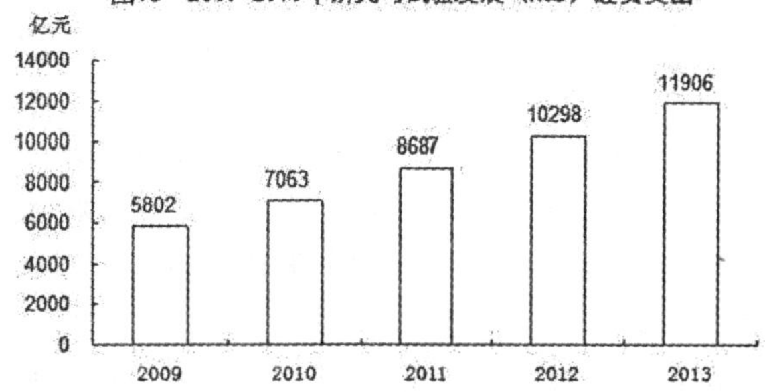

年末全国共有产品检测实验室30098个，其中国家检测中心556个。全国现有产品质量、体系认证机构174个，已累计完成对110949个企业的产品认证。全年制定、修订国家标准1870项，其中新制定1161项。全国共有地震台站1687个，区域地震台网32个。全国共有海洋观测站79个。测绘地理信息部门公开出版地图1585种。

年末全国文化系统共有艺术表演团体2055个，博物馆2638个。全国共有公共图书馆3073个，文化馆3298个。有线电视用户2.24亿户，有线数字电视用户1.69亿户。年末广播节目综合人口覆盖率为97.8%；电视节目综合人口覆盖率为98.4%。全年生产电视剧441部15783集，电视动画片199132分钟。全年生产故事影片638部，科教、纪录、动画和特种影片[34]186部。出版各类报纸478亿份，各类期刊34亿册，图书83亿册（张）。年末全国共有档案馆4122个，已开放各类档案12059万卷（件）。

全年我国运动员在22个运动大项中获得124个世界冠军，共创13项世界纪录。全年我国残疾人运动员在28项国际赛事中获得306个世界冠军。

十一、卫生和社会服务

卫生和社会服务事业不断进步。年末全国共有医疗卫生机构973597个，其中医院24720个，乡镇卫生院36978个，社区卫生服务中心（站）33976个，诊所（卫生所、医务室）184058个，村卫生室649080个，疾病预防控制中心3519个，卫生监督所（中心）2994个。卫生技术人员718万人，其中执业医师和执业助理医师279万人，注册护士278万人。医疗卫生机构床位618万张，其中医院458万张，乡镇卫生院113万张。

图19　2009-2013年卫生技术人员人数

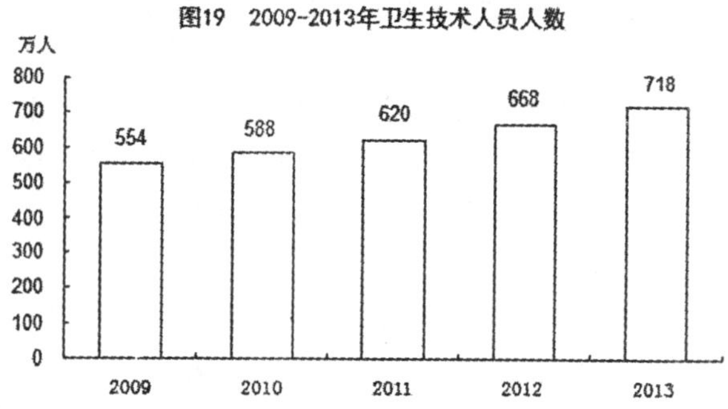

年末全国各类提供住宿的社会服务机构[35]4.7万个，床位509.4万张，收养救助各类人员310.0万人。其中，养老服务机构4.3万个，床位474.6万张，收留抚养各类人员294.3万人。年末共有社区服务中心1.9万个，社区服务站10.3万个。年末全国共有2061.3万人享受城市居民最低生活保障，5382.1万人享受农村居民最低生活保障，农村五保供养[36]538.2万人。全年资助1229.3万城市困难群众参加医疗保险，资助4132.5万农村困难群众参加新型农村合作医疗。

十二、资源、环境和安全生产

全年全国国有建设用地供应总量[37]73万公顷，比上年增长5.8%。其中，工矿仓储用地21万公顷，增长3.2%；房地产用地[38]20万公顷，增长26.8%；基础设施等其他用地32万公顷，下降2.9%。

全年水资源总量27860亿立方米。全年平均降水量665毫米。年末全国613座大型水库蓄水总量3488亿立方米，比上年末蓄水量减少5%。全年总用水量6170亿立方米，比上年增长0.6%。其中，生活用水增长2.7%，工业用水增长1.4%，农业用水下降0.1%，生态补水增长1.6%。万元国内生产总值用水量[39]121立方米，比上年下降6.5%。万元工业增加值用水量68立方米，下降5.7%。人均用水量453立方米，与上年基本持平。

全年完成造林面积609万公顷，其中人工造林418万公顷。林业重点工程完成造林面积249万公顷，占全部造林面积的40.9%。截至年底，自然保护区达到2697个，其中国家级自然保护区407个。新增水土流失治理面积5.7万平方公里，新增实施水土流失地区封育保护面积2.0万平方公里。

全年平均气温为10.2℃，共有9个台风登陆。

初步核算，全年能源消费总量37.5亿吨标准煤，比上年增长3.7%。煤炭消费量增长3.7%；原油消费量增长3.4%；天然气消费量增长13.0%；电力消费量增长7.5%。全国万元国内生产总值能耗下降3.7%。

十大流域[40]的704个水质监测断面中，Ⅰ～Ⅲ类水质断面比例占71.7%，劣Ⅴ类水质断面比例占8.9%。十大流域水质总体为轻度污染，水质保持基本稳定。

近岸海域301个海水水质监测点中，达到国家一、二类海水水质标准的监测点占66.4%，三类海水占8.0%，四类、劣四类海水占25.6%。

年末城市污水处理厂日处理能力达12246万立方米，比上年末增长4.4%；城市污水处理率达到87.9%，提高0.6个百分点。城市集中供热面积54.1亿平方米，增长4.5%。建成区绿地率达到36.0%，提高0.3个百分点。

全年农作物受灾面积3135万公顷，其中绝收384万公顷。全年因洪涝地质灾害造成直接经济损失1884亿元，因旱灾造成直接经济损失905亿元，因低温冷冻和雪灾造成直接经济损失260亿元，因海洋灾害造成直接经济损失165亿元。全年大陆地区共发生5级以上地震41次，成灾14次，造成直接经济损失995亿元。全年共发生森林火灾3929起，森林火灾受害森林面积1.4万公顷。

全年各类生产安全事故共死亡69434人。亿元国内生产总值生产安全事故死亡人数为0.124人，比上年下降12.7%；工矿商贸企业就业人员10万人生产安全事故死亡人数为1.52人，下降7.3%；道路交通万车死亡人数为2.3人，下降8.0%；煤矿百万吨死亡人数为0.288人，下降23.0%。

注释：

［1］本公报中数据均为初步统计数。各项统计数据均未包括香港特别行政区、澳门特别行政区和台湾省。部分数据因四舍五入的原因，存在着与分项合计不等的情况。

［2］人户分离的人口是指居住地与户口登记地所在的乡镇街道不一致且离开户口登记地半年以上的人口。

［3］流动人口是指人户分离人口中扣除市辖区内人户分离的人口。市辖区内人户分离的人口是指一个直辖市或地级市所辖区内和区与区之间，居住地和户口登记地不在同一乡镇街道的人口。

［4］考虑到我国劳动年龄下限为16周岁，从2013年开始公布16－59岁（含不满60周岁）人口数据。按照往年公报公布口径，2013年末，0－14岁（含不满15周岁）人口为22329万人，15－59岁（含不满60周岁）人口为93500万人。

［5］国内生产总值、各产业增加值绝对数按现价计算，增长速度按不变价格计算。

［6］年度农民工数量包括年内在本乡镇以外从业6个月以上的外出农民工和在本乡镇内从事非农产业6个月以上的本地农民工两部分。

［7］农产品生产者价格是指农产品生产者直接出售其产品时的价格。

［8］公共财政收入是指政府凭借国家政治权力，以社会管理者身份筹集以税收为主体的收入。

［9］图中2009年至2012年数据为公共财政收入决算数，2013年为执行数。

［10］根据《国民经济行业分类》（GB/T4754－2011），从2013年开始工业行业不再使用“轻工业”、“重工业”分类，而以采矿业、制造业、电力热力燃气及水生产和供应业的标准行业分类代替。

［11］六大高耗能行业分别为：化学原料和化学制品制造业、非金属矿物制品业、黑色金属冶炼和压延加工业、有色金属冶炼和压延加工业、石油加工炼焦和核燃料加工业、电力热力生产和供应业。

［12］天然气包括气田天然气、油田天然气（分为油田气层气、油田中伴生的溶解气）和煤田天然气（即与煤共生的瓦斯气）。

［13］钢材产量数据中含使用钢材加工成其他钢材的重复计算因素。

［14］固定资产投资按东部、中部、西部和东北地区计算的合计数据小于全国数据，是因为有部分跨地区的投资未计算在地区数据中。其中，东部地区是指北京、天津、河北、上海、江苏、浙江、福建、山东、广东和海南10省（市）；中部地区是指山西、安徽、江西、河南、湖北和湖南6省；西部地区是指内蒙古、广西、重庆、四川、贵州、云南、西藏、陕西、甘肃、青海、宁夏和新疆12省

（区、市）；东北地区是指辽宁、吉林和黑龙江3省。

［15］房地产业投资除房地产开发投资外，还包括建设单位自建房屋以及物业管理、中介服务和其他房地产投资。

［16］根据《国民经济行业分类》（GB/T4754-2011），2013年对三次产业划分进行了修订，将“农、林、牧、渔业”中的“农、林、牧、渔服务业”，“采矿业”中的“开采辅助活动”，“制造业”中的“金属制品、机械和设备修理业”等三个大类调入第三产业。

［17］高速铁路是指最高营运速度达到200公里/小时及以上的铁路。

［18］2013年，管道运输统计口径在原中国石油天然气集团公司、中国石油化工集团公司基础上增加中国海洋石油总公司。

［19］邮电业务总量按2010年不变价格计算。

［20］移动电话交换机容量是指移动电话交换机根据一定话务模型和交换机处理能力计算出来的最大同时服务用户的数量。

［21］3G是指第三代蜂窝移动通信系统（3rd-generation，简称3G），3G移动电话用户是指报告期末在计费系统拥有使用信息、占用3G网络资源的在网用户。

［22］手机上网人数是指过去半年通过手机接入并使用互联网的6周岁及以上中国居民数量。

［23］为规范指标名称，将往年公报中的出游人数、旅游人数、旅游者统一为游客。

［24］社会融资规模是指一定时期内实体经济从金融体系获得的资金总额，是增量概念。

［25］2013年没有首次公开发行股票。

［26］非公开增发又叫定向增发，不含资产认购部分。

［27］公司信用类债券包括非金融企业债务融资工具、企业债券以及公司债、可转债等。

［28］原保险保费收入是指保险企业确认的原保险合同保费收入。

［29］人均收入中位数是指将所有调查户按人均收入水平从低到高（或从高到低）顺序排列，处于最中间位置的调查户的人均收入。

［30］2012年四季度，国家统计局实施了城乡一体化住户调查改革，统一了城乡居民收入名称、分类和统计标准，在全国统一抽选了16万户城乡居民家庭，直接开展调查。在此基础上，计算了城乡可比的新口径全国居民人均可支配收入。同时，为保持年度可比，继续按老口径调查和计算农村居民人均纯收入、城镇居民人均可支配收入。

［31］按卫生计生委统计制度规定，新型农村合作医疗基金支出总额目前仅统计到1-9月份。

［32］中等职业教育包括普通中专、成人中专、职业高中和技工学校，其中技工学校数据为2012年数据。

［33］新兴产业创投计划是指中央财政专项资金通过与地方政府资金、社会资本共同发起设立创业投资企业，或以股权投资模式直接投资创业企业等方式，培育和促进新兴产业发展的活动。

［34］特种影片是指那些采用与常规影院放映在技术、设备、节目方面不同的电影展示方式，如巨幕电影、立体电影、立体特效（4D）电影、动感电影、球幕电影等。

［35］提供住宿的社会服务机构除收养性机构外，还包括救助类机构、社区类机构以及军休所、军供站等机构。

［36］农村五保供养是指老年、残疾和未满16周岁的村民，无劳动能力、无生活来源又无法定赡养、抚养、扶养义务人，或者其法定赡养、抚养、扶养义务人无赡养、抚养、扶养能力的村民，在吃、穿、住、医、葬方面得到的生活照顾和物质帮助。

［37］国有建设用地供应总量是指报告期内市、县人民政府根据年度土地供应计划依法以出让、划拨、租赁等方式将土地使用权提供给单位或个人使用的国有建设用地总量。

［38］房地产用地是指商服用地和住宅用地的总和。

［39］万元国内生产总值用水量、万元工业增加值用水量和万元国内生产总值能耗按2010年不变价格计算。

［40］十大流域包括原七大水系（包括长江、黄河、珠江、松花江、淮河、海河、辽河）和浙闽片河流、西北诸河和西南诸河。

［41］国家于2013年实施了新的空气质量标准。由于全年数据正在汇总分析之中，新标准下的2013年空气质量数据暂缺。国家相关部门将于2014年3月正式发布2013年汇总数据。

资料来源：本公报中城镇新增就业、登记失业率、社会保障数据来自人力资源社会保障部；财政数据来自财政部；外汇储备和汇率数据来自外汇局；水产品产量数据来自农业部；木材产量、林业、森林火灾数据来自林业局；灌溉面积、水资源

数据来自水利部；发电装机容量、新增220千伏及以上变电设备数据来自中电联；新建铁路投产里程、增建铁路复线投产里程、电气化铁路投产里程、铁路运输数据来自铁路局；新建公路里程、港口万吨级码头泊位新增吞吐能力、公路运输、水运、港口货物吞吐量数据来自交通运输部；新增光缆线路长度、电话交换机容量、电话用户、上网人数等通信数据来自工业和信息化部；保障性住房、城市污水处理、城市集中供热面积、建成区绿地率数据来自住房城乡建设部；货物进出口数据来自海关总署；服务进出口、外商直接投资、对外直接投资、对外承包工程、对外劳务合作等数据来自商务部；民航数据来自民航局；管道数据来自中石油、中石化、中海油；民用汽车、交通事故数据来自公安部；邮政业务数据来自邮政局；旅游数据来自旅游局、公安部；货币金融、公司信用类债券数据来自人民银行；上市公司数据来自证监会；保险业数据来自保监会；新农合、卫生数据来自卫生计生委；教育数据来自教育部；安排科技计划课题、技术合同等数据来自科技部；国家工程研究中心、企业技术中心、新兴产业创投等数据来自发展改革委；专利数据来自知识产权局；发射卫星数据来自国防科工局；质量检验、国家标准制定修订数据来自质检总局；地震数据来自地震局；海洋观测站、海洋灾害造成直接经济损失数据来自海洋局；测绘数据来自测绘地信局；艺术表演团体、博物馆、公共图书馆、文化馆数据来自文化部；广播电视、电影、报纸、期刊、图书数据来自新闻出版广电总局；档案数据来自档案局；体育数据来自体育总局；残疾人运动员数据来自中国残联；社会服务、低保和五保供养数据、农作物受灾面积、洪涝地质灾害造成直接经济损失、旱灾造成直接经济损失、低温冷冻和雪灾造成直接经济损失来自民政部；国有建设用地供应数据来自国土资源部；自然保护区、环境监测数据来自环境保护部；平均气温、登陆台风数据来自气象局；安全生产数据来自安全监管总局；其他数据均来自国家统计局。

中华人民共和国统计法

（1983年12月8日第六届全国人民代表大会常务委员会第三次会议通过 根据1996年5月15日第八届全国人民代表大会常务委员会第十九次会议《关于修改〈中华人民共和国统计法〉的决定》修正 2009年6月27日第十一届全国人民代表大会常务委员会第九次会议修订）

第一章 总 则

第一条 为了科学、有效地组织统计工作，保障统计资料的真实性、准确性、完整性和及时性，发挥统计在了解国情国力、服务经济社会发展中的重要作用，促进社会主义现代化建设事业发展，制定本法。

第二条 本法适用于各级人民政府、县级以上人民政府统计机构和有关部门组织实施的统计活动。

统计的基本任务是对经济社会发展情况进行统计调查、统计分析，提供统计资料和统计咨询意见，实行统计监督。

第三条 国家建立集中统一的统计系统，实行统一领导、分级负责的统计管理体制。

第四条 国务院和地方各级人民政府、各有关部门应当加强对统计工作的组织领导，为统计工作提供必要的保障。

第五条 国家加强统计科学研究，健全科学的统计指标体系，不断改进统计调查方法，提高统计的科学性。

国家有计划地加强统计信息化建设，推进统计信息搜集、处理、传输、共享、存储技术和统计数据库体系的现代化。

第六条 统计机构和统计人员依照本法规定独立行使统计调查、统计报告、统计监督的职权，不受侵犯。

地方各级人民政府、政府统计机构和有关部门以及各单位的负责人，不得自行修改统计机构和统计人员依法搜集、整理的统计资料，不得以任何方式要求统计机构、统计人员及其他机构、人员伪造、篡改统计资料，不得对依法履行职责或者拒绝、抵制统计违法行为的统计人员打击报复。

第七条 国家机关、企业事业单位和其他组织以及个体工商户和个人等统计调查对象，必须依照本法和国家有关规定，真实、准确、完整、及时地提供统计调查所需的资料，不得提供不真实或者不完整的统计资料，不得迟报、拒报统计资料。

第八条 统计工作应当接受社会公众的监督。任何单位和个人有权检举统计中弄虚作假等违法行为。对检举有功的单位和个人应当给予表彰和奖励。

第九条 统计机构和统计人员对在统计工作中知悉的国家秘密、商业秘密和个人信息，应当予以保密。

第十条 任何单位和个人不得利用虚假统计资料骗取荣誉称号、物质利益或者职务晋升。

第二章 统计调查管理

第十一条 统计调查项目包括国家统计调查项目、部门统计调查项目和地方统计调查项目。

国家统计调查项目是指全国性基本情况的统计调查项目。部门统计调查项目是指国务院有关部门的专业性统计调查项目。地方统计调查项目是指县级以上地方人民政府及其部门的地方性统计调查项目。

国家统计调查项目、部门统计调查项目、地方统计调查项目应当明确分工，互相衔接，不得重复。

第十二条 国家统计调查项目由国家统计局制定，或者由国家统计局和国务院有关部门共同制定，报国务院备案；重大的国家统计调查项目报国务院审批。

部门统计调查项目由国务院有关部门制定。统计调查对象属于本部门管辖系统的，报国家统计局备案；统计调查对象超出本部门管辖系统的，报国家统计局审批。

地方统计调查项目由县级以上地方人民政府统计机构和有关部门分别制定或者共同制定。其中，由省级人民政府统计机构单独制定或者和有关部门共同制定的，报国家统计局审批；由省级以下人民政府统计机构单独制定或者和有关部门共同制定的，报省级人民政府统计机构审批；由县级以上地方人民政府有关部门制定的，报本级人民政府统计机构审批。

第十三条　统计调查项目的审批机关应当对调查项目的必要性、可行性、科学性进行审查，对符合法定条件的，作出予以批准的书面决定，并公布；对不符合法定条件的，作出不予批准的书面决定，并说明理由。

第十四条　制定统计调查项目，应当同时制定该项目的统计调查制度，并依照本法第十二条的规定一并报经审批或者备案。

统计调查制度应当对调查目的、调查内容、调查方法、调查对象、调查组织方式、调查表式、统计资料的报送和公布等作出规定。

统计调查应当按照统计调查制度组织实施。变更统计调查制度的内容，应当报经原审批机关批准或者原备案机关备案。

第十五条　统计调查表应当标明表号、制定机关、批准或者备案文号、有效期限等标志。

对未标明前款规定的标志或者超过有效期限的统计调查表，统计调查对象有权拒绝填报；县级以上人民政府统计机构应当依法责令停止有关统计调查活动。

第十六条　搜集、整理统计资料，应当以周期性普查为基础，以经常性抽样调查为主体，综合运用全面调查、重点调查等方法，并充分利用行政记录等资料。

重大国情国力普查由国务院统一领导，国务院和地方人民政府组织统计机构和有关部门共同实施。

第十七条　国家制定统一的统计标准，保障统计调查采用的指标涵义、计算方法、分类目录、调查表式和统计编码等的标准化。

国家统计标准由国家统计局制定，或者由国家统计局和国务院标准化主管部门共同制定。

国务院有关部门可以制定补充性的部门统计标准，报国家统计局审批。部门统计标准不得与国家统计标准相抵触。

第十八条　县级以上人民政府统计机构根据统计任务的需要，可以在统计调查对象中推广使用计算机网络报送统计资料。

第十九条　县级以上人民政府应当将统计工作所需经费列入财政预算。

重大国情国力普查所需经费，由国务院和地方人民政府共同负担，列入相应年度的财政预算，按时拨付，确保到位。

第三章　统计资料的管理和公布

第二十条　县级以上人民政府统计机构和有关部门以及乡、镇人民政府，应当按照国家有关规定建立统计资料的保存、管理制度，建立健全统计信息共享机制。

第二十一条　国家机关、企业事业单位和其他组织等统计调查对象，应当按照国家有关规定设置原始记录、统计台账，建立健全统计资料的审核、签署、交接、归档等管理制度。

统计资料的审核、签署人员应当对其审核、签署的统计资料的真实性、准确性和完整性负责。

第二十二条　县级以上人民政府有关部门应当及时向本级人民政府统计机构提供统计所需的行政记录资料和国民经济核算所需的财务资料、财政资料及其他资料，并按照统计调查制度的规定及时向本级人民政府统计机构报送其组织实施统计调查取得的有关资料。

县级以上人民政府统计机构应当及时向本级人民政府有关部门提供有关统计资料。

第二十三条　县级以上人民政府统计机构按照国家有关规定，定期公布统计资料。

国家统计数据以国家统计局公布的数据为准。

第二十四条　县级以上人民政府有关部门统计调查取得的统计资料，由本部门按照国家有关规定公布。

第二十五条　统计调查中获得的能够识别或者推断单个统计调查对象身份的资料，任何单位和个人不得对外提供、泄露，不得用于统计以外的目的。

第二十六条　县级以上人民政府统计机构和有关部门统计调查取得的统计资料，除依法应当保密的外，应当及时公开，供社会公众查询。

第四章　统计机构和统计人员

第二十七条　国务院设立国家统计局，依法组织领导和协调全国的统计工作。

国家统计局根据工作需要设立的派出调查机构，承担国家统计局布置的统计调查等任务。

县级以上地方人民政府设立独立的统计机构，乡、镇人民政府设置统计工作岗位，配备专职或者兼职统计人员，依法管理、开展统计工作，实施统计调查。

第二十八条　县级以上人民政府有关部门根据统计任务的需要设立统计机构，或者在有关机构中设置统计人员，并指定统计负责人，依法组织、管理本部门职责范围内的统计工作，实施统计调查，在统计业务上受本级人民政府统计机构的指导。

第二十九条　统计机构、统计人员应当依法履行职责，如实搜集、报送统计资料，不得伪造、篡改统计资料，不得以任何方式要求任何单位和个人提供不真实的统计资料，不得有其他违反本法规定的行为。

统计人员应当坚持实事求是，恪守职业道德，对其负责搜集、审核、录入的统计资料与统计调查对象报送的统计资料的一致性负责。

第三十条　统计人员进行统计调查时，有权就与统计有关的问题询问有关人员，要求其如实提供有关情况、资料并改正不真实、不准确的资料。

统计人员进行统计调查时，应当出示县级以上人民政府统计机构或者有关部门颁发的工作证件；未出示的，统计调查对象有权拒绝调查。

第三十一条　国家实行统计专业技术职务资格考试、评聘制度，提高统计人员的专业素质，保障统计队伍的稳定性。

统计人员应当具备与其从事的统计工作相适应的专业知识和业务能力。

县级以上人民政府统计机构和有关部门应当加强对统计人员的专业培训和职业道德教育。

第五章　监督检查

第三十二条　县级以上人民政府及其监察机关对下级人民政府、本级人民政府统计机构和有关部门执行本法的情况，实施监督。

第三十三条　国家统计局组织管理全国统计工作的监督检查，查处重大统计违法行为。

县级以上地方人民政府统计机构依法查处本行政区域内发生的统计违法行为。但是，国家统计局派出的调查机构组织实施的统计调查活动中发生的统计违法行为，由组织实施该项统计调查的调查机构负责查处。

法律、行政法规对有关部门查处统计违法行为另有规定的，从其规定。

第三十四条　县级以上人民政府有关部门应当积极协助本级人民政府统计机构查处统计违法行为，及时向本级人民政府统计机构移送有关统计违法案件材料。

第三十五条　县级以上人民政府统计机构在调查统计违法行为或者核查统计数据时，有权采取下列措施：

（一）发出统计检查查询书，向检查对象查询有关事项；

（二）要求检查对象提供有关原始记录和凭证、统计台账、统计调查表、会计资料及其他相关证明和资料；

（三）就与检查有关的事项询问有关人员；

（四）进入检查对象的业务场所和统计数据处理信息系统进行检查、核对；

（五）经本机构负责人批准，登记保存检查对象的有关原始记录和凭证、统计台账、统计调查表、会计资料及其他相关证明和资料；

（六）对与检查事项有关的情况和资料进行记录、录音、录像、照相和复制。

县级以上人民政府统计机构进行监督检查时，监督检查人员不得少于二人，并应当出示执法证件；未出示的，有关单位和个人有权拒绝检查。

第三十六条　县级以上人民政府统计机构履行监督检查职责时，有关单位和个人应当如实反映情况，提供相关证明和资料，不得拒绝、阻碍检查，不得转移、隐匿、篡改、毁弃原始记录和凭证、统计台账、统计调查表、会计资料及其他相关证明和资料。

第六章　法律责任

第三十七条　地方人民政府、政府统计机构或者有关部门、单位的负责人有下列行为之一的，由任免机关或者监察机关依法给予处分，并由县级以上人民政府统计机构予以通报：

（一）自行修改统计资料、编造虚假统计数据的；

（二）要求统计机构、统计人员或者其他机构、人员伪造、篡改统计资料的；

（三）对依法履行职责或者拒绝、抵制统计违法行为的统计人员打击报复的；

（四）对本地方、本部门、本单位发生的严重统计违法行为失察的。

第三十八条　县级以上人民政府统计机构或者有关部门在组织实施统计调查活动中有下列行为之一的，由本级人民政府、上级人民政府统计机构或者本级人民政府统计机构责令改正，予以通报；对直接负责的主管人员和其他直接责任人员，由任免机关或者监察机关依法给予处分：

（一）未经批准擅自组织实施统计调查的；

（二）未经批准擅自变更统计调查制度的内容的；

（三）伪造、篡改统计资料的；

（四）要求统计调查对象或者其他机构、人员提供不真实的统计资料的；

（五）未按照统计调查制度的规定报送有关资料的。

统计人员有前款第三项至第五项所列行为之一的，责令改正，依法给予处分。

第三十九条　县级以上人民政府统计机构或者有关部门有下列行为之一的，对直接负责的主管人员和其他直接责任人员由任免机关或者监察机关依法给予处分：

（一）违法公布统计资料的；

（二）泄露统计调查对象的商业秘密、个人信息或者提供、泄露在统计调查中获得的能够识别或者推断单个统计调查对象身份的资料的；

（三）违反国家有关规定，造成统计资料毁损、灭失的。

统计人员有前款所列行为之一的，依法给予处分。

第四十条　统计机构、统计人员泄露国家秘密的，依法追究法律责任。

第四十一条　作为统计调查对象的国家机关、企业事业单位或者其他组织有下列行为之一的，由县级以上人民政府统计机构责令改正，给予警告，可以予以通报；其直接负责的主管人员和其他直接责任人员属于国家工作人员的，由任免机关或者监察机关依法给予处分：

（一）拒绝提供统计资料或者经催报后仍未按时提供统计资料的；

（二）提供不真实或者不完整的统计资料的；

（三）拒绝答复或者不如实答复统计检查查询书的；

（四）拒绝、阻碍统计调查、统计检查的；

（五）转移、隐匿、篡改、毁弃或者拒绝提供原始记录和凭证、统计台账、统计调查表及其他相关证明和资料的。

企业事业单位或者其他组织有前款所列行为之一的，可以并处五万元以下的罚款；情节严重的，并处五万元以上二十万元以下的罚款。

个体工商户有本条第一款所列行为之一的，由县级以上人民政府统计机构责令改正，给予警告，可以并处一万元以下的罚款。

第四十二条　作为统计调查对象的国家机关、企业事业单位或者其他组织迟报统计资料，或者未按照国家有关规定设置原始记录、统计台账的，由县级以上人民政府统计机构责令改正，给予警告。

企业事业单位或者其他组织有前款所列行为之一的，可以并处一万元以下的罚款。

个体工商户迟报统计资料的，由县级以上人民政府统计机构责令改正，给予警告，可以并处一千元以下的罚款。

第四十三条　县级以上人民政府统计机构查处统计违法行为时，认为对有关国家工作人员依法应当给予处分的，应当提出给予处分的建议；该国家工作人员的任免机关或者监察机关应当依法及时作出决定，并将结果书面通知县级以上人民政府统计机构。

第四十四条　作为统计调查对象的个人在重大国情国力普查活动中拒绝、阻碍统计调查，或者提供不真实或者不完整的普查资料的，由县级以上人民政府统计机构责令改正，予以批评教育。

第四十五条　违反本法规定，利用虚假统计资料骗取荣誉称号、物质利益或者职务晋升的，除对其编造虚假统计资料或者要求他人编造虚假统计资料的行为依法追究法律责任外，由作出有关决定的单位或者其上级单位、监察机关取消其荣誉称号，追缴获得的物质利益，撤销晋升的职务。

第四十六条　当事人对县级以上人民政府统计机构作出的行政处罚决定不服的，可以依法申请行政复议或者提起行政诉讼。其中，对国家统计局在省、自治区、直辖市派出的调查机构作出的行政处罚决定不服的，向国家统计局申请行政复议；对国家统计局派出的其他调查机构作出的行政处罚决定不服的，向国家统计局在该派出机构所在的省、自治区、直辖市派出的调查机构申请行政复议。

第四十七条　违反本法规定，构成犯罪的，依法追究刑事责任。

第七章　附　　则

第四十八条　本法所称县级以上人民政府统计机构，是指国家统计局及其派出的调查机构、县级以上地方人民政府统计机构。

第四十九条　民间统计调查活动的管理办法，由国务院制定。

中华人民共和国境外的组织、个人需要在中华人民共和国境内进行统计调查活动的，应当按照国务院的规定报请审批。

利用统计调查危害国家安全、损害社会公共利益或者进行欺诈活动的，依法追究法律责任。

第五十条　本法自 2010 年 1 月 1 日起施行。

统计违法违纪行为处分规定

中华人民共和国监察部、中华人民共和国人力资源和社会保障部、国家统计局令第18号

《统计违法违纪行为处分规定》已经监察部2009年2月9日第一次部长办公会议、人力资源社会保障部2008年12月30日第十六次部务会议、国家统计局2008年11月6日第十八次局务会议审议通过。现予公布，自2009年5月1日起施行。

监察部部长　马　馼

人力资源社会保障部部长　尹蔚民

国家统计局局长　马建堂

二〇〇九年三月二十五日

统计违法违纪行为处分规定

第一条　为了加强统计工作，提高统计数据的准确性和及时性，惩处和预防统计违法违纪行为，促进统计法律法规的贯彻实施，根据《中华人民共和国统计法》、《中华人民共和国行政监察法》、《中华人民共和国公务员法》、《行政机关公务员处分条例》及其他有关法律、行政法规，制定本规定。

第二条　有统计违法违纪行为的单位中负有责任的领导人员和直接责任人员，以及有统计违法违纪行为的个人，应当承担纪律责任。属于下列人员的（以下统称有关责任人员），由任免机关或者监察机关按照管理权限依法给予处分：

（一）行政机关公务员；

（二）法律、法规授权的具有公共事务管理职能的事业单位中经批准参照《中华人民共和国公务员法》管理的工作人员；

（三）行政机关依法委托的组织中除工勤人员以外的工作人员；

（四）企业、事业单位、社会团体中由行政机关任命的人员。

法律、行政法规、国务院决定和国务院监察机关、国务院人力资源社会保障部门制定的处分规章对统计违法违纪行为的处分另有规定的，从其规定。

第三条　地方、部门以及企业、事业单位、社会团体的领导人员有下列行为之一的，给予记过或者记大过处分；情节较重的，给予降级或者撤职处分；情节严重的，给予开除处分：

（一）自行修改统计资料、编造虚假数据的；

（二）强令、授意本地区、本部门、本单位统计机构、统计人员或者其他有关机构、人员拒报、虚报、瞒报或者篡改统计资料、编造虚假数据的；

（三）对拒绝、抵制篡改统计资料或者对拒绝、抵制编造虚假数据的人员进行打击报复的；

（四）对揭发、检举统计违法违纪行为的人员进行打击报复的。

有前款第（三）项、第（四）项规定行为的，应当从重处分。

第四条　地方、部门以及企业、事业单位、社会团体的领导人员，对本地区、本部门、本单位严重失实的统计数据，应当发现而未发现或者发现后不予纠正，造成不良后果的，给予警告或者记过处分；造成严重后果的，给予记大过或者降级处分；造成特别严重后果的，给予撤职或者开除处分。

第五条　各级人民政府统计机构、有关部门及其工作人员在实施统计调查活动中，有下列行为之一的，对有关责任人员，给予记过或者记大过处分；情节较重的，给予降级或者撤职处分；情节严重的，给予开除处分：

（一）强令、授意统计调查对象虚报、瞒报或者伪造、篡改统计资料的；

（二）参与篡改统计资料、编造虚假数据的。

第六条　各级人民政府统计机构、有关部门及其工作人员在实施统计调查活动中，有下列行为之

一的，对有关责任人员，给予警告、记过或者记大过处分；情节较重的，给予降级处分；情节严重的，给予撤职处分：

（一）故意拖延或者拒报统计资料的；

（二）明知统计数据不实，不履行职责调查核实，造成不良后果的。

第七条 统计调查对象中的单位有下列行为之一，情节较重的，对有关责任人员，给予警告、记过或者记大过处分；情节严重的，给予降级或者撤职处分；情节特别严重的，给予开除处分：

（一）虚报、瞒报统计资料的；

（二）伪造、篡改统计资料的；

（三）拒报或者屡次迟报统计资料的；

（四）拒绝提供情况、提供虚假情况或者转移、隐匿、毁弃原始统计记录、统计台账、统计报表以及与统计有关的其他资料的。

第八条 违反国家规定的权限和程序公布统计资料，造成不良后果的，对有关责任人员，给予警告或者记过处分；情节较重的，给予记大过或者降级处分；情节严重的，给予撤职处分。

第九条 有下列行为之一，造成不良后果的，对有关责任人员，给予警告、记过或者记大过处分；情节较重的，给予降级或者撤职处分；情节严重的，给予开除处分：

（一）泄露属于国家秘密的统计资料的；

（二）未经本人同意，泄露统计调查对象个人、家庭资料的；

（三）泄露统计调查中知悉的统计调查对象商业秘密的。

第十条 包庇、纵容统计违法违纪行为的，对有关责任人员，给予记过或者记大过处分；情节较重的，给予降级或者撤职处分；情节严重的，给予开除处分。

第十一条 受到处分的人员对处分决定不服的，依照《中华人民共和国行政监察法》、《中华人民共和国公务员法》、《行政机关公务员处分条例》等有关规定，可以申请复核或者申诉。

第十二条 任免机关、监察机关和人民政府统计机构建立案件移送制度。

任免机关、监察机关查处统计违法违纪案件，认为应当由人民政府统计机构给予行政处罚的，应当将有关案件材料移送人民政府统计机构。人民政府统计机构应当依法及时查处，并将处理结果书面告知任免机关、监察机关。

人民政府统计机构查处统计行政违法案件，认为应当由任免机关或者监察机关给予处分的，应当及时将有关案件材料移送任免机关或者监察机关。任免机关或者监察机关应当依法及时查处，并将处理结果书面告知人民政府统计机构。

第十三条 有统计违法违纪行为，应当给予党纪处分的，移送党的纪律检查机关处理。涉嫌犯罪的，移送司法机关依法追究刑事责任。

第十四条 本规定由监察部、人力资源社会保障部、国家统计局负责解释。

第十五条 本规定自2009年5月1日起施行。

江苏省统计条例

（2014年1月16日江苏省第十二届人民代表大会常务委员会第八次会议通过）

第一章 总 则

第一条 为了加强统计管理和监督，规范统计行为，维护统计调查对象的合法权益，保障统计资料的真实性、准确性、完整性和及时性，发挥统计服务经济社会发展的作用，根据《中华人民共和国统计法》等法律、行政法规，结合本省实际，制定本条例。

第二条 本条例适用于本省行政区域内地方各级人民政府、县级以上地方人民政府统计机构和有关部门组织实施的统计活动与统计监督管理。

第三条 县级以上地方人民政府应当加强对统计工作的组织领导，将统计事业纳入本地区国民经济和社会发展规划，建立健全统计机构，加强统计队伍建设，为统计工作提供必要的保障，确保统计工作正常开展。

第四条 县级以上地方人民政府统计机构（以下简称政府统计机构）负责本行政区域内统计工作的组织实施、管理协调和监督检查。

县级以上地方人民政府有关部门依法组织、管理本部门职责范围内的统计工作，实施统计调查。

第五条 县级以上地方人民政府应当加强统计信息化建设，构建统计公共信息系统和业务平台，支持和实现资源共享、业务协同。

省人民政府统计机构应当会同有关部门对全省统计信息化建设进行统一规划，推进统计信息搜集、处理、传输、存储技术和统计数据库体系的现代化。

政府统计机构应当制定统计信息安全应急处置预案，建立和完善统计资料备份系统，保障统计资料安全。

第六条 政府统计机构应当建立统计信用制度，定期将政府统计调查对象依法履行统计义务的信用信息提供给公共信用信息机构，供社会公众查询。

第七条 地方各级人民政府和有关部门应当鼓励支持、依法规范民间统计调查，引导从事民间统计调查活动的社会中介机构等民间统计调查组织（以下称民间统计调查组织）参与政府统计调查活动，发挥其在促进经济社会发展中的作用。

地方各级人民政府和有关部门应当扶持统计调查行业组织，发挥其联系政府、社会的作用，促进行业的自律和有序发展。

第二章 统计调查

第八条 地方统计调查应当按照地方统计调查项目组织实施。地方统计调查项目包括县级以上地方人民政府、政府统计机构及有关部门的统计调查项目。

地方统计调查项目应当执行国家统计标准和部门统计标准，与国家统计调查项目、部门统计调查项目互相衔接，下级地方统计调查项目不得与上级地方统计调查项目重复。

地方统计调查项目的制定应当进行必要性、可行性论证，听取有关部门、专家和公众的意见，并根据经济社会发展需要科学合理设置统计指标。与人口、社会相关的统计调查项目应当合理设置分性别统计指标。

第九条 制定地方统计调查项目，应当同时制定该项目的统计调查制度，并按照下列规定审批：

（一）省人民政府统计机构单独制定或者与有关部门共同制定的，报国家统计局审批；

（二）设区的市、县（市、区）人民政府统计机构单独制定或者与有关部门共同制定的，报省人民政府统计机构审批；

（三）县级以上地方人民政府有关部门单独制定或者与其他部门共同制定的，报本级人民政府统计机构审批。

变更统计调查制度内容的，应当报经原审批机关批准。

第十条 除涉及国家秘密的以外，地方统计调查项目及其统计调查制度，应当及时向社会公布。经国家统计局批准的，由省人民政府统计机构自批准之日起十日内公布；经县级以上地方人民政府统计机构批准的，由审批机关自批准之日起十日内公布。

第十一条　地方统计调查项目及其统计调查制度未经批准或者虽经批准但未依法公布的，不得组织实施。紧急情况下，经省人民政府批准实施的临时性统计调查项目除外。

前款所称的紧急情况，是指重大自然灾害等突发事件对本省经济社会发展产生重大影响的情形。

第十二条　省人民政府统计机构应当建立全省统一的基本单位名录库，作为政府统计调查的基础。

政府统计机构应当利用行政记录等资料对基本单位名录库进行日常维护和更新。机构编制、民政、工商行政、税务、质量监督等有关部门，应当按照有关规定向本级人民政府统计机构提供统计所需的行政记录，不得以任何理由拒绝提供。

第十三条　国家机关、企业事业单位和其他组织，应当在依法设立或者变更后三十日内，到所在地县（市、区）人民政府统计机构建立或者变更统计调查关系。县（市、区）人民政府统计机构应当书面告知其统计权利和义务，并及时更新基本单位名录库。

县（市、区）人民政府统计机构应当根据基本单位名录库等有关信息，书面告知尚未建立统计调查关系的统计调查对象与政府统计机构建立统计调查关系。

第十四条　国家机关、企业事业单位和其他组织，应当配备与统计任务相适应的统计信息技术设备，按照统计调查制度规定的使用计算机网络报送等方式报送统计资料。

第十五条　有下列情形之一的，政府统计机构、有关部门应当告知政府统计调查对象在规定期限内补正：

（一）未按照统计调查制度规定的方式报送统计资料的；

（二）以纸介质方式报送统计调查表，没有填表人、统计调查对象单位负责人签字，或者未加盖单位公章的；

（三）以数据电文方式报送统计资料，没有电子签名等身份识别标志的；

（四）发现报送的统计数据有错误的；

（五）其他按照统计调查制度应当补正的情形。

第十六条　政府统计调查对象未按照统计调查制度规定时间报送统计资料的，政府统计机构和有关部门应当书面催报。政府统计调查对象应当在催报规定的期限内报送统计资料。

第十七条　地方各级人民政府、政府统计机构和有关部门、单位的主要负责人及其他负责人，应当支持和保障政府统计机构、统计人员独立行使法定职权，不得有下列行为：

（一）自行修改统计资料、编造虚假统计数据；

（二）要求政府统计机构、统计人员或者其他机构、人员拒报、虚报、瞒报或者伪造、篡改统计资料；

（三）对依法履行职责或者拒绝、抵制统计违法行为的统计人员打击报复；

（四）对揭发、检举统计违法行为的人员打击报复；

（五）对本地区、本部门、本单位发生的统计违法行为不履行监督管理职责。

第十八条　省人民政府统计机构应当建立健全统计数据质量监控制度，规范统计方法，统一指标口径，避免政府部门统计数据的重复、交叉和不一致，保障统计数据的客观真实。

第十九条　地方各级人民政府、政府统计机构和有关部门可以按照政府采购的法律、法规规定，委托民间统计调查组织进行统计调查，实施数据搜集、核实、整理、分析和相关培训等活动。

民间统计调查组织应当在受委托的权限和范围内实施统计调查。未经委托，民间统计调查组织不得以政府或者政府部门的名义实施统计调查。

第二十条　接受委托实施政府统计调查活动的民间统计调查组织，应当有三名以上具有统计从业资格或者统计专业技术职务资格的专职人员，主管统计业务的负责人应当具有中级以上统计专业技术职务资格或者与统计专业相关的中级以上职称。

第二十一条　民间统计调查组织者开展民间统计调查活动时，应当向调查对象表明身份，告知调查目的，不得以任何方式强迫调查对象接受调查，不得冒用政府统计调查的名义组织实施调查，不得欺骗、蒙蔽调查对象。

民间统计调查组织者对能够识别或者推断单个调查对象身份的信息和数据应当予以保密，未经调查对象同意，不得对外提供、泄露。

第三章　统计资料公布和使用

第二十二条　除依法应当保密的以外，政府统计机构、有关部门开展地方统计调查取得的统计资料，应当及时向社会公布。

公布统计资料时，应当同时公布主要统计指标含义、调查范围、调查方法、计算方法、调查样本量等信息；引用其他机构或者部门资料的，应当注明资料来源。

第二十三条　地方各级人民政府编制国民经济和社会发展规划与计划、财政预算，以及制定重大经济社会发展政策等使用统计资料的，应当以政府统计机构提供的统计资料为准。

政府统计机构应当及时向本级人民政府及其有关部门提供统计资料。

第二十四条　民间统计调查组织者发布民间统计调查资料应当客观真实，不得伪造、篡改，同时应当说明调查目的以及主要统计指标含义、调查范围、调查方法、计算方法、调查样本量等内容；引用其他组织、个人或者机构资料的，应当注明资料来源。

新闻媒体和其他单位、组织对外发布信息引用民间统计调查资料的，应当准确引用，并注明民间统计调查组织者名称，不得伪造、篡改民间统计调查资料。

第四章　统计调查对象权利和义务

第二十五条 政府统计调查对象依法独立填报统计资料。任何单位和个人干涉独立填报的，统计调查对象有权抵制，并可以向地方各级人民政府、政府统计机构或者监察机关等有关部门举报。

第二十六条　有下列情形之一的，政府统计调查对象有权拒绝政府统计调查：

（一）未书面告知统计权利和义务的；

（二）统计调查项目及其统计调查制度未经批准或者虽经批准但未依法公布的；

（三）统计调查表未标明法定标志或者法定标志不完整的；

（四）统计调查表超过有效期限的；

（五）现场调查时，统计人员未出示政府统计机构或者有关部门颁发的工作证件的。

第二十七条　政府统计调查对象发现他人对外提供、泄露能够识别或者推断其身份的资料，或者将上述资料用于统计以外目的的，有权举报。

第二十八条　除依法应当保密的以外，社会公众有权查询统计资料。

在统计资料法定保存期限内，政府统计调查对象可以查询其报送的统计资料以及相关信息。对查询结果有疑问的，政府统计机构、有关部门应当给予解答和说明；确属错误的，应当予以订正。

第二十九条 政府统计调查对象可以通过签订合同，委托民间统计调查组织代理统计调查活动。委托合同应当自签订之日起十个工作日内，由委托方报所在地县（市、区）人民政府统计机构备案。

第三十条 政府统计调查对象应当按照法律、行政法规和本条例以及统计调查制度的规定，真实、准确、完整、及时地提供统计调查所需的资料，不得提供不真实或者不完整的统计资料，不得迟报、拒报统计资料。

第三十一条　国家机关、企业事业单位和其他组织，应当以业务活动或者生产经营中形成的原始记录和凭证为依据，记录统计台账、编制统计调查表，并按照统计调查制度的规定报送统计资料。

原始记录、凭证、统计台账、统计调查表等统计资料应当留存归档。

第三十二条　承担经常性政府统计调查任务的国家机关、企业事业单位和其他组织，应当任用、聘用具有统计从业资格或者统计专业技术职务资格的人员从事统计工作。

第五章　机构和人员

第三十三条　县级以上地方人民政府有关部门根据各自职责和统计任务的需要，设立从事统计工作的机构或者明确承担综合统计工作职责的机构，配备相适应的统计人员，并指定统计负责人，在本级人民政府统计机构的指导下负责本部门、本行业的统计工作。

国家级和省级开发园区根据经济和人口规模，明确承担统计工作职责的机构，配备相适应的统计人员，负责统计资料的搜集、整理、汇总、上报以及催报、查询和数据核查工作。

第三十四条　乡镇人民政府和街道办事处根据经济和人口规模，明确承担统计工作职责的机构，配备相适应的统计人员，负责本区域统计工作的组织实施、管理、协调，履行政府综合统计的职能。

基层群众性自治组织应当指定专人负责统计工作。

第三十五条　政府统计机构、统计人员应当依法履行职责，如实搜集、报送统计资料，不得伪造、篡改统计资料，不得以任何方式要求任何单位和个人提供不真实的统计资料，不得有其他违反法律、行政法规和本条例规定的行为。

政府统计机构、统计人员对其负责搜集、审核、录入的统计资料与统计调查对象报送的统计资料的一致性负责。

第三十六条　政府统计机构、有关部门应当对统计人员开展统计专业培训和职业道德教育，提高其综合素质。

统计人员应当接受统计继续教育，提高业务素质和职业道德水平。

统计人员所在单位应当支持和保障统计人员接

受统计继续教育，参加统计专业培训。

第六章　监 督 检 查

第三十七条　县级以上地方人民政府及其监察机关，应当对下级人民政府、本级人民政府统计机构和有关部门执行统计法律、行政法规及本条例的情况实施监督。

第三十八条　政府统计机构应当加强对政府统计活动、民间统计调查活动的监督检查，依法查处统计违法行为。政府统计机构在实施监督检查时，有关部门、单位和个人应当予以配合。

第三十九条　县级以上地方人民政府有关部门应当对职责范围内的统计活动实施监督检查，及时向本级人民政府统计机构移送有关涉嫌统计违法的材料，协助查处统计违法案件。

第四十条　政府统计机构应当明确承担统计执法检查职责的内设机构，配备相适应的统计执法检查人员。

第四十一条　政府统计机构在调查统计违法行为或者核查统计数据时，可以发出统计检查查询书。被查询对象收到统计检查查询书后，应当按照规定期限如实书面答复，提供相关证明和资料。

第七章　法 律 责 任

第四十二条　违反本条例规定，政府统计机构或者有关部门有下列行为之一的，由本级人民政府、上级人民政府统计机构、本级人民政府统计机构责令限期改正，予以通报；对直接负责的主管人员和其他直接责任人员，由任免机关或者监察机关依法给予处分：

（一）违反第十一条第一款规定，地方统计调查项目未经批准或者虽经批准但未依法公布，擅自组织实施的；

（二）违反第十二条第二款规定，拒绝向本级人民政府统计机构提供统计所需的行政记录的；

（三）违反第三十五条第一款规定，不依法履行职责，不如实搜集、报送统计资料，伪造、篡改统计资料或者要求政府统计调查对象提供不真实统计资料的；

（四）违反第三十八条、第三十九条规定，不依法履行统计监督检查职责或者不依法查处统计违法行为的。

第四十三条 违反本条例第十五条第一项、第二项、第三项规定，政府统计调查对象未在规定期限内补正的，由政府统计机构责令补正，给予警告；拒不补正的，对企业事业单位或者其他组织处以二千元以上一万元以下罚款，对个体工商户处以二百元以上一千元以下罚款。

第四十四条　违反本条例第十七条规定，地方各级人民政府、政府统计机构或者有关部门、单位的主要负责人及其他负责人有下列行为之一的，由任免机关或者监察机关依法给予处分，并由政府统计机构予以通报：

（一）自行修改统计资料、编造虚假统计数据的；

（二）要求政府统计机构、统计人员或者其他机构、人员拒报、虚报、瞒报或者伪造、篡改统计资料的；

（三）对依法履行职责或者拒绝、抵制统计违法行为的统计人员打击报复的；

（四）对揭发、检举统计违法行为的人员打击报复的；

（五）对本地区、本部门、本单位发生的严重统计违法行为不履行监督管理职责的。

第四十五条　违反本条例第十九条第二款规定，民间统计调查组织超出委托权限或者范围实施统计调查活动的，由政府统计机构责令改正，给予警告，并处一万元以上五万元以下罚款。

第四十六条 违反本条例第二十一条规定，民间统计调查组织者有下列行为之一的，由政府统计机构责令停止调查，给予警告，并处一万元以上五万元以下罚款：

（一）强迫调查对象接受调查的；

（二）冒用政府统计调查的名义组织实施调查的；

（三）欺骗、蒙蔽调查对象的；

（四）未经调查对象同意，对外提供、泄露能够识别或者推断单个调查对象身份的信息和数据的。

民间统计调查组织者冒用政府统计调查的名义组织实施调查，情节严重的，由政府统计机构处以五万元以上十万元以下罚款。

第四十七条　违反本条例第二十二条规定，应当公布统计资料而未公布，或者公布统计资料不符合规定要求的，对直接负责的主管人员和其他直接责任人员由任免机关或者监察机关依法给予处分。

第四十八条　违反本条例第二十四条规定，有下列情形之一的，由政府统计机构责令停止发布、公开更正，给予警告，可以处以五千元以上二万元以下罚款：

（一）民间统计调查组织者发布伪造、篡改的民间统计调查资料，发布时不按照要求说明相关内容，或者不注明资料来源的；

（二）新闻媒体和其他单位、组织对外发布信息引用民间统计调查资料未注明民间统计调查组织者名称，或者伪造、篡改民间统计调查资料的。

第四十九条　违反本条例第三十二条规定，承担经常性政府统计调查任务的国家机关、企业事业单位和其他组织，任用、聘用不具有统计从业资格或者统计专业技术职务资格的人员从事统计工作的，由政府统计机构责令改正，给予警告；拒不改正的，直接负责的主管人员和其他直接责任人员属于国家工作人员的，由任免机关或者监察机关依法给予处分。

企业事业单位或者其他组织有前款行为，拒不改正的，由政府统计机构处以二千元以上一万元以下罚款。

第八章　附　　则

第五十条　涉外民间统计调查活动，按照国家有关规定执行。

第五十一条　本条例自 2014 年 5 月 1 日起施行。1989 年 12 月 15 日江苏省第七届人民代表大会常务委员会第十二次会议通过，1997 年 7 月 31 日江苏省第八届人民代表大会常务委员会第二十九次会议修正的《江苏省统计管理条例》同时废止。

主要统计指标解释

地区生产总值（GDP） 指一个地区所有常住单位在一定时期内生产活动的最终成果。地区生产总值有三种表现形态，即价值形态、收入形态和产品形态。从价值形态看，它是所有常住单位在一定时期内生产的全部货物和服务价值超过同期中间投入的全部非固定资产货物和服务价值的差额，即所有常住单位的增加值之和；从收入形态看，它是所有常住单位在一定时期内创造并分配给常住单位和非常住单位的初次收入分配之和；从产品形态看，它是所有常住单位在一定时期内最终使用的货物和服务价值与货物和服务净出口价值之和。在实际核算中，国内生产总值有三种计算方法，即生产法、收入法和支出法。三种方法分别从不同的方面反映国内生产总值及其构成。

可比价格 指计算各种总量指标所采用的扣除了价格变动因素的价格，可进行不同时期总量指标的对比。按可比价格计算总量指标有两种方法：一种是直接用产品产量乘某一年的不变价格计算；另一种是用价格指数进行缩减。

不变价格 指以同类产品某年的平均价格作为固定价格，用于计算各年的产品价值。按不变价格计算的产品价值消除了价格变动因素，不同时期对比可以反映生产的发展速度。

人口数 指一定时点、一定地区范围内的有生命的个人的总和。

年度统计的年末人口数指每年12月31日24时的人口数。年度统计的全国人口总数内未包括台湾省和港澳同胞以及海外华侨人数。

出生率 指在一定时期内（通常为一年）一定地区的出生人数与同期内平均人数（或期中人数）之比。一般用千分率表示。本资料中的出生率指年出生率，其计算公式为：

出生率 = 年出生人数/年平均人数 × 1000

式中：出生人数指活产婴儿，即胎儿脱离母体时（不管怀孕月数），有过呼吸或其他生命现象。年平均人数指年初、年底人口数的平均数，也可用年中人口数代替。

死亡率 指在一定时期内（通常为一年）一定地区的死亡人数与同期内平均人数（或期中人数）之比，一般用千分率表示。本资料中的死亡率指年死亡率，其计算公式为：

死亡率 = 年死亡人数/年平均人数 × 1000

人口自然增长率 指在一定时期内（通常为一年）人口自然增加数（出生人数减死亡人数）与该时期内平均人数（或期中人数）之比，一般用千分率表示。计算公式为：

人口自然增长率 = （本年出生人数 - 本年死亡人数）/年平均人数 × 1000

就业人员 指从事一定社会劳动并取得劳动报酬或经营收入的人员，包括在岗职工、再就业的离退休人员、私营业主、个体户主、私营和个体就业人员、乡镇企业就业人员、农村就业人员、其他就业人员（包括民办教师、宗教职业者、现役军人等）。这一指标反映了一定时期内全部劳动力资源的实际利用情况，是研究我国基本国情国力的重要指标。

在岗职工 指在国有经济、城镇集体经济、联营经济、股份制经济、外商和港、澳、台投资经济、其他经济单位及其附属机构工作，并由其支付工资的各类人员，以及有工作岗位，但由于学习、病伤产假等原因暂未工作，仍由单位支付工资的人员。不包括返聘的离退休人员、民办教师、在国有经济单位工作的外方人员和港、澳、台人员（1998年以后的数据均为在岗职工数据，其他相关指标如职工工资总额，职工平均工资等指标也从1998年按此口径进行了相应调整）。

职工工资总额 指各单位在一定时期内直接支付给本单位全部职工的劳动报酬总额。工资总额的计算原则应以直接支付给职工的全部劳动报酬为根据。各单位支付给职工的劳动报酬以及其他根据有关规定支付的工资，不论是计入成本的还是不计入成本的，不论是按国家规定列入计征奖金税项目的，还是未列入计征奖金税项目的，不论是以货币形式支付的还是以实物形式支付的，均包括在工资总额内。

职工平均工资 指企业、事业、机关单位的职工在一定时期内平均每人所得的货币工资额。它表明一定时期职工工资收入的高低程度，是反映职工工资水平的主要指标。计算公式为：

职工平均工资 = 报告期实际支付的全部职工工资总额/报告期全部职工平均人数

农林牧渔业总产值 指以货币表现的农、林、牧、渔业全部产品和对农业生产进行各种支持性服务活动的总量，它反映一定时期内农业生产总规模和总成果。

粮食产量 指全社会的产量。包括国有经济经营的、集体统一经营的和农民家庭经营的粮食产量，还包括工矿企业办的农场和其他生产单位的产量。粮食除包括稻谷、小麦、玉米、高粱、谷子及其他杂粮外，还包括薯类和豆类。

猪、牛、羊肉产量 指当年出栏并已屠宰、除去头蹄下水后带骨肉（即胴体重）的重量。

耕地面积 指经过开垦用以种植农作物并经常进行耕耘的土地面积。包括种有作物的土地面积、休闲地、新开荒地和抛荒未满三年的土地面积。

农作物播种面积 指实际播种或移植有农作物的面积。凡是实际种植有农作物的面积，不论种植在耕地上还是种植在非耕地上，均包括在农作物播种面积中。在播种季节基本结束后，因遭灾而重新改种和补种的农作物面积，也包括在内。

农业机械总动力 指主要用于农、林、牧、渔业的各种动力机械的动力总和。

农林牧渔业劳动力 指全社会直接参加农林牧渔业生产活动的劳动力。

工业总产值 是以货币表现的工业企业在一定时期内生产的已出售或可供出售工业产品总量，它反映一定时间内工业生产的总规模和总水平。

工业增加值 是指工业行业在报告期内以货币表现的工业生产活动的最终成果。

建筑业总产值 是以货币表现的建筑业企业在一定时期内生产的建筑业产品和服务的总和。建筑业总产值包括：

（1）建筑工程产值：指列入建筑工程预算内的各种工程价值。

（2）安装工程产值：指设备安装工程价值，不包括被安装设备本身价值。

（3）其他产值：指建筑业总产值中除建筑工程、安装工程以外的产值。

房屋建筑施工面积 指在报告期内施过工的全部房屋建筑面积，包括本期新开工的房屋面积、上期跨入本期继续施工的房屋面积、上期停缓建在本期恢复施工的房屋面积、本期竣工的房屋面积及本期施工后又停缓建的房屋面积。

房屋建筑竣工面积 指在报告期内房屋建筑按照设计要求全部完工，达到了住人和使用条件，经检查验收鉴定合格的房屋建筑面积。

固定资产投资完成额 指以货币表现的建造和购置固定资产活动的工作量，它是反映固定资产投资规模、速度、比例关系和使用方向的综合性指标。固定资产投资按登记注册类型可分为国有、集体、个体、联营、股份制、外商、港澳台商、其他等。固定资产投资总额分为城镇建设项目投资、农村建设项目投资和房地产开发投资三个部分。

公路里程 指在一定时期内实际达到《公路工程技术标准 JTJ01－88》规定的等级公路，并经公路主管部门正式验收交付使用的公路里程数。

货（客）运量 指在一定时期内，各种运输工具实际运送的货物（旅客）数量。它是反映运输业为国民经济和人民生活服务的数量指标，也是制定和检查运输生产计划、研究运输发展规模和速度的重要指标。货运按吨计算，客运按人计算。货物不论运输距离长短、货物类别，均按实际重量统计。旅客不论行程远近或票价多少，均按一人一次客运量统计；半价票、小孩票也按一人统计。

货物（旅客）周转量 指在一定时期内，由各种运输工具运送的货物（旅客）数量与其相应运输距离的乘积之总和。它是反映运输业生产总成果的重要指标，也是编制和检查运输生产计划，计算运输效率、劳动生产率以及核算运输单位成本的主要基础资料。计算货物周转量通常按发出站与到达站之间的最短距离，也就是计费距离计算。计算公式为：

货物（旅客）周转量 = $\sum$货物（旅客）运输量 × 运输距离

邮电业务总量 指以价值量形式表现的邮电通信企业为社会提供各类邮电通信服务的总数量。

社会消费品零售总额 指各种经济类型的批发和零售业、住宿和餐饮业及其他行业对城乡居民和社会集团的消费品零售额总和。这个指标反映通过各种商品流通渠道向居民和社会集团供应的生活消费品来满足他们的生活需要，是研究人民生活、社会消费品购买力、货币流通等问题的重要指标。对居民的消费品零售额：指售给城乡居民用于生活消费的商品。

进出口总额 海关进出口总额指实际进出我国国境的货物总金额。进出口总额用以观察一个国家在对外贸易方面的总规模。我国规定出口货物按离岸价格统计，进口货物按到岸价格统计。

外商直接投资 指外国企业和经济组织或个人（包括华侨、港澳台胞以及我国在境外注册的企业）按我国有关政策、法规，用现汇、实物、技术等在我国境内开办外商独资企业、与我国境内的企业或经济组织共同举办中外合资经营企业、合作经营企业或合作开发资源的投资（包括外商投资收益的再投资）。

财政收入 指国家财政参与社会产品分配所取得的收入，是实现国家职能的财力保证。

财政支出 国家财政将筹集起来的资金进行分配使用，以满足经济建设和各项事业的需要。

存款 指企业、机关、团体或居民根据资金必须收回的原则，把货币资金存入银行或其他信用机构保管并取得一定利息的一种信用活动形式。

贷款 指银行或其他信用机构根据资金必须归还的原则，按一定利率，为企业、个人等提供资金的一种信用活动形式。

城乡居民储蓄存款余额 指某一时点城乡居民存入银行及农村信用社的储蓄金额，包括城镇居民储蓄存款和农民个人储蓄存款，不包括居民的手存现金和工矿企业、部队、机关、团体等单位存款。

商品零售价格指数 是反映城乡商品零售价格变动趋势的一种经济指数。

居民消费价格指数 是反映一定时期内城乡居民所购买的生活消费品价格和服务项目价格变动趋势和程度的相对数。

工业品出厂价格指数 是反映全部工业产品出厂价格总水平的变动趋势和程度的相对数。

专业技术人员 指从事专业技术工作和专业技术管理工作的人员，即企事业单位中已经聘任专业技术职务从事专业技术工作和专业技术管理工作的人员，以及未聘任专业技术职务，现在专业技术岗位上工作的人员。

普通高等学校 指按照国家规定的设置标准和审批程序批准举办，通过国家统一招生考试，招收高中毕业生为主要培养对象，实施高等学历教育的全日制大学、独立设置的学院和高等专科学校、高等职业学校和其他机构。

卫生机构 指从卫生行政部门取得《医疗机构执业许可证》，或从民政、工商行政、机构编制管理部门取得法人单位登记证书，为社会提供医疗保障、疾病控制、卫生监督服务或从事医学科研和教育等工作的单位。

卫生技术人员 指卫生事业机构支付工资的全部职工中现任职务为卫生技术工作的专业人员，包括执业医师、执业助理医师、注册护士、药剂人员、检验人员和其他卫生技术人员。

供水综合生产能力 指按供水设施取水、净化、送水、出厂输水干管等环节实际测定计算的综合生产能力。

燃气供应总量 指报告期燃气企业（单位）向用户供应的燃气数量。包括销售量和损失量。

道路长度 指道路长度和与道路相通的桥梁、隧道的长度，按车行道中心线计算。

排水管道长度 指所有排水总管、干管、支管、检查井及连接井进出口等长度之和。

家庭总收入 指城镇调查户中生活在一起的所有家庭成员在调查期得到的工薪收入、经营净收入、财产性收入、转移性收入的总和，不包括借贷收入。收入的统计标准以实际发生的数额为准。

可支配收入 指调查户可用于最终消费支出和其他非义务性支出以及储蓄的总和，即居民家庭可以用来自由支配的收入。它是家庭总收入扣除交纳的个人所得税、个人交纳的社会保障费以及调查户的记帐补贴后的收入。计算公式为：

可支配收入 = 家庭总收入 - 交纳个人所得税 - 个人交纳社会保障支出 - 记帐补贴

消费支出 指调查户用于本家庭日常生活的全部支出，包括食品、衣着、家庭设备用品及服务、医疗保健、交通和通讯、娱乐教育文化服务、居住、杂项商品和服务八大类等。

农村居民家庭纯收入 指农村常住居民家庭总收入中，扣除从事生产和非生产经营费用支出、缴纳税款和上交承包集体任务金额以后剩余的，可直接用于进行生产性、非生产性建设投资、生活消费和积蓄的那一部分收入。农村居民家庭纯收入包括从事生产性和非生产性的经营收入，在外人口寄回带回和国家财政救济、各种补贴等非经营性收入；既包括货币收入，又包括自产自用的实物收入。但不包括向银行、信用社和向亲友借款等属于借贷性的收入。

农村居民家庭生活消费支出 指农村常住居民家庭用于日常生活的全部开支，是反映和研究农民家庭实际生活消费水平高低的重要指标。